穿越百年中东

A Journey through a Hundred Years in the Middle East

郭建龙 著

上海译文出版社

图书在版编目（CIP）数据

穿越百年中东 / 郭建龙著 . -- 上海：上海译文出版社，2025.4（2026.1 重印）. --ISBN 978 - 7 - 5327 - 9811 - 7

Ⅰ. K37

中国国家版本馆 CIP 数据核字第 2025WF4502 号

穿越百年中东
郭建龙 著
选题策划 / 火・舆・風　　责任编辑 / 李欣祯　　装帧设计 / 众己・设计

上海译文出版社有限公司出版、发行
网址：www.yiwen.com.cn
201101　上海市闵行区号景路 159 弄 B 座
山东临沂新华印刷物流集团有限责任公司印刷

开本 890 × 1240　1/32　印张 12.75　插页 36　字数 237,000
2025 年 4 月第 1 版　2026 年 1 月第 3 次印刷
印数：13,001—15,000 册

ISBN 978 - 7 - 5327 - 9811 - 7
定价：88.00 元

贝鲁特，著名的鸽子岩

贝鲁特的蓝顶清真寺。在清真寺的旁边，就是停放被刺杀的前总理哈里里灵柩的帐篷

贝鲁特俊男靓女的夜生活，展现了欧洲的风味

西顿老城区。南部城市西顿是另一个收容难民的地方

贝鲁特夹杂在楼群之间的教堂。黎巴嫩是一个基督教和伊斯兰教和平共处的国家

的黎波里城堡一景。城堡上架着奥斯曼帝国时期的大炮，大炮上放着现代的沙袋和瞭望镜。这里的战争从古持续到今

安塔利亚古城、大海和雪山。第一次世界大战后，这里曾经被意大利人觊觎

亚历山大石棺和游客。这座石棺发现于如今黎巴嫩的城市西顿。在发现时，整个黎巴嫩都属于奥斯曼帝国

悲悯的女人石棺。四面一共 18 个女人，各个表情不同，共同哀悼着墓主

从城墙上看伊斯坦布尔的高速公路，以及远方的金角湾

从托普卡帕宫的后花园看到的博斯普鲁斯海峡。这个海峡是伊斯坦布尔（君士坦丁堡）的生命线

费特希耶的利西亚人岩壁墓葬，眺望着不远处的城市和海湾

卡帕多西亚怪石嶙峋的土地。这里是历史上躲避战乱的地方，人们在这里挖掘了许多地下城，生活在其中，避免征服者的屠杀

卡什，从古剧院眺望地中海

棉花堡。被钙华埋住的古代墓葬

圣索菲亚大教堂残存的金色镶嵌画——耶稣基督和皇帝皇后

在古代体育场上跑步的女孩

柯拉教堂的基督像。教堂保存着伊斯坦布尔最完整的基督教壁画

安塔利亚，人们在阿塔图尔克雕塑下举行活动

波阿兹卡雷，选举日前一天的镇中心依然平静。旗帜上的人物是当时的土耳其总理埃尔多安

埃及选举日，投过票的人们高举手指。如今，埃及仍然是中东最重要的思想策源地

多乌巴亚泽特，库尔德女孩们。这里被认为是土耳其最保守的地带，女孩们仍然穿着时尚，活泼开朗

土耳其首都安卡拉，市场上琳琅满目的商品。在整个中东地区，土耳其的商品是最丰富的

伊沙克帕夏宫宫殿旁的巨大城墙

伊斯坦布尔，加拉塔区的街道。这里在古代曾经是意大利的飞地，现在成了著名的商业区

雪山下的凡城城堡。前景是土耳其著名的湖泊凡湖

伊土边境地区的士兵。土耳其的士兵与中东其他地区不同，他们会主动邀请游客为他们拍照

在帕塔拉，有世界上最早的联邦议会——利西亚联邦议会

古代废墟前的阅兵仪式

佩特拉纳巴泰人的皇家墓穴遗址

在乌干达，这条路被命名为穆阿迈尔·卡扎菲上校路，以纪念那位死去的独裁者

约旦载歌载舞的游客们。穿着现代服装的外国女游客与穿着传统服装的本国女游客一同欢乐，表现出穆斯林的宽容与友好

国家主权日表演节目的孩子们。土耳其的国家主权日也是儿童节

两名穿阿拉伯服装的男子走过佩特拉古神庙

骆驼是沙漠民族的依赖

埃及阿拉曼，英联邦士兵墓葬群。第二次世界大战让埃及产生了民族、民主等思潮，最终诞生了纳赛尔革命

埃及军事博物馆里的雕塑，描绘了士兵渡过苏伊士运河的场景。在与以色列的战争中，埃及屡屡失败。赎罪日战争的平手已经让埃及沾沾自喜

贝卡谷地的巴尔贝克神庙群，拥有世界上保存最完好的罗马神庙

目　录

引子

贝鲁特：卡萨布兰卡的影子

这里是贝鲁特（Beirut），这里是地中海东岸的卡萨布兰卡。

在第二次世界大战时期，卡萨布兰卡这座位于北非的城市，由于处于各方势力角逐的交会点，成了著名的大旋涡，是战争双方情报交换的中心，号称世界上最复杂的地方。而如今，黎巴嫩首都贝鲁特承担了同样的角色。

当我到达贝鲁特的第一天，我的室友——来自土耳其的马麦德就告诫我："在贝鲁特，所有的和平都是假象，只有战争是永恒的。当你来到这里，就已经走进了没有觉察的战争之中。"

他对我说这句话时，我们正走在贝鲁特的一条小街上。时值2014年5月初，午夜时分，凉风习习，路边的灯光依然闪耀，两边的石头老房子仿佛来自100年前的奥斯曼帝国（Ottoman Empire）时代，虽然破旧，却带着浓郁的历史感。路上偶尔会有几个看上去淳朴平和的当地人和我们擦肩而过。

但是，马麦德提醒我，和平的微风在这里只是假象罢了。

真相是：我们所走的街道两侧，就是世界最著名的"宗教组织"控制区域，这个组织叫真主党（Hezbollah）。而与我们擦肩而过的人，不管他们是小商小贩，还是司机职员，都可能是（或者曾经是、以后是）令人闻之色变的真主党战士。

不仅仅是这一条街道，在这座城市的其他地方，也充满了非现实感。在与黎巴嫩接壤的叙利亚和以色列，同时进行着两场流血的较量。

而在贝鲁特，各类人等都在紧张地活动着：政客们不安地注视着边境外的战争，难民们等待着家乡的消息，战士们试图越境去打“圣战”。

全世界的政治势力也都汇集在这座小小的城市，从西方的美国到东方的俄罗斯，再到伊朗和什叶派（Shiites）、沙特和逊尼派（Sunnis），这里距离战场最近，也是最能体会到战争脉搏的所在。

然而，就在各种阴谋和密计的包围之下，贝鲁特却保持着繁华如梦。富豪们仍然在豪华的俱乐部醉生梦死，夜总会里的女郎们仍然在唱着靡靡之音，来自海外的大量劳工日日夜夜为这座不属于他们的城市劳作……这一切，即便像我这样的外来游客，也可以一览无余。

当我走在真主党控制区的街道上，思索这座复杂的城市时，马麦德又在一边说出了他的第二句“名言”：“在黎巴嫩，你永远不知道人们的真实身份。”

土耳其的马麦德

其实我也不知道马麦德的真实身份。

来贝鲁特时，我住在当地一家著名的背包客客栈里。房间里有三张床，早已住进了两位年轻人。当我放下包，主动报上名字和国籍时，他们给了我惊人的回答。

“我叫马麦德，和先知同名。土耳其人。”其中一个高个子青年告诉我。

“我也叫马麦德，和先知同名。巴基斯坦人。”另一个矮一些、胖一些的光头说。他年龄不大，30 岁上下，大约是由于头发稀疏，所以干脆理成了光头。

就这样，我和两位马麦德住在了一起。我甚至一直怀疑他们不叫这个名字，只是不愿意透露真实姓名而已。

后来，仿佛为了打消我的疑虑，他们告诉我，他们的名字在拼写上其实是有区别的：土耳其马麦德名字的拼法是 Mehmet，而巴基斯坦马麦德的拼法是 Mohamed。这两个名字实质是一样的，都是和先知穆罕默德（Prophet Muhammad）同名，只是由于使用了不同语言（土耳其语和乌尔都语），在习惯拼法上有些出入。

通过聊天，我还知道他们并不属于伊斯兰教的同一个派别：土耳其马麦德是什叶派，而巴基斯坦马麦德是逊尼派。于是，在贝鲁特，一个什叶派、一个逊尼派和一个中国人住进了同一个房间。

但这只是一系列意外的开始。更令我感到意外的，还是他们到底是什么人。

土耳其马麦德是一位 20 岁左右的年轻人，身形消瘦，神情严肃。他孤身一人从土耳其来到黎巴嫩，是为了进入叙利亚。

2014 年，叙利亚内战进行得如火如荼，支持总统巴沙尔·阿萨德（Bashar al-Assad）的政府军和北方的逊尼派反抗力量打得天昏地暗，所有理智的人都避之唯恐不及。叙利亚的邻国土耳其也关闭了土叙边境，以防邻国的混乱延伸到本国。马麦德却从土耳其千里迢迢折腾到黎巴嫩，试图穿越挤满了难民的黎叙边界，去叙利亚首都大马士革。

为什么要去叙利亚？他解释说是为了朝圣。他是一位什叶派教徒，而大马士革有一些著名的什叶派圣迹在召唤着他。

但从他闪烁其词的解释中，我读出了别样的含义。在和我谈话时，他也在不经意间流露出对战争的渴望，使我确信他去叙利亚不是为了和平，而是想去参战。

为了说明他的动机，我必须先对叙利亚战争的情况做一个简单介绍。2011 年爆发的叙利亚战争，战争双方分别是叙利亚总统巴沙尔·阿萨德控制的政府军和北方的逊尼派反政府武装。

对于这次战争，各方做出了不同的解读。西方主流观点认为叙利亚战争是独裁和反独裁的战争，总统阿萨德代表落后的独裁势力，而反政府武装则被看成是民主势力。

主流的逊尼派国家（如沙特、科威特等）看到了推翻阿拉维派（什叶派分支）统治的机会，支持反叛力量。而以伊朗为主的什叶派国家则毫不犹豫地对阿萨德总统倾囊相助。土耳其是一个以逊尼派为主的国家，也站在了叙利亚总统的对立面。

但我的室友——土耳其马麦德——虽然是土耳其公民，在宗教信仰上却属于什叶派，是叙利亚总统的坚定拥趸。当我刚住进客栈，互相介绍完毕，他下一句话就是："你来自中国，中国是站在总统一边的。"于是迅速把我当成了朋友。

当然，他的话是有误解的。当西方国家都改弦更张、反对叙利亚政府、支持反对派时，中国政府坚持的独立自主的和平外交政策从未改变过，于是就被人们想当然地认为是支持总统。

我没有纠正土耳其马麦德的话，享受着他的友好和善意。

随后几天，我了解到他更多的情况：乘飞机来到黎巴嫩之后，土耳其马麦德立即坐车前往黎巴嫩和叙利亚的交界地带，试图穿越边境，却被叙利亚政府军的士兵拦住了。

他向对方解释，他来自土耳其，是什叶派朋友。但守卫边境的政府军士兵不为所动，他们认为，土耳其政府是叙利亚政府的敌人，所有的土耳其人也都是不可靠的，哪怕他出自什叶派。

在穿越边境未果后，土耳其马麦德怏怏不乐地退了回来，回到了贝鲁特。之后，他辗转于贝鲁特整整一个月，不断地到真主党控制区去打探。黎巴嫩真主党也是什叶派控制的武装集团，当时正在本国国内招兵买马，再把士兵送到叙利亚，帮助阿萨德总统打仗。后来，马麦德带我去真主党控制区游荡，让我看街道上悬挂的一张张大幅照片，并告诉我，真主党在当地招了很多年轻人，运送到边境那边帮助叙利亚政府打仗。每一个年轻人报名后，真主党就会在他的家门前悬挂一张照片，以示光荣。照片如同一面面旗帜在风中飘荡，年轻的生命好奇地望着外面的世界，他们的躯壳却已经被送往上百公里之外的战场上。

土耳其马麦德没有说他为什么去打探，也没有说他为什么不回家。我想，他是在等待着机会，好再次前往战场。

直到我离开那个国家，他仍然在贝鲁特的小客栈里等待着……

巴基斯坦的马麦德

与土耳其马麦德的笨拙和不成熟相比，巴基斯坦马麦德更加熟练地解读着世界，显得更神秘莫测。直到我离开黎巴嫩一个多月后，当远方的伊拉克再次陷入战火，被一个叫作 ISIS（“伊拉克和沙姆伊斯兰国”，Islamic Stater of Iraq and al-Sham）的组织撕扯得粉碎时，我回想起他圆圆的脸蛋和狡猾的眼睛，才模糊地猜到了他的身份：ISIS 的吉哈德（Jihad，“圣战”）战士。他来到贝鲁特，就是为了去叙利亚和伊拉克的交界地带打仗的。

如果土耳其马麦德真的越过边境去参战，进攻的对象之一就是巴基斯坦马麦德。在贝鲁特旅馆的室友可能是不共戴天的死敌，这个猜测曾让我在睡梦中惊醒。

但这就是贝鲁特，卡萨布兰卡的影子。这不是电影，而是我亲历的真实。

巴基斯坦马麦德是一位逊尼派教徒。他自称是巴基斯坦人，一口超级流利的英语让我羡慕不已。直到临走前一天，我才看到他实际持有的是丹麦护照，准确地说，他应该是巴裔丹麦人。

他的性格还带着印度次大陆的特征：爱争论，不容置疑。

印度经济学家阿玛蒂亚·森（Amartya Sen）把爱辩论当作印度人的主要特征之一。不过，我要补充一点：印度 / 巴基斯坦人虽然爱辩论，却并不丧失他们的幽默感，他们的辩论并非总是剑拔弩张，而是在紧张严密之余又时不时让人笑出声来。

比如，有一天，巴基斯坦马麦德给我讲解伊斯兰教知识，讲着讲着，突然愣住了，一双圆眼死死地盯住我的脸，仿佛被某种新奇的东西牢牢抓住了，过了一会儿悠悠地说：“有没有人告诉你，你的脸竟然不对称，你的两只眼睛一只大一只小，一个高一个低。你怎么长成了这样？”

在我们大笑之余，他却又突然呆住了，等回过神来，再继续刚才中断的话题，给我讲伊斯兰世界的各个法学学派。

让我感到奇怪的是：作为严格的逊尼派教徒的巴基斯坦马麦德并不避讳声色场合。比如那天他把严肃的知识塞给我之后，就拍拍屁股站起来，决定去贝鲁特的情色场里看一看。

在这个题目上，两个马麦德也总能取得一致，他们把我晾在一边，用半生不熟的阿拉伯语眉飞色舞地交谈着。两人的母语分别是土耳其语和乌尔都语，所以他们只能用英语和阿拉伯语交谈。

那天，等巴基斯坦马麦德一走出房间，土耳其马麦德立刻得意地对我说："看，你终于明白我为什么要这么早结婚了吧？因为可以游戏人生。"

当晚，巴基斯坦马麦德回来后，我询问他结果怎样，他已经恢复了平日里懒散的镇定。他点头示意已经去过……但是，"你以为我是去找女人？"他反问我，"不，我只是想更了解真实的贝鲁特……"

和我们一起待了几天后，巴基斯坦马麦德最先离开。临走前，他告诉我，他的下一个目的地是伊拉克。我善意地提醒他："伊拉克并不安全，你可千万小心。"

"不安全？"他狡黠地笑着问道，过了一会儿，又觉得需要解释两句，"我去的是伊拉克北部，那儿对逊尼派来说是安全的好地方。"

"去多久？"

他突然陷入了沉默，许久，才悠悠地说了一句："我决定不了……也许……很久……（It's not decided by me…very long…maybe…）"话似乎没有说完，他耸了耸眉毛，下嘴唇外翻……这就是他临走前说的最后一句话。

他离开后，我就失去了和他的联系，无论他留的邮箱还是脸书（Facebook），都找不到他。他在这个世界上似乎没有存在过。

一个月后，传来了逊尼派“圣战”组织 ISIS 从叙利亚越过边境占领了伊拉克北部的消息。这个组织曾经是基地组织（Al Qaeda）的一部分，后来从基地组织中分离出来。ISIS 里充满了大量外国武装分子，他们从欧洲经过土耳其、约旦、黎巴嫩进入叙利亚和伊拉克地区，开展“圣战”。

我突然绝望地意识到：巴基斯坦马麦德就属于这个集团，他流利的英语、丹麦护照、对世界的见解、对人的狡猾，都留下了太多的线索，但我在当时丝毫猜不透。

事实上，在去黎巴嫩之前，我从来没有听说过 ISIS 这个组织，也没有想到叙利亚反政府武装的成分有这么复杂。

正是我的另一位室友土耳其马麦德第一次提醒我，在西方和沙特支持的叙利亚反对派中，充满了大量基地组织的人。他认为这很荒唐——美国在阿富汗和伊拉克打击基地组织，但在叙利亚，美国为了打击总统阿萨德，却把武器送给基地组织。

他的原话是这样的：“美国人和以色列支持的叛乱分子都是基地组织的人！你难道不知道，有多少基地分子正从四面八方赶到叙利亚？”

他说这话后不到一个月，ISIS 突然从默默无闻变成了世界头条，我才意识到土耳其马麦德说的是对的。在这之前，ISIS 已经占据了大片地盘，把叙利亚北方的温和反对派边缘化了。实际上，在几个月前，他们屠杀平民的视频已经在网络上四处流传，世界却扭过脸去装作没有看见。

在土耳其马麦德向我诉说这一切的时候，巴基斯坦马麦德总是坐在床上静静地听着，既不插话也不反驳，我们谁都无法猜透他的身份。

最终还是土耳其马麦德的那句话——在黎巴嫩，你永远不知道人们的真实身份。

住在同一屋檐下的人们可能是敌人，但他们在相处时又表现出善意，直到分开后进入各自的战争角色。

在贝鲁特，没有真相

巴基斯坦马麦德是个爱思考的人，他曾经问我："为什么中国人不如美国人有创造力？"

我按照标准答案回答："这是制度原因。中国人每个个体都不比美国人差，但制度和社会因素限制了他们的创造力，让他们达不到本来应该达到的高度。"

我的回答让他很不满意。"看，这是美国人准备好的答案，偷偷塞给你，"他不容反驳地说，"既然你说美国制度好，那么，你给我举几个例子，中国人去了美国后，又做出了什么类似乔布斯那样的成就？"他特别提到了刚刚去世不久的乔布斯。

我告诉他，许多中国人到美国后获得了诺贝尔奖。但他摆了摆手："多少个诺贝尔奖都没有用。我说的是真正的创造力，直接影响人类文明的，记住——乔布斯。”

我想了半天，举出来两个例子：一个是华人何大一（David Ho）发明的治疗艾滋病的鸡尾酒疗法，将艾滋病变成了类似高血压、糖尿病的慢性病，减轻了艾滋病对人类的损害程度；另一个是旅美中国台湾同胞建立的视频网站，人们可以用它便利地在全世界范围内分享视频。他对第一个例子没有说什么，但对第二个例子表示了认可，看来他对视频网站的印象很深刻。

“但毕竟例子还是太少了，对吗？除了这两个，你也举不出更多来了。”他反问道。我不得不承认他所言非虚。

巴基斯坦人继续说道：“听你说过之后，更加深了我的印象。也许中国已经很强大了，但中国根本没有能力领导世界。中国人的某些缺陷，比如创造力不足，让中国不可能领导世界。”

我想继续反驳，因为他的话带着人种歧视的成分：他认为缺陷在中国人种本身，而不是制度，但他已经不再想听我的辩解了。

巴基斯坦马麦德对任何可能被解读为西方思想的观点都极其敏感，只要认为我的观点来自西方，他就会毫不犹豫地反驳：“西方的观点永远只适用于西方，既然这里是伊斯兰的土地，就不要指望他们的东西能用在这儿。”

“比如，你来之前，所接受的关于黎巴嫩和贝鲁特的消息大都来自西方的新闻报道，”他举例说，“但那都是错的。在贝鲁特，没有真相。除非你自己去观察和思考。”

从那天开始，他决定带我去看更加真实的黎巴嫩。这个小小的地方就是整个伊斯兰世界的缩影，所有的问题都在这里有所反映，而所有混乱也都可以在这里看到。

除了巴基斯坦马麦德之外，土耳其马麦德也在努力把他眼中的贝鲁特展现给我。出乎意料的是，他们虽然出身于不同教派，且这两个教派在政治和军事上一直处于敌对状态，但两位马麦德看待世界的大部分观点惊人地一致。

我把他们的看法综合起来，形成了伊斯兰世界整体上对黎巴嫩的认知，并扩展到对整个中东、世界的看法。

自 2011 年兴起的“阿拉伯之春”（又称阿拉伯革命）影响了许多国家，从北非的突尼斯、利比亚、埃及，到亚洲的叙利亚、也门，还有一直处于战乱之中的伊拉克。

在这一轮混乱中，黎巴嫩虽然也不够稳定，却幸运地保持了大体上的和平。但两位马麦德不这么认为，他们要让我看到的就是和平幻象之下混乱、不公平的现实。这些现实证明了所谓的和平只是战乱中的短暂停顿。

巴基斯坦马麦德首先向我展示的是黎巴嫩的豪华和奢侈。

每一个旅行者刚到这里，都会吃惊于黎巴嫩的富裕。我住的旅馆位于贝鲁特最为繁华的市中心地区（Downtown），这里有着黎巴嫩政府精心打造的商业区（Beirut Souks）。

这片商业区比北京、上海的任何一个区都要有格调得多，充斥着酒吧和各种奢侈品店，到了晚间，众多俊男靓女穿着正式或暴露的服装在街边坐下，边吸烟边喝酒，欣赏着乐队的表演。在大街上，大尺度裸露的广告牌旁边，就是严肃雄伟的清真寺。黎巴嫩不像是个穆斯林人口占多数的国家，反而像是个没有宗教的国家。

这里的人们穿着也很开放，在街头能够看到，有的女孩子戴着头巾，有的女孩子不仅不戴，还穿着超短裙，仿佛她们生活在纽约或巴黎，而不是中东。

但这还不是全部。巴基斯坦马麦德带我出入各种各样的高档场所，从门口保安林立的高档酒店，到专门为富人的游艇打造的小型港口。港口里停满了众多奢华船只，都属于黎巴嫩的富豪们。

在海边的汽车商店里，有着以美元计价的保时捷、法拉利。距离汽车店不远的是毛毯店，巴基斯坦马麦德随便指着一块毛毯询问价格，漂亮的售货员小姐熟练地用英语和我们交谈，随手翻开毛毯露出价格牌，竟然是令人咋舌的30多万美元，数字有零有整，精确到个位。在我惊叹于这些富人的奢华时，巴基斯坦马麦德却对毛毯表现出了浓厚的兴趣，游刃有余地询问着毛毯的产地是伊斯法罕（Isfahan）还是设拉子（Shiraz）。

“看到这一切的繁华，你能够想象这是一个频繁发生战乱的国家吗？”从店里出来后，巴基斯坦马麦德问我。我回答：“想象不出。”

“那么再跟我来看。”他拉着我的手，随意地走到大街上，我们看到一位黑人保安。黎巴嫩是世界上人口最稠密的国家之一，却仍然从海外招收大量的劳工来做低级工作，这位黑人保安显然就是劳务输入人员。巴基斯坦马麦德混杂着英语和阿拉伯语与保安攀谈起来。这位黑人保安来自一个非洲中北部的国家乍得（Chad）。“你的工资是多少？”巴基斯坦马麦德突然直截了当地问道。

“400美元，先生，400美元。”乍得人毕恭毕敬地回答。他每天需要从早上6点站岗到晚上10点，期间不准坐，也没有休息时间，吃饭时间要自己挤，但他对400美元的工资非常满意。

到黎巴嫩务工的人员大都来自南亚、东南亚、北非、东非等地。

另一位孟加拉国来的女仆工资是 200 美元（中东国家女工工资偏低），埃塞俄比亚来的扫地工工资是 300 美元。印度来的店员挣得多一些，有 500 美元，因为店员被认为是一种智力工作。

“看，这是一个怎样的国家？富豪们一掷千金购买毛毯，却只肯给女工 200 美元一个月。他们买一条毛毯的钱就可以把两个女工的一辈子都包下来！土生土长的黎巴嫩人宁肯失业闲着，也不做这些低级活儿。富豪们从国外招收大量的劳工，这些劳工为了挣那一点儿钱，甚至连最基本的权利都要放弃。”巴基斯坦马麦德愤愤不平地说。这一刻，他的批判精神比马克思更加充足。

比如，妇女最基本的权利是生育权，但是，黎巴嫩政府规定，任何一个来务工的外国妇女都必须放弃生育权。不管是与合法的丈夫，还是与主人发生关系，妇女只要怀孕，就立即丧失一切权利，被遣送出境。

黎巴嫩人对劳工的态度，到最后连国际社会都看不下去了。他们印刷了不少指导小册子免费派发，告诉劳工们如何在卑微的境地中使用一些维权的手段。巴基斯坦马麦德就送给我一本这种小册子，小册子的封底显示，资助这个项目的机构除了世界劳工组织阿拉伯国家分部之外，竟然还包括欧盟和瑞士发展合作署（Swiss Agency for Development and Cooperation，SDC）这些看上去八竿子打不着的机构。

“这就是黎巴嫩富裕的一面。”巴基斯坦马麦德总结说。黎巴嫩之所以这么富裕，还来自内战遗产。在 20 世纪七八十年代，黎巴嫩内战进行得如火如荼时，大量黎巴嫩人逃出了自己的国家，在海外居住的黎巴嫩人比国内的还要多。这些黎巴嫩人经过奋斗，大都有了一定的经济基础。黎巴嫩和平之后，许多人都选择长期或者短期回国居住，将大量的资本倾注在这个方圆只有 1 万平方公里的小国，加上黎巴嫩政府集中资本打造，于是形成了这个独一无二的富人区。

“但如果你认为黎巴嫩只有富人，那就错了一千遍了。”巴基斯坦马麦德说道。

月之黑暗面

关于黎巴嫩贫穷的一面，是由土耳其马麦德带我去了解的。当我们从富裕的市中心区走向南边的平民区时，黎巴嫩又变成了另一个模样。豪华的酒店和楼房迅速消失，取而代之的是狭窄的街巷、肮脏的路面、破旧的楼房，几十年内战的痕迹一一出现在眼前。

如果再往南走，从首都贝鲁特去南方的城市泰尔（Tyre），又是另一番景象。那儿有着黎巴嫩最大的难民营，难民来自巴勒斯坦。在难民营大门口，警察把守着入口，禁止外人出入。泰尔的贫民区街道上仍然悬挂着众多大幅的亚西尔·阿拉法特（Yasser Arafat）画像。阿拉法特是巴勒斯坦解放组织（Palestine Liberation Organization，PLO）领导人，已经去世了 10 年，但仍然是巴勒斯坦人民心中的旗帜人物。

自 1948 年以来，在以色列的驱逐下，大量难民从巴勒斯坦来到了黎巴嫩。几十年后，难民们已经繁衍了好几代人，但他们仍然过着肮脏贫穷的生活，无法享有公平的环境和良好的教育。黎巴嫩的富豪们在贝鲁特享受着奢华的生活，却无视逃难的人们在难民营中死去。

按照两位马麦德的看法，黎巴嫩政府不是无法吸收难民，而是不想这么做。他们故意把难民区分开，形成了另一种形式的“种族隔离”。

黎巴嫩政府之所以要隔离难民，一个主要原因在于宗教和人口结构。这个国家有着世界上最复杂的宗教结构。在建国之初，基督教和伊斯兰教在这个国家几乎势力相当。黎巴嫩的基督教属于一个非常特殊的群体，叫马龙尼礼教会，通称马龙派（Maronite）。而伊斯兰教也分成了好几派：逊尼派与什叶派平分秋色。另外，还有一个当地的特殊教派：与世无争的德鲁兹派（Druze）。

黎巴嫩建国时，基督徒大约占了一半，穆斯林占了人口的另一半，人口的势均力敌在政治上也产生了一种平衡，但基督徒的权重稍微重一点。如果将大量拥入的巴勒斯坦人（他们属于伊斯兰逊尼派）吸纳，那么黎巴嫩的人口结构势必向穆斯林倾斜，这是基督徒不愿看到的。所以，政府宁肯装作看不见难民问题，将他们隔离起来。

但这种隔离又产生了意想不到的后果。20世纪70年代，阿拉法特领导的巴勒斯坦解放组织（简称巴解组织）进入黎巴嫩，之后展开了武装斗争。巴解组织不仅要打击以色列，还要和黎巴嫩政府作对。黎巴嫩政府突然发现，根本没有办法控制这些无孔不入的游击队。于是，黎巴嫩逐渐解体了。

这还不是事情的全部。当不堪巴解组织骚扰的以色列终于决定动用武力入侵黎巴嫩时，这个国家更加碎片化：巴解组织、以色列、政府军乱成一锅粥。黎巴嫩的邻国叙利亚也参与进来，形成了一派势力。

同时，另一派更加强硬的势力也在形成：真主党。当以色列人、基督徒、逊尼派穆斯林都有着本派的代理人时，作为国内少数派的什叶派也决定寻求自己的势力。他们依靠伊朗的帮助，组建了一支令人谈之色变的武装部队——真主党。他们人数虽然有限，却依靠不要命的作风赢得地位，甚至超过了政府军的风头。

即便黎巴嫩内战停止，真主党仍然拒绝交出武器融入政府军。他们虽然作为一个政党参与到黎巴嫩政治之中，却又保留着独立的军队。

当黎巴嫩内战结束，巴解组织也已经回到巴勒斯坦执政，人们才发现，清理完一地鸡毛，身处黎巴嫩的巴勒斯坦难民仍然生活在极度贫穷之中。

巴基斯坦马麦德甚至谴责黎巴嫩政府拿难民问题做生意：由于难民的存在，国际社会给予黎巴嫩不少的援助。这些援助有一部分被黎巴嫩政府挪用，拿去盖高档的商业区，补贴本来已经很富裕的人们，维持政府的运转，以便在将来向国际社会索要更多援助。

“你认为现在黎巴嫩的战争已经结束了吗？”事后，土耳其马麦德再次问道。

在两位穆斯林看来，黎巴嫩的战争不会结束，就像中东的战争不会结束一样。一个国家存在着严重的不平等，有着大批的难民，宗教问题、政治问题都越来越突出，邻国在打仗，战争就不会远去。

当我们站在贝鲁特富人区的灯火通明中时，旁边就是手持卡拉什尼科夫冲锋枪的士兵，随时准备应付突发事件。而在不远处的蓝顶清真寺旁边，则是停放前总理拉菲克·哈里里（Rafik Hariri）灵柩的帐篷。哈里里就是贝鲁特富人区的主要开发者。在黎巴嫩内战时期，这位幸运儿跑到了沙特，成为沙特王室的座上宾，依靠给国王做工程大发横财。由于有沙特的撑腰，他组织了结束内战的和平谈判，并担任了新黎巴嫩政府的第一任总理。在总理任上，为了建设新黎巴嫩，他主持开发了这片著名的商业区，本人也变得更加富有。2005 年情人节那天，已经不再担任总理的哈里里被刺杀。他的死亡引起了一场"雪松革命"（Cedar Revolution），迫使从内战时期就驻扎在黎巴嫩境内的叙利亚军队撤走了。只是，哈里里被刺杀 10 年后，其灵柩仍然被临时停放在那儿。谁刺杀了他，至今仍然是一个谜。[1]

在北方城市的黎波里（Tripoli），叙利亚内战曾引起了一场骚动。在我到达的黎波里时，骚动刚刚平息不久，街道上还满是装甲车。作为全城制高点的城堡曾经充斥着游人，如今却被军队占领；城堡内的博物馆也早早撤出了文物；城墙上的古代射击孔边，堆着沙袋和瞭望镜。在城市中，人们的生活依旧，却又带着被战争和冲突折磨得心力交瘁的痕迹。他们谁也说不清，何时冲突又将重启。

在黎巴嫩东部，叙利亚的战乱又带来了另一波难民潮，黎巴嫩政府想方设法堵截这些难民。当我坐车从贝卡谷地（Bekaa Valley）回首都贝鲁特时，由于贝卡谷地处于黎叙边境方向，一路上军车众多，哨卡林立，士兵的检查一道接一道。

黎巴嫩的逊尼派、什叶派都在争相把志愿者送往邻国的战场。在东部，极端组织的人员不断地从叙利亚越境，骚扰和袭击黎巴嫩的人民。

1　联合国设立的黎巴嫩问题特别法庭 2020 年 8 月 18 日做出判决，判定黎巴嫩真主党的一名成员因共谋和实施了刺杀前总理哈里里而有罪。——编者注

“这就是你看到的景象，”土耳其马麦德总结说，“一个战争永远不会结束的国家，四处是军队，没有人有安全感，就算是最富裕的人，也要做好随时走人的准备。”

接着，他又举了一个令人印象深刻的例子：“不要说这个国家的人，就是在黎巴嫩工作的联合国人员都知道局势。他们装作在这里维持和平，可是，在贝鲁特的港口随时都停着一艘美国军舰，一旦有事情发生，联合国的人就会坐着这艘船逃走。他们只会在和平的时期来维持和平。”

巴基斯坦马麦德带我去看过那艘军舰，它如同一头灰蒙蒙的怪兽停泊在港口，望着这个复杂的国家。

“从长期来看，这个国家是维持不下去的。这是个失败的国家，处于失败的中东。”巴基斯坦马麦德总结说。在他看来，除了黎巴嫩之外，叙利亚、伊拉克、埃及等无疑也都是失败的国家样本，整个地区都是失败的。

什么是成功的国家？

他们都没有明言。但也许，两人都试图按照各自的理想寻找所谓的成功。土耳其马麦德试图推广什叶派信仰，而巴基斯坦马麦德妄图用一种中世纪的教法国家（ISIS）来取代那些他认为失败的国家。

人们建立那些稀奇古怪的政权，往往不是因为他们本性邪恶，而是因为他们对现实不满，并拥有强烈的自信，以为能够改造世界，让世界更好。但大部分时候，他们留下的只是狂妄和灾难。

每当看到 ISIS 在伊拉克和叙利亚烧杀掳掠的新闻时，我都会想起巴基斯坦马麦德自信的眼神。

那一地的中东碎片

巴基斯坦马麦德有一点是正确的：黎巴嫩只是一个样本而已，而中东的许多国家都可以作为下一个样本。每个国家的历程都不相同，却又都经历着艰辛和眼泪，在巨大的颠簸中消耗着无谓的生命。

如果看得更远一点，也许现在的混乱在百年前就已经注定。

在一百多年前，名义上统治中东的是另一个虚弱的超级帝国：奥斯曼帝国。但随着第一次世界大战结束，奥斯曼帝国被击得粉碎，散落成无数的碎片，这个地区就注定要拥有无数的纷争。

20 世纪初期，伴随着奥斯曼帝国的解体，在世界上还流行着三种影响未来的政治思想：

一种叫作民族自决。任何一个民族都可以通过全民公决的形式来决定本民族的前途，这就给众多的民族国家打开了通道，也是阿拉伯国家脱离土耳其统治的理论基础。

第二种叫作比例代表选举。这是西方民主的基础之一，在新建立的民族国家中将或多或少地引入这种政治形式。

第三种是国界的无限加强和通关制度的正规化。

这三种政治思想中，前两种都有很大的进步性，但第三种是巨大的退步。斯蒂芬・茨威格（Stefan Zweig）在他的回忆录里，曾经满怀深情地怀念着旧时光：在第一次世界大战之前，人们的迁徙要自由得多，一个人不需要护照也可以周游列国，或者选择居住地。但随着民族国家的兴起，世界变得越来越碎片化，加上福利国家理论的盛行，各国纷纷采取保护措施来阻碍人们的自由迁徙。茨威格在世界上自由居住的梦想变得遥不可及。

虽然前两种思想带有很大进步性，但这三种思想的内部是有冲突的。

比如，以现在的伊拉克为例，伊拉克的东北部山区居住着库尔德人（Kurds），其余的北部地区居住着该国的少数派逊尼派，南部则是什叶派的大本营。如果按照民族自决原则，各个地方的人有权决定自己的命运，那么伊拉克将一分为三，成为三个国家，统一的伊拉克就不存在了。但是，不管是伊拉克的大部分国民本身，还是阿拉伯世界和西方，都没有做好让伊拉克分裂成三个国家的准备。

如果要把伊拉克维持在一个国家之内，就牵扯到代表比例问题。由于什叶派在人口上占多数，依靠选举上台的伊拉克政府势必为什叶派所控制。在缺乏足够制衡的情况下，什叶派政府势必会制定对什叶派有利却可能损害另外两派的政策，造成多数人的暴政。

同时，根据第三种政治思想，即便是伊拉克的少数派，也并没有权利移居他国，只能被限制在国境以内，在不断的暴力事件中苦熬时日。

那么，对伊拉克现在的局势，谁应该负责呢？

有人认为是前独裁者萨达姆·侯赛因（Saddam Hussein），有人认为是外来势力。他们都有道理：萨达姆出身于少数派逊尼派，建立的政权以压榨什叶派和库尔德人为基础，使得民族间的矛盾没有和解的趋势，是伊拉克乱局的原因之一；而外人过于理想化的行动更加速了局势的混乱，他们推翻了萨达姆政权，却无力建设起另一套稳定的制度，很难将三大派别融合在一起。

当我们不断地强调伊拉克的主权完整时，另一个事实是：伊拉克这个国家本身就是人为制造的产物。它是奥斯曼帝国解体后，在帝国碎片基础上，国际社会强行塑造出来的国家之一。由于塑造时考虑得过于简单，留下了无数的问题，导致了现在的冲突。

不管是处于隐性战争中的黎巴嫩，还是处于显性战争中的伊拉克、叙利亚，或者是冲突不断的巴勒斯坦和以色列，都是一百多年前人为制造的产物。

可以说，现在中东的冲突是一次强震过后的余震。那次强震就是奥斯曼帝国的解体。一个帝国被击碎成许多小的碎片，随之而来的不稳定结构一直持续到今天，并不时发生规模巨大的余震。

在贝鲁特这个新卡萨布兰卡，和两位马麦德相处的日子，让我理解了中东问题的复杂性，也让我看到了那无穷无尽的思想战争：逊尼派、什叶派、温和派、极端派，他们各自站在己方的立场上解读世界，缺乏统一的基础，更无法理解对方的立场。这里充斥着喧嚣和吵闹，理性与和解却时常缺席。这里只有表面的和平，却找不到真实的出路。

两位马麦德在我面前表现得彬彬有礼，对世界充满了热爱和思考，然而回转身子，却选择了敌对和战争。

在与两位马麦德相处的时间里，我对中东问题的思考也发生着急剧的变化。

在遇到他们之前，我想借着旅行写一本关于中东数千年历史的书。不管是土耳其的希腊人遗址，还是黎巴嫩的罗马人遗迹，都那么美丽无瑕。如果用优美的语言将美好的风景串起来，该是多么幽雅和宁静。在地中海边望着碧蓝的海水喝杯咖啡，在沙漠绿洲的海枣树下乘凉，在古埃及的神庙和佩特拉（Petra）的石门前徘徊，或者在尼罗河里泛舟……

但遇到他们之后，古代的雕像和神庙在我心中迅速模糊了，中东给我最深的触动，是它变成了永恒的伤疤和无止境的乱世，也让我更加深入地了解了这片土地上生活的人们，了解了他们的信仰、生存、磨难和希望。我真正感兴趣的不是那些古代的遗迹，而是现代的走向。

我想了解过去中东各地巨大的不平衡是怎么产生的，也想了解今天的做法是否有助于解开乱局，更想猜测未来的走向——人们能否寻找到和平、文明与繁荣。

在见到他们之前，我在土耳其游历，寻找那个昔日帝国的影子。和他们分别后，我去了约旦、埃及，继续寻找碎片中的影像，继续观察和记录这片悲剧土地上的人和事。

为了寻找那不可能完全得到的真相，这本书首先聚焦于一百多年前的那次大崩溃。当奥斯曼帝国在第一次世界大战后解体时，散落了一地的碎片，目前中东地区几乎所有的国家都来自这些碎片，现代中东的乱局由此发端。

在第二章，叙述了土耳其被瓜分之后，如何在国父穆斯塔法·凯末尔·阿塔图尔克（Mustafa Kemal Atatürk）的领导下完成自救，转向西化和现代化。虽然土耳其马麦德不喜欢自己国家的政治，但土耳其是唯一摆脱宗教对政治的束缚、建立起民主宪政体制的前奥斯曼领土。土耳其的经验也告诉人们，在伊斯兰的世界里，依然有一条路通向和平与繁荣。

土耳其成功完成转型的同时，中东其余国家却由于政治的不成熟、宗教问题过于复杂，陷入一片混乱。

在这些问题中，有三大问题最为突出。

当各国独立后，首先出现的问题是统治者们进行领土扩张和试图统一中东的冲动。沙特家族（House of Saud）、哈希姆家族（Banu Hashim）以及以纳赛尔（Gamal Abdel Nasser）为代表的中东世俗派政权，都想以本派为中心建立中东秩序。他们合纵连横，此消彼长，到最后，所有的合并努力都宣告破产，只留下了更加破碎的局势和更激进化的社会。这也是本书第三章的主题。

20世纪犹太人回归耶路撒冷的犹太复国主义（Zionism，又译“锡安主义”）深刻地影响了中东的政治气候。为了赶走犹太人，中东的伊斯兰国家进行了大联合，但在冲突中的无能、瓜分土地时的贪婪、对难民问题的推诿，又让这些国家彼此离心，成了伤疤。巴勒斯坦难民问题也成了烂疮，点燃了约旦和黎巴嫩内部的社会问题，形成了军事冲突。本书的第四章就叙述了阿以冲突的3000年恩怨。

第五章叙述贯穿中东的第三大问题——逊尼派与什叶派的千年冲突。伊朗伊斯兰革命胜利后，什叶派在中东的实力逐渐增强，并影响到其他国家的什叶派势力。从黎巴嫩的真主党，到叙利亚的阿萨德，都得到了伊朗的帮助。教派问题也是伊拉克与伊朗爆发两伊战争的主要原因之一。两伊战争也是伊拉克陷入一系列军事冲突的源头。与伊朗冲突时，伊拉克总统萨达姆虽然获得了全球性的支持，但在本国和国际上积累的巨大失衡，又让他如同一匹被滚动的车轮拖垮的马，发动了对科威特的入侵，将伊拉克绑上解体的轨道。

当这个地区越来越失衡，宗教势力却在对现实不满的同时，致力于通过教法统治找回远古的荣光。本书的第六章追溯了从穆斯林兄弟会（Muslim Brotherhood）到哈马斯（Hamas）、基地组织、“伊斯兰国”

这四代宗教激进组织的演化过程。

2011 年的阿拉伯革命让人们再次把目光移回了中东地区。这次革命给人以巨大的希望，却又带来了更大的失落。本书的最后两章追溯了埃及和叙利亚革命的来龙去脉。

在埃及，人民有力量推翻穆罕默德·胡斯尼·穆巴拉克（Muhammad Hosni Mubarak）的独裁统治，却没有力量建立另一套稳定的政治结构，因此导致宗教势力的上台。宗教势力与世俗的冲突导致强人政治再次回归。

而在叙利亚，民主运动更使教派冲突复杂地混合在一起，导致一场极端势力崛起的大变局。

这两场运动表现了中东这个世界上最复杂的地区带给世人的困惑，给未来的政治走向增加了不确定性。

写这本书的目的在于通过我的走访和观察，了解中东问题的发生和发展过程。但本书并不赞同把中东问题归结为一两个简单的范式。宗教矛盾、民主问题、经济原因，都无法简单地解释中东发生的一切。我能做的，只是将观察和分析摆在读者的面前，让读者了解一个社会真实的景象，并有所思考。

毕竟，这里曾经是世界的中心，这里也纠缠着最复杂的情感……

第一章 奥斯曼：帝国的碎片

一边是圣索菲亚大教堂（Aya Sofya），另一边是蓝顶清真寺（Blue Mosque），这里曾经是世界的中心。每一个来到苏丹艾哈迈德区（Sultanahmet）中心广场的人都会由衷地感慨。

苏丹艾哈迈德区位于土耳其最大的城市伊斯坦布尔（Istanbul）。这个区处于博斯普鲁斯海峡（Bosphorus）的入口处，北面是狭长的金角湾（Golden Horn），南面是开阔的马尔马拉海（Sea of Marmara），而东面就是海峡的入口了。那两座世界著名的建筑就坐落在该区的小山之上，代表了这座城市 1000 多年的记忆。这里曾经是连接亚欧大陆的枢纽，拜占庭、奥斯曼两大帝国的首都。

在苏丹艾哈迈德区的北部还有一片巨大的宫殿群——苏丹们居住过的托普卡帕宫（Topkapi Palace）。这里是大小宫廷阴谋的发生地，也是无数后妃争风吃醋的历史现场。土耳其历史上著名的苏丹们在这里一边大吃大喝快乐地玩着女人，一边听着诗人们溜须拍马，欣赏着春宫图，或者偶尔翻一翻亚里士多德（Aristotle）和鲁米（Molana Jalaluddin Rumi）的著作，只有在偶尔闲暇的空隙里，才费心处理一点儿政事，扩大一下疆域。如今，这座已经失去用途的宫殿仍然伫立着，向参观的人们诉说着当年的繁华与现在的失落。

我所住的旅馆就在苏丹艾哈迈德区，距离圣索菲亚大教堂只有百米左右的距离。我的房间恰好位于楼的最高层，床铺对着窗，每天晚上睁开眼睛，就可以透过窗户，望见灯光下黄色教堂那庞大的身姿。

它在那里伫立了 1500 年，早已和城市融为一体。

白天，当我去苏丹宫殿游览时，在托普卡帕宫的庭院里，就可以看见博斯普鲁斯海峡和金角湾。海峡沟通了黑海和地中海，又将欧洲和亚洲大陆紧密地连在一起，它是城市的生命线；而金角湾则把城市的入侵者远远地隔开，令这里成了一个易守难攻的堡垒，是城市不折不扣的守护神。

从苏丹艾哈迈德这片富含历史遗迹的区域，顺着金角湾往西，可以到达伊斯坦布尔巨大的石头城墙。在这些年的旅途中，我见过无数城墙，从中国的万里长城，到印度众多的残墙，却不得不承认，唯有伊斯坦布尔这一座是最美的。中国长城也很美，但都是砖头垒的。印度的城墙有不少是石头的，却只注重防御功能，忽略了美感。只有伊斯坦布尔的城墙兼具美感和坚固。这座巨大的石头建筑拥有数道墙体和沟槽，每一道都带着不同石料拼出的美丽花纹，显得匠心独运，也显示出帝国充足的财力。

这座城墙曾经帮助东罗马帝国抵御了无数次蛮人的攻击，最终却被奥斯曼人攻陷。从城墙上望去，整个伊斯坦布尔如同一位风情依旧的成年女子，炫耀着满身华丽的珠宝，却又带着更换爱人的哀伤。

在这座绚丽的城市，还有一个地方是必去的，那就是伊斯坦布尔的考古博物馆。在那儿，你可以欣赏到土耳其辉煌的另一面。

在博物馆中，有来自摩索拉斯陵墓（Mausoleum at Halicarnassus，古代世界七大奇迹之一）的石狮子，也有 3000 多年前赫梯人（Hittites，发源于安纳托利亚中部，在如今的土耳其境内）写在泥板上的文字，上面记述了和古埃及法老之间的战争与和平。

在古希腊人评选的世界七大奇迹中，有两个位于现代土耳其，还有一个在距离土耳其咫尺之间的小岛上。而土耳其本身的历史也可以追溯到数千年前，土耳其拥有一批世界上最古老的定居点，比希腊、罗马都要古老。

在博物馆里，还有许多来自现代土耳其之外的镇馆之宝。最让人瞠目结舌的是一座石棺，人们称之为亚历山大石棺（Alexander Sarcophagus），来自黎巴嫩的城市西顿（Sidon）。这座石棺的主人是一位生活在公元前4世纪的西顿国王，叫作阿布杜洛尼穆斯（Abdalonymos）。石棺之所以和伟大的征服者亚历山大联系在一起，是因为石棺上雕刻的故事来自亚历山大对波斯的远征。

当19世纪的人们发现位于西顿的皇家墓地时，这座石棺的华丽和精美震惊了世界。虽然它出自2000多年前，但在地下被保存得那么完整，就仿佛昨天才雕刻成形，没有任何受损的痕迹。人们甚至不相信一个小国的国王能够拥有它，怀疑它真的是亚历山大大帝的棺椁。而从时间上看，这座石棺的雕刻时间与亚历山大生活的年代也很接近。不客气地说，这是古典时期留给我们的最精美的雕刻之一。石棺上的雕塑所展现的古代战争场面中，每一个人的每一个动作都那么栩栩如生，有的举着刀正要劈下，有的用盾牌迎接着对方的攻击，腾空的马、撕咬的狮子，仿佛电影一样逼真。

在亚历山大石棺旁，还有另一座石棺，雕刻着18个神态各异的悲伤女子，仿佛共同在为墓的主人感到悲伤。

在旁边的展厅里还展出了西顿皇家墓地的其他棺椁。这个王室家族似乎对各地的艺术了如指掌，每个棺材的风格都不相同：有古埃及式样的、古希腊式样的、古腓尼基式样的、古利西亚式样的。

在展厅里，一位土耳其导游正在为客人讲解这些石棺的来历。19世纪，在黎巴嫩城市西顿发现了一座皇家墓地，这些石棺都是在那座墓地出土的，又被运到了伊斯坦布尔。甚至这座考古博物馆的主建筑最初就是为了容纳这些石棺而建立的。

导游介绍时充满了自豪感，却引起了一位游客的不满。他问了导游一个问题："但是，你们怎么能把黎巴嫩的文物拿过来展览呢？"

"哦，不，你错了，"土耳其导游略显悲伤地说，"在石棺被发现的年代，还没有黎巴嫩这个国家。西顿这座城市当时属于一个叫作奥斯曼帝国的国家，这个国家的首都就在伊斯坦布尔……除了伊朗之外，中东地区现在你们熟悉的国家一个都不存在，这里的土地全都属于奥斯曼……但那个国家，一个帝国，已经消失了100年……"

讲这话时，导游一直带着回味悠长的悲伤，把人们带回了100年前消失的帝国时代。

事实上，在主建筑旁边的东方博物馆里还有许多文物，有来自古巴比伦的彩釉城砖，色彩艳丽，让人无法想象这些砖也来自3000年前。这些城砖发现于现在的伊拉克境内，但在发现之时，那儿属于一个叫作奥斯曼的帝国。

博物馆还有不少埃及的文物。虽然埃及的文物早已散落在欧美的各大博物馆，但还是有必要指出，埃及曾经属于一个叫作奥斯曼的帝国。

这个帝国的疆域曾经从罗马尼亚、保加利亚，直到南斯拉夫和希腊，再经过伊斯坦布尔进入亚洲，囊括了几乎所有的中东地区：伊拉克、约旦、叙利亚、巴勒斯坦、以色列、黎巴嫩，以及一部分沙特阿拉伯。然后，这个帝国继续延伸，从西奈半岛进入埃及，并将北非的利比亚、突尼斯等地收入囊中。

这个帝国曾经是世界上最为宽容的帝国，它虽然信奉伊斯兰教，却接纳了基督教、犹太教等各种宗教和流派。它曾经发动过无数的对外战争，但又维持着领土之内的和平与繁荣。

只是在100年前这个帝国就消亡了，消亡于第一次世界大战。

它在消亡之前很久，就已经沦落为任人宰割的弱者，被称为“病夫”。消亡的时候，人们不是感慨它的伟大，而是说，这个“病夫”终于死了。

如果说，一战后哪一个战败国被宰割得最惨，许多人会说是德国，或者奥匈帝国，但奥斯曼帝国不声不响，悄悄地拿走了这个“头衔”，甚至连眼泪都无法流。在欧洲分赃的巴黎和会上，奥斯曼政府默默地适应着人们给它定的基调：缩小，缩小，再缩小……昔日横跨亚欧非的大帝国正在变成亚洲小角落里一颗不起眼的螺丝钉，战胜国们要将所有有用的地方都抢走。

苏联盯上了伊斯坦布尔和博斯普鲁斯海峡两岸，这是奥斯曼帝国最有价值的地方；意大利盯上了它的地中海沿岸，并将之占为己有；希腊盯上了大量的岛屿，并试图强占伊兹密尔（Izmir）一带；法国盯上了叙利亚；英国盯上了更加广阔的伊拉克、外约旦（Transjcrdan，即现在的约旦）、埃及等地；同时，位于阿拉伯半岛的许多部落也被允许独立。

于是，在战胜国们争先恐后的大快朵颐中，奥斯曼帝国寿终正寝。

但是，谁也没有想到，“病夫”死了，它的遗产却一直遗留到今天。在它领土内成立的那些国家——伊拉克、叙利亚、巴勒斯坦，纷纷陷入内战之中。对奥斯曼帝国的瓜分不仅没有带来稳定和安全，反而带来了百年的灾难，中东成了世界上战乱最频繁的地方。

从考古博物馆走出来时，我还在深深地怀念着这个早已不存在的帝国。现代土耳其只是这个帝国的残留部分。如果我想了解中东——这片新月沃地上到底发生了什么，又将要发生什么，那么，这个帝国遗产成了绕不过去的坎儿，我必须以这里为起点，来了解这片最复杂的土地……

伊斯坦布尔：又一个罗马

从伊斯坦布尔考古博物馆出发，向北走到金角湾，再顺着海湾的南岸一直西行，一小时后，就可以到达君士坦丁堡（Constantinople）的城墙。

这道城墙从金角湾一直延伸到马尔马拉海，将城市和大陆的其他部分完全分开。古老的伊斯坦布尔就建立在马尔马拉海、金角湾和这道城墙组成的三角地上，眺望着不远处的亚洲海岸。

如今的城墙已经残缺不全，出于旅游的需要，政府修复了其中的一部分。当我爬上一段修复的城墙时，体会到了两股战战的滋味。顶端的阶梯大约有 75 度，两边没有护栏和扶手，只能用手扶着前方的石阶爬上去，石头上满是远古时期的海洋化石。

站在城墙顶部，伊斯坦布尔这座巨型城市尽收眼底。最近处是著名的柯拉教堂（Chora Church），这座教堂内部保留了许多基督教时期的金粉壁画和天顶画。类似的画作曾经充斥着城市大大小小的教堂，但在 1453 年奥斯曼帝国攻陷城市之后，几乎所有的教堂都改成了清真寺，壁画都被抹掉了，就连圣索菲亚大教堂也只象征性地保留了一点儿，只有柯拉教堂的壁画被完整地保留下来。

比柯拉教堂稍远一点儿的是金角湾。金角湾中大大小小的汽船在水中飞驰，穿过一座座横跨两岸的桥梁。远处的圣索菲亚大教堂和蓝顶清真寺尽收眼底，除了这两座庞然大物之外，伊斯坦布尔众多的圆顶清真寺星罗棋布地点缀在城市间。

在南侧的远方是浩瀚的马尔马拉海，几座小岛如同仙山一般漂浮在海面上。在金角湾的另一侧，是耸立着现代化高楼群的加拉塔区（Galata），那儿在古代曾经是意大利商人居住的地区，现在已经成了伊斯坦布尔的另一个中心。亚洲海岸也可以隐约看到，预示着丝绸之路的终点，把这个世界之都和遥远的东方连接起来。

站在这儿，我仿佛可以一眼看透这座城市 2000 年的历史。这座现在叫作伊斯坦布尔，曾经叫作君士坦丁堡的城市。

这里曾经是大名鼎鼎的东罗马首都。历史上，罗马是一个跨越亚欧非的大帝国，它的首都是位于意大利的同名城市罗马。但随着帝国的扩张，国土面积太大，治理不便，到了皇帝戴克里先（Diocletian）时代，帝国被分为两半来治理，这就有了东罗马和西罗马。

戴克里先设计的制度是：帝国一共有 4 个统治者，包括 2 个皇帝（他们的称号是奥古斯都）和 2 个副王（他们的称号是恺撒）。其中一个皇帝和一个副王治理以意大利为中心的西罗马，另一个皇帝和副王治理以希腊为中心的东罗马。戴克里先制定这个制度，并不是为了分裂帝国，在这个体系里，两个皇帝是相互合作的。他们虽然都叫皇帝，却也有尊卑之分，戴克里先是最高皇帝，他的伙伴居于从属地位，帝国其实还是统一的，最终决定权在他一人手里。

等戴克里先退位后，这套制度却出了问题。两个皇帝之间的协调越来越别扭，并最终将帝国分裂成了两个国家。到了皇帝君士坦丁（Constantine）时期，在博斯普鲁斯海峡的欧洲海岸上，在最险要的位置上，皇帝把一座原本叫作拜占庭（Byzantium）的小城建设成了一座大都市，这就是君士坦丁堡。在后来的上千年里，它一直是东罗马的首都。也因为这座城市原来的名字，所以东罗马帝国也被称为拜占庭帝国。

当北方的蛮族人在欧洲摧毁了西罗马，西部帝国彻底崩溃时，就只剩东罗马这个继承了罗马帝国荣耀的遗产在东方闪耀了。

东罗马帝国曾经拥有现代的希腊、巴尔干、土耳其、埃及、亚洲中东等众多国家和地区；它存在了1000年，曾经与波斯人对抗，又经历过阿拉伯哈里发（Caliph）的入侵。塞尔柱突厥人、十字军、成吉思汗、帖木儿也曾轮番冲击过这个古老的帝国。在他们的冲击下，东罗马的国土面积越来越小，最后只剩下围绕着君士坦丁堡这座城市周边的土地。但它依然顽强地活着，直到奥斯曼人到来。

我们现在所说的土耳其，就是中国古代所谓的突厥。只是由于翻译的问题，人们很难将土耳其与古代骁勇的游牧战士联系在一起。奥斯曼人是突厥人的一支，以他们的祖先命名。

他们从中亚来到中东后，首先在小亚细亚停留下来，又渡过海峡到了欧洲，抄了东罗马的后路，到最后，整个东罗马帝国只剩下最后一座城市——君士坦丁堡。这是一个只有大脑却丧失了躯干的帝国，霸占着险要的位置不肯屈服。

但是，到了 1453 年，奥斯曼人的苏丹，被称为“征服者”的穆罕默德（Mehmed the Conqueror）终于攻克了这座基督教的城市，并将其改名为伊斯坦布尔（Istanbul）。从此，十字架换成了新月，伊斯兰教取代了基督教。

从征服者穆罕默德到苏莱曼大帝（Suleiman the Magnificent）的时代，是奥斯曼帝国最辉煌的时代，它已经成了横跨亚欧非的超大帝国，不仅拥有小亚细亚和君士坦丁堡，还占领了耶路撒冷、叙利亚、伊拉克、埃及等地，在阿拉伯半岛建立了宗主权，并在欧洲并吞了巴尔干半岛，威胁奥地利和匈牙利。

奥斯曼人成了伊斯兰教名副其实的保卫者，继承了哈里发帝国的一切荣耀，并肩负对抗欧洲的使命。奥斯曼帝国比哈里发帝国更强大，因为哈里发帝国在鼎盛时期都没有占领君士坦丁堡，而奥斯曼人做到了。

要了解伊斯坦布尔地理位置的重要性，我们可以这样设想：

在古代，假如有一个人想以最快的方式从欧洲到达亚洲，他应该怎样走？答案有且只有一个：从伊斯坦布尔控制的博斯普鲁斯海峡乘船，越过这条如同河沟一样的海峡，就到了亚洲。

所谓的博斯普鲁斯海峡，实际宽度只有数百米，还不如尼罗河宽，不知道的人一眼望去，还以为看见了一条河，意识不到他正处于古代世界最重要的一条水道上。

那么，如果他不想走这条路，还有没有其他的路可以到达亚洲？

如果不经过博斯普鲁斯海峡，他必须向北绕路，而北边就是浩瀚的黑海。为了绕过黑海，他必须往北方走数千公里，经过乌克兰、俄罗斯，才能顺着陆地到达黑海的东岸……

但是，且慢！黑海的东岸是一座令人吃惊的高山——高加索山（Caucasus）。高加索山的北面是众多的蛮族人，而高山白雪皑皑，对于古人来说几乎是绝壁，从这里根本没有办法到达亚洲。他只能继续东行，沿着黑海北岸向亚洲方向前进。

在黑海的东面是另一片庞大的水域——里海。这个世界上最大的湖，水面面积与黑海相当，而绕过里海之后，就已经到达中亚大草原了。这里是北方游牧民族的天下，对于欧洲人来说是未知的领域，更无法通过。

所以，如果离开了伊斯坦布尔和博斯普鲁斯海峡，欧洲人几乎没有办法从陆路到达亚洲。只有在蒙古人统治时期，偶尔有欧洲人从北方通过，那是因为属于草原的蒙古人维持了北方的和平，使得穿越草原成为可能。根据第一个穿越北方草原的柏郎嘉宾（Jean de Plan Carpin）记载，他骑在马上由蒙古人护卫着跑了几个月，差点儿被北方的草原吞没，才侥幸到达了亚洲。

对于任何人来说，守住伊斯坦布尔，就是控制了亚欧的交通要道，也控制了世界上最重要的通道。当奥斯曼人控制了伊斯坦布尔和小亚细亚，又成了亚欧非大帝国的主人之后，欧洲人对这个庞大的帝国既羡慕又仇恨。他们时时刻刻提防着它，直到它过了鼎盛时期，走向衰落。

随后，成了“病夫”的奥斯曼帝国进入了被欧洲反蚕食的阶段。它在欧洲的领地逐渐被奥地利哈布斯堡王族侵占。东欧的斯拉夫人、巴尔干人和希腊人原来都是奥斯曼帝国的属民，现在也开始了争取独立的斗争。到第一次世界大战之前，帝国几乎丧失了它在欧洲的所有领地，只有从地中海通往黑海的咽喉要道，还牢牢地掌握在手中。

非洲的埃及也是奥斯曼帝国的领地，这里曾经受到拿破仑的冲击。1798 年，法国正好处于大革命期间，为了抵御英国人，法国人决定先发制人，进攻奥斯曼帝国统治下的埃及。拿破仑的如意算盘是：一旦获得了埃及，就可以威胁英国人的海上航线和印度领地。但后来因拿破仑回到法国抢占政权，对埃及的征服便没有成功。

法国人失败后，埃及落入了一个叫作穆罕默德·阿里（Muhammad Ali Pasha）的将军之手，直到第一次世界大战，埃及还是由他的后裔统治着。他们表面上臣服于奥斯曼帝国，但几乎获得了埃及完整的统治权。奥斯曼人只剩下名义上的宗主权。

在亚洲，帝国几乎保持了所有的领地。人们现在称之为中东的整个亚洲部分，除了伊朗属于本土的波斯帝国之外，剩下的都是奥斯曼的领地。其中叙利亚、黎巴嫩、巴勒斯坦、约旦、伊拉克等地属于奥斯曼的直接领地，而阿拉伯半岛由于地处偏远，所以保持着更高的独立性，但帝国拥有它们的宗主权。除了阿拉伯国家之外，高加索南方的三个小国亚美尼亚、阿塞拜疆和格鲁吉亚也承认其宗主权属于奥斯曼帝国。

直到 20 世纪初，几乎整个阿拉伯世界还都在奥斯曼帝国的名义控制之下。

但欧洲人早已对这个“病夫”感到不满，更对它庞大的领地垂涎欲滴，不管有没有世界大战，从长远来看，奥斯曼帝国都不可能保得住这些地方。

然而，这时苏丹和他的政府却犯了一个错误：加入了错误的一方，参加了错误的战争。

奥斯曼帝国：世界中心的“病夫”

如今的土耳其，以领土和传统的多样化著称。

在南部的爱琴海海岸上，还留有希腊传统的影子，希腊式样的房子随处可见，配上海岸和蓝天，仿佛是行走在希腊的土地上。

在伊斯坦布尔，还保留着东罗马时期的建筑和城墙。聪明的土耳其人对基督教堂进行了模仿和改造，创造出一种独特的清真寺样式，在全国铺展开来。土耳其已经成了保留罗马和希腊遗址最多的国家之一，甚至超过了意大利和希腊本土。

在小亚细亚半岛内地的高原和群山之中，塞尔柱式的大货栈星罗棋布，它们分布在森林旁边，或者映衬在雪山下。这些货栈既是市场，也是客栈，既有传统的院落，也有狭窄的房间和小巷。渴了，就随便找一家店铺坐下，点一杯土耳其茶，望着四周熙熙攘攘的人们，仿佛回到了几百年前的生活之中。这里的现代和古代结合得如此完美，让人们忘记了时间之矢的存在。

而我在西部地区旅行时，仿佛又进入了另一个文明世界，不是土耳其，而是在中亚的某个地方。在底格里斯（Tigris）河畔的迪亚巴克尔（Diyabakir），人们以库尔德人自居，处处彰显着对本民族文化的自豪感。在这里，人们把他们居住的地方称为库尔德斯坦（Kurdistan），而不是土耳其斯坦。

在凡湖（Van）的渡船上，四周的雪山让人想到了西藏。凡湖东岸那座堡垒看上去如同该地的守护神一般令人胆寒。

在靠近伊朗的亚拉腊山（Mt. Ararat，也是传说中挪亚方舟停泊的地方）附近，小城多乌巴亚泽特（Dogubayazit）仿佛已经脱离了土耳其风格，进入了波斯文明的范畴。在白色的雪山下，一座叫作伊沙克帕夏宫（Ishak Pasha Palace）的堡垒如同巨鹰一样盘踞在高山一侧的一块台地上，从堡垒向下遥望谷地，远方的雪山和半干旱的山谷绵延千里，仿佛随时会有古代的游牧战士策马前来。

在靠近亚美尼亚的卡尔斯（Kars），一座带着亚美尼亚风情的小城，热情的女大学生拥抱着我留影，让我忘记了这是一个伊斯兰国家。

在黑海沿岸，最著名的城市"黑海明珠"特拉布宗（Trabzon）已经有 2000 多年的历史。在写于 2000 多年前的著作《长征记》（*Anabasis*）中，希腊人色诺芬（Xenophon）就记载了这个叫作特拉布宗的希腊人殖民地，认为这里是文明的最前沿。当希腊战士翻山越岭逃避波斯人的追踪，又避开野蛮人的围剿来到这里时，他们看到了大海，并顺着海岸回到了祖国希腊。如今，特拉布宗仍然保持着"黑海明珠"的地位，只是带上了浓郁的俄罗斯风情。由于距离格鲁吉亚、阿塞拜疆、亚美尼亚不远，这里充斥着从曾经属于苏联的领地过来的人们。特拉布宗的海边有无数小旅馆，女郎们搔首弄姿地等待着客人光顾。

土耳其的文明多样化与历史有关，也和奥斯曼人在历史大部分时间里保持的宽容分不开。

这里有过太多的历史过客：赫梯人、利西亚人、吕底亚人、波斯人、希腊人、罗马人、阿拉伯人、突厥人、蒙古人、亚美尼亚人、库尔德人。他们或多或少地留下一些血脉，传到了今天，造就了土耳其文明和人种的多样化。

在漫长的历史中，这里还是民族的大熔炉。当其他地方出现宗教战争、各个民族互相厮杀时，不管是皇帝、哈里发还是苏丹，都在这里奉行一种宽容和融合的政策，允许人们按照已有的习惯生活下去。

当西班牙的国王排斥犹太人时，奥斯曼的苏丹却欢迎这些流亡者到来，对犹太人友好的传统一直保留到了现代。在第二次世界大战中，土耳其政府派出的大使们尽可能地帮助犹太人逃离欧洲的纳粹魔掌。当基督徒在伊斯兰教其他地区受到威胁时，苏丹的领土却允许基督徒保持信仰。

奥斯曼帝国在民族政策上也有污点，那是针对亚美尼亚人的。在近代，随着帝国的衰落，有些政客反思政策时，认为帝国民族多样化的政策没有带来稳定，特别是当帝国走下坡路时，各个地区正是由于民族、文化的多样性，更倾向于分裂，而不是统一在一个政权之下。于是，对亚美尼亚人的迫害在这个背景下展开，成为土耳其历史的污点。但在大部分情况下，土耳其都保持着民族和宗教的宽容。

土耳其政客的反思也并非没有道理。到了近代，随着民族国家理论的兴起，帝国统治下的各个民族对统一毫不留恋，反而热衷于摆脱出来，形成民族国家，帝国也随之进入了解体阶段。

在土耳其的爱琴海沿岸旅行时，人们常常会遇到这样的困惑：爱琴海沿岸靠近大陆的地方有许多岛屿，然而，如果你只持有土耳其签证，却无法去那些岛屿旅游，因为它们属于希腊。

有些岛屿距离土耳其海岸只有几十公里，甚至几公里，在海岸上举目远望，就能看见它们的身影，而这些岛屿与希腊本土有数百公里之遥。巨大的萨摩斯岛（Samos Island）离土耳其的古城以弗所（Ephesus）只有三四十公里，离大陆最近的海岸只有几公里。拥有古代世界七大奇迹之一太阳神像的罗得岛（Rhodes Island）也紧挨着土耳其海岸。但它们属于希腊，不属于土耳其。

如果你感慨世界的不公平，请不要忘记：在近 100 年前，第一次世界大战结束后，不仅这些岛屿从土耳其剥离出去，甚至现在属于土耳其的大陆部分，也被希腊人占去了。

在奥斯曼帝国时期，许多信仰基督教的希腊人被允许在小亚细亚半岛的爱琴海沿岸继续居住。第一次世界大战后，希腊以保护希腊人为借口，占领了这些海岸。距离古城以弗所不远的伊兹密尔成了希腊占领军的中心区。曾经庞大的奥斯曼帝国不仅丧失了外围地区，甚至连小亚细亚本土都无法保住。

而在黑海沿岸的特拉布宗，以及靠近亚美尼亚的边境地带，则成了苏联眼中的肥肉。如今的特拉布宗与苏联曾经的领地关系那么紧密，让人们误以为他们一直友好相处，但在 100 年前，它是被算计吞入沙俄帝国的腹中，才成为其领地。

意大利也乘机对土耳其南部沿海下手，土耳其剩下的只有丧失了大部分海洋的小亚细亚中部地带，那儿遍布着高原和群山，这就是横跨亚欧非大陆的帝国所剩下的一切。

第一次世界大战对于奥斯曼帝国来说，是一场挑边游戏。它本可以置身事外，在战争前，奥斯曼和英、法的关系密切，也与德国保持着很深的联系。既然战争是欧洲基督徒的战争，奥斯曼坐山观虎斗就足够了。

然而奥斯曼并不这么想。它知道自己是所有人眼中的肥肉，不管是英、法还是德国，都把它看作一个可以利用的工具，一个领土广阔却难以守住的古老大帝国。它担心如果保持中立，那么战争结束后，战胜的一方会借着获胜的势头，来侵扰奥斯曼。

为了确保疆土的完整性，奥斯曼决定主动挑边参战。它选择加入德国一方。奥斯曼政府认为，德国对奥斯曼领土的野心要小一些，从实力上也更强一些。但这次选择注定是一场悲剧，它不仅无法巩固疆土，还几乎将所有的一切都输掉。

当战争以同盟国的失败告终时，作为战败方的奥斯曼帝国也成了被瓜分的对象。

从奥斯曼帝国的被瓜分中，可以看出当时世界的走势。在英、法、俄等国家的眼中，除了欧洲之外的其他地方，很少有国界的概念。虽然奥斯曼成为国家已经数百年，但欧洲人只不过将它的国土看成是一块块等待被占领的无主之地而已。

对奥斯曼最眼馋的是沙俄帝国。自从彼得大帝时期开始，沙俄帝国就一直渴望走向大海。经过若干个世纪的努力，沙俄帝国在西方的波罗的海找到了出海口，而向北部的扩张让它拥有了一多半的北冰洋。除了这些寒冷地区的土地外，向南部温暖的地中海前进，就成了沙俄帝国图谋已久的战略。

为了接近地中海，沙俄帝国需要首先将黑海变成斯拉夫人的内海。在沙俄之前，黑海已经被奥斯曼人看作是突厥人的湖泊，于是两者有了激烈的冲突。

2014 年，俄罗斯与乌克兰因为克里米亚半岛问题起了冲突，双方都宣称自己才拥有克里米亚半岛的主权，塞瓦斯托波尔（Sevastopol）这座古老而光辉的城市成了焦点。在这个问题上，土耳其保持了低调，它已经不会再宣称拥有克里米亚。

但事实是：在俄罗斯之前，这座位于黑海的半岛的确属于奥斯曼帝国。著名的文豪列夫·托尔斯泰围绕塞瓦斯托波尔的战争写过一系列的短篇小说，这些小说所描写的就是沙俄帝国与奥斯曼帝国的克里米亚战争。

与突厥人争夺之后，沙俄帝国获得了克里米亚，把奥斯曼势力从黑海的北岸赶走。它还越过高加索山脉继续向南行进，将黑海的东岸也接管了，接着西岸也被纳入了它的势力范围。这时候，沙俄帝国开始觊觎那条通往地中海的水道，它想抢占的是帝国最重要的城市——伊斯坦布尔。

黑海是一个特殊的水域，它从表面上看很像一个湖，周围是一圈陆地，只在西南方有一条狭窄得像河流的水道（博斯普鲁斯海峡）通往另一个内海——地中海。所以，如果要发挥黑海的作用，必须掌握这条水道。而掌握这条水道又意味着必须占领伊斯坦布尔这座位于咽喉要道的城市。谁获得了这座城市，就意味着它已经成为地中海上一个重要的角色，拥有了足够的话语权。

对于沙俄帝国而言，伊斯坦布尔还有一个特殊的意义：沙俄帝国的国教是东正教，而东正教的发源地就是伊斯坦布尔。沙俄人的宗教就是从伊斯坦布尔出发，向北传入那片冻土的。在沙俄眼中，世界上有三个罗马：第一个位于意大利，第二个就是古老的君士坦丁堡。当君士坦丁堡被奥斯曼人占领时，东正教就迁往了沙皇的城市莫斯科，那儿就是第三罗马。夺取伊斯坦布尔，意味着东正教在古老的第二罗马复辟，这也是沙皇长久的梦想之一。

第一次世界大战还没结束、奥斯曼人还在战场上拼搏时，协约国就已经制订计划瓜分它了。协约国制定了《赛克斯－皮科协定》（*Sykes-Picot Agreement*），根据协定，沙俄的愿望将得到满足，获得整个海峡区域，控制从黑海到地中海的水道。

不仅是博斯普鲁斯海峡，沙俄的另一个觊觎范围是高加索以南的区域，也就是黑海的东南部。在如今，土耳其的东部有很大一片区域居住着库尔德人，它占土耳其总面积的四分之一到三分之一，这片区域也被划入沙俄。除了库尔德人领地之外，从古至今的"黑海明珠"特拉布宗——这个色诺芬笔下的城市，也成了沙俄帝国的肥肉。

除了沙俄帝国之外，另一个胃口巨大的是法国。法国的主要目的是在地中海东岸获得立足点，由于它的行动较晚，在中东的势力范围远小于英国，所以期望通过战争的机会，从奥斯曼丧失的领土中获得"阳光下的存在"。

法国的瓜分要求主要包括如今的叙利亚和黎巴嫩地区，并横扫至伊朗边境的三角地带。

除了沙俄和法国之外，剩下的地区则被英国人拿走。英国的势力范围包括整个埃及、巴勒斯坦（以色列）、外约旦和伊拉克等属于阿拉伯人的地方。

为了策动阿拉伯人赶走奥斯曼的统治者，英国间谍在战争中不遗余力。在好莱坞的影片中，有一部获奖影片叫作《阿拉伯的劳伦斯》（*Lawrence of Arabia*），讲的就是英国战争英雄劳伦斯上校如何联合阿拉伯人抗击奥斯曼人的故事。只是，当时的阿拉伯人并不知道，在脱离奥斯曼之后，阿拉伯世界并没有获得和平，反而进入了百年战争。

除了这三个主要国家之外，还有两个小国也对奥斯曼提出了大量领土要求。这两个小国是意大利和希腊。

意大利希望获得整个小亚细亚的南部地区，这里是安纳托利亚高原地带，也是奥斯曼人的核心区域之一。如果说，英、法的瓜分还主要是在阿拉伯人区域，可以通过煽动阿拉伯人反对奥斯曼人，强调所谓民族自决原则的话，那么意大利对这片奥斯曼人核心区域的要求则显得更加无礼。

除了意大利之外，独立不久的希腊也表现出强烈的扩张冲动。希腊人沉浸在古希腊的荣光中，总是强调东地中海和爱琴海是希腊人的海，而奥斯曼爱琴海海岸也是受希腊文化影响最深的地方。希腊向协约国提出希望得到奥斯曼的爱琴海沿岸地区，以及奥斯曼欧洲部分靠近希腊的领土。

当协约国制订这个瓜分计划时，奥斯曼帝国的人们甚至不知道，他们的命运早已经注定。

战争结束得如此瞠目结舌：战败一方的奥匈帝国和奥斯曼帝国都解体了，在它们庞大的身躯上出现了一系列的小国家，变得更加不稳定，注定了未来的纷纭扰攘。而更令人想不到的是，战胜国一方的沙俄帝国也不存在了，一个叫作苏维埃的红色政权葬送了沙皇政权，成了所有战胜国和战败国共同的敌人。

沙俄变成苏联后，对奥斯曼的领土要求也就打了水漂。这些领土包括博斯普鲁斯海峡区域，也包括伟大的帝国首都伊斯坦布尔，还有东方的大片土地。既然苏联人要不走了，这些土地是否就可以由奥斯曼保住呢？

答案是：奥斯曼仍然无法保住这些土地，因为协约国不答应。

经过协商，苏联要求的土地中，海峡区域和伊斯坦布尔将实行国际共管，也就是名义上由国际联盟（第一次世界大战后成立的国际组织，类似于第二次世界大战后成立的联合国）托管，但实际上由各个战胜国派军队共同管理。苏联要求的东部地区被授予法国，法国则从叙利亚南部让出一部分区域交给英国。经过交换之后，英、法都更加满意了。它们安排土耳其的领土，就仿佛安排一块无主的土地一样随便，也从不和奥斯曼协商。

如果把他们的要求都一一满足，那么土耳其剩下的领土就只有安纳托利亚高原北部和黑海南岸一带。不要说和奥斯曼帝国广阔的疆域相比，即便和现在相比，也只有今天土耳其的三分之一左右，且都是最难利用的土地。

如果把战前和战后做个比较，就更触目惊心。战前的奥斯曼虽然已经生病，但保持着帝国的架势，如同百足之虫死而不僵；而短短几年后，它就成为世界上最没有影响力的小国之一，人们甚至连吞并它剩余部分的胃口都没有。

在协约国紧锣密鼓地进行瓜分时，奥斯曼人又是怎么想的呢？

奥斯曼人仿佛已经认命了，在伊斯坦布尔的苏丹政府静静地等待着战胜国商量出结果，来裁定奥斯曼的命运。战争已经摧毁了奥斯曼人的信心，经济的崩溃更是让他们丧失了前途。奥斯曼的政治家也陷入落魄之中。在战争前，掌握奥斯曼命运的政治家的确足够强势，但错误的政策令他们声名狼藉，退出了政坛，剩下的新生代政治家则束手无策，没有办法应付如此复杂的局面。

当战胜者们在烟雾腾腾的巴黎会场争吵得面红耳赤时，奥斯曼人却连进入会场的权利都没有。

在会场上决定奥斯曼命运的同时，联军们已经纷纷开进了曾经属于奥斯曼的国土。古老的伊斯坦布尔在1918年11月下旬被占领，英国人则在伊拉克境内驻扎。英国人在占领叙利亚后，将占领权移交给了法国人。意大利人也迫不及待地在南部登陆，占领了奥斯曼的本土。当最弱小的希腊于1919年5月占领伊兹密尔时，奥斯曼的悲剧似乎已经彻底成为定局。

成为碎片的中东

我曾经试图在他国的土地上寻找当年奥斯曼帝国的影子。

在埃及、约旦和黎巴嫩，或者远望沙特和叙利亚时，我都希望能看到当年苏丹统治时代留下的痕迹。甚至后来我离开埃及，乘船南下去那个叫作苏丹的国家，那儿也曾经在名义上从属于奥斯曼帝国。

然而有趣的是，我可以从这些国家找到更为久远的历史，却看不到任何关于奥斯曼人的痕迹。与其说奥斯曼帝国被当年的臣民们遗忘了，毋宁说被掩盖了。

在埃及，处处都是古埃及法老们的雕塑和遗迹。埃及人虽然已经说起了阿拉伯语，信仰了伊斯兰教，却仍然以异教的古埃及为荣。商店里陈列的是图坦卡蒙（Tutankhamun）的金面具、荷鲁斯（Horus）和斯芬克斯（Sphinx）的神像，大街上处处是以拉美西斯（Ramesses）或者纳芙蒂蒂（Nefertiti）命名的酒店。这里还有埃及艳后克莱奥帕特拉（Cleopatra）游泳的海滨、温泉、亚历山大的神庙，以及萨拉丁（Saladin）建造的城堡，却看不到任何关于奥斯曼帝国的记号。对埃及人来说，臣服于奥斯曼人的历史是必须忘掉的。

在约旦和黎巴嫩，人们纪念的是罗马帝国的遗迹，杰拉什（Jerash）、巴勒贝克（Baalbek）、比布鲁斯（Byblos），一个个灿烂光辉的名字让阿拉伯人陶醉不已。他们都以被罗马帝国征服过、成为奥古斯都的奴隶为荣，却从来不想回忆奥斯曼时期的事情，虽然奥斯曼时期的政策要比罗马时期宽容得多。

整个中东都恰好处于遗忘期，要将对他们影响最大的帝国忘掉，仿佛这是一件见不得人的事情。这些国家之所以这么对待奥斯曼，是在不自觉间跟随欧洲的思潮。奥斯曼人不管如何宽容，在欧洲人的眼里始终是一个蛮荒的帝国。它的苏丹竟然能娶无数的老婆，这让欧洲的国王和僧侣们多么妒忌，仅此一条就足以说明它的落后。欧洲人的心态又影响了阿拉伯人，让他们也不愿意承认这个对他们影响巨大的帝国。

但不管他们多么想遗忘，奥斯曼仍然是近代时期最大的霸权之一。我曾经在土耳其、黎巴嫩和埃及都看到过地中海，这个海曾经是罗马的内海，但不要以为奥斯曼帝国的领地比罗马小，虽然它只囊括了地中海的东部，但它曾经深入到东欧的大森林中，将黑海当作了内海，同时控制了世界上最著名的几个文明发源地：埃及的尼罗河流域、中东的两河流域以及希腊半岛。它控制了世界上除罗马之外的所有圣城：耶路撒冷、君士坦丁堡、麦加、麦地那和亚历山大。

就算是它崩溃后，所有离它而去的碎片地区也并没有立刻获得安宁。实际上，从奥斯曼帝国剥离出去之后，中东的乱局才正式开幕。不管是叙利亚的内战，还是巴以冲突的恶果，以及伊拉克的独裁和混乱，其根源都可以追溯到这次权力重塑。

可以说，奥斯曼帝国的崩溃是一次大地震，在这次地震中产生了诸多中东国家，但地震之后，各个国家的领土和边界如此混乱，这必然造成无数的余震，一直持续到今天。

奥斯曼帝国对中东的统治带着世俗和神权的双重色彩，苏丹既是世俗的统治者，也拥有哈里发的称号。"哈里发"这个称号来自先知穆罕默德之后建立的阿拉伯帝国。所谓哈里发，最初被认为是先知在俗世的继承人，负责管理人间事务；后来，哈里发不仅管俗世，也成了宗教领袖。

古老的阿拉伯帝国被蒙古人毁灭，最后一个哈里发被蒙古人杀死，伊斯兰的宗教权威也逐渐转移到了土耳其人手中。奥斯曼帝国在征服埃及的马穆鲁克王朝（Mamluk）后，它的苏丹给自己加了一个"哈里发"的称号，成为集宗教和世俗权威于一体的统治者。

奥斯曼人崛起，恰逢原来中东的霸主阿拉伯人处于四分五裂的衰落期。当年伟大的倭马亚和阿拔斯王朝早已成为过去，阿拉伯人再次回到了崛起之前的原始状态。

在奥斯曼统治下，阿拉伯人虽然成了被统治民族，却拥有较大的自主权，甚至还获得了不少好处。由于帝国疆域广阔，他们可以方便地在帝国内迁徙，善于经商的阿拉伯人借此保持了经济上的独立性。

如今，一个阿拉伯人想从伊拉克进入以色列，简直比登天都难；叙利亚的难民在黎巴嫩受到种种刁难和欺辱；阿拉伯被分割成无数的小块。但在100多年前，根本没有约旦、伊拉克、巴勒斯坦、以色列、叙利亚这些国家，有的只是一个大的奥斯曼帝国。阿拉伯人的心目当中，也只有一个阿拉伯，而不是数个边界明确的小国。

唯一边界明确的地区是埃及。埃及的统治者虽然名义上臣服于奥斯曼苏丹，但从拿破仑战争之后，就几乎是独立地行使统治权。埃及的统治者还采取了和英国交好的政策，不知不觉间成了英国的保护国。

在第一次世界大战时，英国人为了对抗奥斯曼，试图寻求阿拉伯人的支持，唤醒阿拉伯人光荣的过去，让他们意识到：在一个突厥人的帝国内部苟活，是阿拉伯人的悲哀。这种宣传是阿拉伯人试图遗忘奥斯曼帝国的原因之一。

宣传之外，英国人还在阿拉伯人内部寻找地方势力进行合作，鼓动他们起来造反。除了英国已经控制的埃及之外，当时阿拉伯世界的领袖主要是两个家族：一个是位于半岛内陆地区（内志，Nejd）的沙特家族，另一个是位于圣地汉志（Hejaz，现在属于沙特阿拉伯）附近的哈希姆家族。

在战争之前十几年，沙特家族的领袖伊本·沙特（Ibn Saud）刚刚夺取了利雅得，正处于需要巩固的时期。英国人敏锐地觉察到他需要钱，于是立即提供了一笔年金，获得了沙特家族在战争中的忠诚。

哈希姆家族则更加棘手。和沙特家族相比，这个家族的历史更为悠久，一直把阿拉伯人的荣誉视为第一要务。哈希姆家族控制的土地也更有战略意义。圣地麦加和麦地那所在的地方叫汉志，这个地方如今属于沙特阿拉伯，但在一战时期，却是哈希姆家族的领地。哈希姆家族家长侯赛因·本·阿里（Hussein bin Ali，Sharif of Mecca）获得了奥斯曼帝国的任命，成为汉志总督。但这位汉志总督并不感激奥斯曼苏丹，他已经意识到，阿拉伯人需要脱离奥斯曼人的统治，建立属于阿拉伯人的国家。

当英国人来联合侯赛因・本・阿里时，他乘机提出，只有英国人帮助阿拉伯人建国，双方才能联合。根据协商，到战争结束后，英国人支持阿拉伯人脱离奥斯曼统治，建立一个统一的阿拉伯国家。这个阿拉伯国家包括阿拉伯半岛的一部分和伊拉克、叙利亚、巴勒斯坦等地，北到阿勒颇（Aleppo），南到波斯湾，东到伊朗边境，只有一些已经存在的小国，如科威特、也门、阿曼，以及若干叙利亚城市可能不包括在内。

侯赛因・本・阿里是战略眼光一流的政治家，他从一开始就试图建立统一的政权。如果按照他的设想，能够把整个中东的阿拉伯人统一在一个政权之下，也许真的可以避免未来的百年战乱。除了他本人以外，他还有几个能干的儿子来帮助他实现梦想，他们分别是阿里（Ali）、阿卜杜拉（Abdullah）和费萨尔（Faisal），后来分别成了汉志、外约旦和伊拉克的国王。

但不幸的是，侯赛因・本・阿里的谈判对手却是英国人。他以为英国人会像阿拉伯人一样守信用，但这个看法落空了。对于伊斯兰世界来说，承诺是无比重要的，一旦承诺，就必须遵守。即便到了现在，阿拉伯人仍然遵循着与古代一样的原则：不管是做买卖还是谈政治，在谈判的过程中吵架是正常的，可一旦达成协议，做出了承诺，哪怕是口头承诺，也必须无条件履行，否则就会受到安拉的惩罚。但英国在政治实践中，慢慢地形成了另一套规则：只要没有成为双方签字的正式条约，任何谈判时的协定、个人的口头承诺等，都不承担强制履行的义务。

在将侯赛因・本・阿里争取到反抗奥斯曼人的行列后，英国政府却并没有将他的要求当回事，转手将整个叙利亚许诺给了法国，并许诺给犹太人在巴勒斯坦的定居权，加之英国人要利用沙特家族牵制侯赛因，不可能将双方的领地合并。这些相互冲突的约定使阿拉伯人所居住的地区不仅没有联合，反而被切成了小块。

当战争结束后，随着对奥斯曼帝国的切割，埃及完全摆脱了奥斯曼的宗主权，成了英国的盟友和属国。

沙特家族所控制的阿拉伯地区也在继续走自己的道路，只是那时的沙特阿拉伯还没有现在这么大，不包括汉志地区，只有半岛北部广大的沙漠地带。

在中东地区几乎没有影响力的法国，按照约定也派出部队进入了叙利亚，从英国军队手中接过了控制权。在此基础上，法国再次将叙利亚拆开，分成了大黎巴嫩和叙利亚两部分，这个地区进一步碎片化。

所谓大黎巴嫩，是相对于原来以黎巴嫩山和沿海为中心的黎巴嫩地区（可以称为小黎巴嫩）而言的。与阿拉伯其他地区不同，小黎巴嫩是一个以基督教马龙派和伊斯兰教德鲁兹派为主的地区。马龙派是天主教会的一个分支。在 4 世纪，一位叫马龙的圣徒（St. Maron）在叙利亚地区建了一座修道院，吸纳了数百名弟子。在他死后，这些弟子依托修道院，形成了一个颇具规模的派别。这个派别坚持一性论，即基督的神性和人性是统一的，是不可分割的。这和主流的基督教所持的观点（基督具有人神两性）背道而驰，因此受到了主流教派的指责。之后，马龙派干脆选举了独立的大主教，游离于罗马和君士坦丁堡之外。

随着阿拉伯的征服，马龙派这个孤立的基督教派别在叙利亚和黎巴嫩的土地上默默耕耘，一直保持到了今天，并在小黎巴嫩占了人口多数。

在小黎巴嫩，除了基督教马龙派之外，还有一小部分东正教徒。而穆斯林则大部分来自一个特殊的派别——德鲁兹派。

从根源上来说，德鲁兹派属于什叶派的一支，但在教义中充满了神秘主义的气氛。当然，在叙利亚的任何教派，不管是基督教还是伊斯兰教，都掺入了太多的神秘主义。这些神秘主义或来自希腊哲学，或来自波斯的拜火教。再加上德鲁兹教徒奇怪的装束（每个男人都戴一顶圆筒小帽），不管是正统的什叶派还是逊尼派，都认为这个派别有些另类。我在贝鲁特遇到的巴基斯坦马麦德甚至说，如果不事先知道他们属于穆斯林，就算碰见，也闻不出他们的伊斯兰气味。

到了19世纪，在奥斯曼统治下，小黎巴嫩发生了若干次教派冲突。马龙派和德鲁兹派大打出手，引发了外部的干预，最终，一个由马龙派、德鲁兹派、东正教徒和其他几个小派别组成的行政会议掌管了行政权。

到法国人接手叙利亚时，法国人希望加强对这个小黎巴嫩地区的控制。从地理位置上来说，由于挨着地中海，拥有良港，它的战略价值要比叙利亚其他部分大得多。

但这个地区也是最难管理的一个地区，因为这里已经有了强烈的自治意识，在行政机构里，基督教马龙派也过于强势。如果一个派别过于强势，它就会骄傲自大不听话。法国人决定进行合纵连横来对付它。

法国人的方法是：将叙利亚其他一些伊斯兰教占多数的地方划归给小黎巴嫩，这些地方在小黎巴嫩和叙利亚边界附近，几百年来一直从属于大马士革，以逊尼派和什叶派穆斯林为主。这就是大黎巴嫩的来历。大黎巴嫩包括贝鲁特，也包括北方的的黎波里、南方的泰尔和西顿，加上贝卡谷地和巴尔贝克，这些地方构成了现代黎巴嫩的疆域。

随着黎巴嫩的扩大，逊尼派人口陡然间增长了八倍，什叶派人口增长了四倍，马龙派的优势地位被削弱了。穆斯林的地位上升，但相对于基督徒，仍然处于微弱劣势。

法国人的做法把黎巴嫩变成了世界上宗教结构最复杂的国家。在1万平方公里的土地上，马龙派、东正教徒、德鲁兹派、逊尼派、什叶派以及其他小教派林立。它们本来并不属于同一个国家，却被法国人强行合并在一起，为将来的冲突埋下了火种。

这次划界还在黎巴嫩和叙利亚之间留下了纷争的隐患。叙利亚一直对领土损失耿耿于怀，并以此为借口，在危机时干涉黎巴嫩政治。

而除了黎巴嫩之外的其余叙利亚地区也被分成了三部分。法国人采取了分而治之的策略，直到他们最后因为控制不住局势而撤出时，叙利亚三区才又合并为一个国家。同时，原本属于叙利亚的安塔利亚（Antalya），由于土耳其的阻挠，没有回归叙利亚，而是在法国人的默许下划给了土耳其，这给土耳其和叙利亚之间的争端留下了伏笔。

在法国的影响下，两个并不存在的国家被创造出来，并留下复杂的宗教问题，造成了百年争端。

在叙利亚的南方和东方，则是英国主导的几个国家。英国人的策略是：在托管的土地上建立当地人的政权，形成新的国家。这些国家虽然交给了当地人，在经济上却服务于英国人，在政治上依靠英国政府的帮助，构成一种特殊的关系。

100 年前，世界上既没有伊拉克，也没有约旦、以色列和巴勒斯坦。但英国人说了声“变”，这些国家就出现了。

当法国人占领叙利亚时，阿拉伯的民族主义者曾经做过一次抗争。奥斯曼帝国的汉志总督侯赛因・本・阿里和他的儿子们曾经与英国人合作反抗奥斯曼帝国。他们得到过英国人的许诺，要建立统一的阿拉伯国家。

当英国人食言后，哈希姆家族决定撇开英国人单干，领头的是这个家族的费萨尔亲王。趁战争刚结束，法国人还没有派军队过来时，他组织武装力量，占领了叙利亚的西部地区，并宣布建国。费萨尔自任叙利亚的国王，他的哥哥阿卜杜拉被封为伊拉克地区的国王。

但是，随着法国人根据英法约定占领叙利亚，费萨尔却在犹豫不决中放弃反抗，撤出了叙利亚。

由于费萨尔曾是英国的盟友，英国人决定给费萨尔以补偿，从剩余的阿拉伯地区中分离出伊拉克作为一个国家，立费萨尔为伊拉克国王。

而原本被宣布为伊拉克地区国王的阿卜杜拉是费萨尔的亲哥哥，英国人为了安慰他，也分给他一块土地——外约旦。所谓外约旦，原本是巴勒斯坦的一部分，由于犹太人纷纷迁往巴勒斯坦地区，英国人为了便于管理，将巴勒斯坦以约旦河为界划成两部分，约旦河以西地区为犹太人的移民区，而约旦河以东地区则单独成立国家，称为外约旦，也就是现在的约旦哈希姆王国。

与黎巴嫩和叙利亚类似，约旦和伊拉克的边界也不是历史的产物，而是人为造成的。在约旦和伊拉克之间有大片的沙漠地带曾经属于叙利亚，但是，英国人在伊拉克有油田，为了从伊拉克铺设输油管道通往地中海，英国从法国手里索取了一部分沙漠地带，约旦和伊拉克连接在了一起。

约旦的民族关系相对简单，以逊尼派为主。而在伊拉克则变得非常复杂，虽然王室是逊尼派的，但是人口以什叶派为主。什叶派主要居住在南方，逊尼派在北方，除了这两派之外，伊拉克北部山区还有另一个民族——库尔德人。

库尔德人与土耳其人和阿拉伯人都不同源，而是属于更早的印欧人。当数千年前，雅利安人从中亚草原迁移到伊朗、印度、土耳其，形成波斯人、印度人、赫梯人的时期，库尔德人就存在了。他们和欧洲人的血缘比和阿拉伯人的血缘近得多。

库尔德人主要居住在土耳其东部、伊拉克和叙利亚北部山区。当土耳其被瓜分时，库尔德人也想和阿拉伯人、亚美尼亚人、格鲁吉亚人一样，单独建立国家，但由于他们政治影响力太小，呼声没有人听。于是，库尔德人分布在土耳其、伊拉克、叙利亚、伊朗的边境地带，至今仍然没有独立的国家。

当我在土耳其东部行走，进入库尔德人地界后，被当地人告知这里的一切都是库尔德式的。如果你敢称当地为土耳其，就会立刻被严肃地告知这里是库尔德斯坦，也就是库尔德人的土地，不是土耳其斯坦。他们穿的衣服也不是土耳其式的，而是库尔德式的。当然这只是文字游戏，因为两者的区别并不大。就连土耳其烤肉也改成了库尔德烤肉，但两者的味道实在没有什么区别。

就这样，奥斯曼帝国这个统一的国家解体了，而哈希姆家族建立统一国家的理想也没有成为现实，中东曾经较为简单的民族结构被几条不规则的边界划成了碎片，在这些碎片上建立起众多的小国。一切都是新的，一切都是几大势力角逐的结果，一切都没有考虑全面，中东就在一种随意性之中走向了未来。

但这仍然不是最复杂的，因为还有犹太问题……

耶路撒冷：故乡？他乡？

在中东旅行，“锡安主义”是一个无法避免的词汇。在几乎所有的阿拉伯国家，这个词和“魔鬼”是同义词；但在阿拉伯世界之外，这个词代表着一种积极的自救。

即便最开明的阿拉伯知识分子，最多也只能像爱德华·萨义德（Edward Said）那样，认为犹太人作为国际暴行的受害者，在自我拯救的同时，却制造了大批的新受害者——巴勒斯坦人。

在事关民族生存的问题上，也许根本没有非黑即白的是非可言。每一个民族都在努力争取生存的空间，但当世界上每一寸土地都已经有主时，如何获得这个空间？或者说，有没有和平的方法获得足够的空间？答案也许是悲观的。

第二次世界大战后，随着希特勒种族灭绝政策的暴露，犹太人问题和犹太复国主义都成了人们的热门话题。但犹太复国主义并非产生在这时，早在奥斯曼帝国统治中东的时代，它就出现了。那时的圣地耶路撒冷已经展开了犹太人的移民活动。

所谓犹太复国主义，就是不堪忍受欧洲排犹思想的犹太人意识到，如果要摆脱在世界上受压迫的地位，就必须建立犹太人的国家。

欧洲 19 世纪的排犹思想已经非常严重，不仅仅是德国，在法国、俄国等地都出现过排犹事件。著名的作家埃米尔·左拉（Emile Zola）曾经写过一篇叫作《我控诉》（*J'accuse...!*）的文章，就是针对法国的排犹事件“德雷福斯事件”（Dreyfus Affair）。

在历次排犹中，奥斯曼帝国管辖下的广大领土都是犹太人的好去处。在几百年前，西班牙国王因为出现了财政危机，就组织过严重的排犹事件，所有的犹太人被要求离开西班牙，只能携带一个小包裹，他们的财产成了西班牙国王财政的一部分。犹太人走投无路时，奥斯曼帝国苏丹却张开双手欢迎他们前往定居。

19 世纪末，犹太复国主义者们考察了奥斯曼帝国的政治环境，认定移居耶路撒冷的计划是可行的。他们在全世界范围邀请犹太人迁居到巴勒斯坦，并号召全世界富有的犹太人捐款，在巴勒斯坦购买土地进行种植。

如果中东一直处于奥斯曼帝国的统治之下，那么犹太人问题也许并不会恶化。就像上次接纳西班牙的犹太人一样，奥斯曼帝国苏丹并不认为这是一次政治事件，任何人只要服从法律，就可以买卖自由，可以获得允许后迁入或者迁出。奥斯曼法律可以保证犹太人和阿拉伯人生活在统一的法律之下，不管谁触犯了法律，都会受到同样的惩罚。

在奥斯曼帝国时期，虽然并不禁止犹太人的迁居，但他们的活动规模受到限制，犹太人人口比例始终维持在 10% 以下。

但第一次世界大战改变了这种平衡。

一战中，嗅出奥斯曼必败的犹太人开始在英国大规模活动，争取英国人支持犹太人的迁居活动。于是，犹太人的迁居第一次从经济层面上升到政治层面。

犹太复国主义者希望西方同意在巴勒斯坦建立一个犹太人的国家，但他们得到的只是含糊的答复。1917 年，著名的文件《贝尔福宣言》(*Balfour Declaration*) 承认犹太人有权在“圣地”建立一个“犹太人之家”，但不应影响现有阿拉伯人的生存和权利。与后来的解读相比，《贝尔福宣言》其实是含混的。比如，这个“犹太人之家”并不一定是国家，而有可能是社区。正是由于宣言的模糊，后来人们对它进行了各种对己方有利的解读。

到了战后，随着英国托管巴勒斯坦，犹太人在“圣地”的移民活动开始加速。英国托管政府为了保证移民不会引起本地的资源紧张，规定了移民定额，并规定移民必须拥有足够的资金实现自给自足才能移居。但是，随着时间的推移，移民定额出现失控，从最初的每月 1000 人增加到每年 4 万人。

犹太复国主义者的打算是，由于托管有期限，最终巴勒斯坦是要独立的，犹太人必须赶在英国让巴勒斯坦独立之前，通过移民使犹太人占到当地居民的 50% 以上，到时即便要独立，也会建立一个犹太人主导的国家而不是阿拉伯国家。随着约旦、伊拉克的纷纷独立，犹太人建国的任务显得更加迫切。

从这时起，巴勒斯坦问题就变了味儿。在奥斯曼帝国统治时期，是希望犹太人和阿拉伯人双方生活在平等的法律之下，任何一方都没有权力去强迫另一方；而英国托管后，犹太人和阿拉伯人都梦想成为新国家的“主人”，拥有立法权，为了把本民族利益置于另一个民族之上，不惜牺牲另一个民族。到这时，这片土地上的悲剧已经注定，唯一没有确定的，只是谁能胜出。

最初，犹太人遇到了一个巨大的障碍——阿拉伯人的高出生率。阿拉伯人虽然不移民，但是本地阿拉伯人的出生率保证了人口的高速增长。这一点和现在也很像。在阿拉伯国家旅行时，我屡屡被告知，伊斯兰教是世界上增长最快的宗教，皈依人数的增长率远超基督教和佛教。

犹太人费尽努力，在 1939 年使人口达到 45 万，但还是不到总人口的 30%。但在另一方面，犹太人却取得了巨大的成功，那就是购买土地。

由于犹太人有着雄厚的国际捐款，他们将巴勒斯坦最好的土地都买到了手里。巴勒斯坦的阿拉伯人地主大都生活在城市里，他们的土地大都租给佃农来种。按照以前的规则，当土地买卖变更之后，新的地主并不能赶走耕种土地的佃农，佃农仍然可以继续种地，只需把租金交给新主人。但是，犹太人购买土地之后要自己耕种，不得不把阿拉伯佃农们赶走。土地买卖规则的不同造成了犹太人和阿拉伯人的冲突，也让阿拉伯人自发地反对犹太人移民。

阿拉伯人之所以反对犹太人，另一个原因是犹太人带来的大量货币推高了物价水平，造成了严重的通货膨胀，而有限的资源已经供养不起高速增长的人口。阿拉伯人普遍比犹太人贫穷，更加感受到生活的压力。

更令巴勒斯坦阿拉伯人不解的是：巴勒斯坦曾经是奥斯曼帝国统治下最富裕的地区之一，可随着沙特、约旦、伊拉克等落后地区都建立了国家，巴勒斯坦反而经受着新一轮的折磨。他们认为这是英国人造成的，于是选择了暴力反抗英国。

如今的世界已经忘记了巴勒斯坦曾经比沙特、埃及、叙利亚、伊拉克、约旦都富裕，那儿的阿拉伯人也更友善、更开明。随着百年巴以冲突的恶性循环，巴勒斯坦也终于成了阿拉伯世界最贫穷落后的难民区。

当巴勒斯坦人选择反抗英国的时候，英国人的托管政府逐渐放弃了中立政策，更加偏向于犹太人，并逐渐形成了犹太人和巴勒斯坦人都各自建国的想法。

到这时，那一地的奥斯曼碎片都已经出现了。随着一个超级帝国的解体，这些帝国的碎片开始了百年的颠簸。它们首先要和托管国做斗争，争取独立。之后，它们的精英意识到自己已经是一个国家，并步履蹒跚地开始学习如何统治。国家之间的利益纠葛、经济不平衡、部族矛盾，将它们深深地纠缠在一起。百年后，情况不仅没有好转，反而变得越来越复杂。直到今天，我们还能听到那些碎片继续破碎的声音。

第二章

土耳其：阿塔图尔克的道路

2014 年 4 月 23 日，在土耳其小城贝尔加马（Bergama），人们正在筹备一场节日演出。每年的这一天，土耳其都会庆祝两个节日：国家主权日和儿童节。土耳其的大街小巷都挂满了国旗和一个人的肖像。这个人如同美国的华盛顿和英国的丘吉尔一样，是现代土耳其最著名的政治家。

所谓国家主权日，纪念的是土耳其大国民会议召开的日子，这个日子代表了一种精神——土耳其与被瓜分的命运抗争，并从灭亡的边缘力挽狂澜，重建了国家。

在贝尔加马，节日庆典在城市里的露天广场举行。

罗马帝国时代，土耳其每一座城市都有一个露天的半圆形阶梯剧场，供人们表演和看戏。贝尔加马城北方的小山，就是当年古代卫城的所在地。这座古城以几座巨大的神庙著称于世，最雄伟的是为罗马皇帝图拉真（Trajan）修建的神庙。据称，它可以跻身最大的罗马神庙之列。在图拉真神庙的下方，是著名的宙斯神庙，这里曾经出土了最精美的浮雕作品，被认为是古代世界的艺术珍品。然而，随着这些浮雕被运往国外，宙斯神庙剩下的只有两棵大树下的一堆石头。

古代的剧场就在两座神庙的不远处，建在一段陡峭的山坡上。在其他城市，罗马剧场大部分会选择一个坡度不算太大，能够形成半圆的山坡建造，但贝尔加马的剧场建在非常陡峭之处，由于山坡太陡，根本无法建造半圆形，只能依山势建造了大约 60 度。剧场前方就是一个峡谷，人们坐在剧场里，面对的是峡谷无边的风景，这可能是风景最好的罗马剧场。

国家主权日的演出并没有选择古代剧场，而是在市中心的现代露天广场上。广场也仿照了古代式样，用石头铺成半圆形的阶梯，当作剧场使用。

在半圆形的圆心位置，是一个小型舞台，边缘放着乐器，舞台的背后挂着阿塔图尔克的大幅肖像和土耳其国旗。距离剧场不远处，则是罗马时期著名的医生盖伦（Claudius Galenus）的铜像。这个享誉古代世界，声名一直传到现代的医生，就生活在这座小城。

天还没黑，人们就慢慢聚集，卖气球、彩色棉花糖的小贩在四周转悠，茶馆的侍者托着盘子四处送着茶。土耳其茶有一半的品位是从它的茶杯上体现出来的。形状奇特的玻璃杯本身就是一件艺术品，杯里装着红色或者绿色的液体，如同宝石一般闪光。人们喝完了茶，就随手把茶杯放在街边的柱子上、花坛上、座位上，然后离去。茶馆伙计有空时会过来把它收走，不用担心会有其他人拿走杯子。

到了傍晚，露天剧场的石头座位上已经坐满了人，半个小城的人都聚在这里。孩子们也来了。由于国家主权日和儿童节是同一天，这一天，孩子们都穿着演出服出现在舞台的后方。所谓演出服，就是土耳其各个民族的服装，花花绿绿闪着金光，有希腊式的、突厥式的、库尔德式的，还有其他的民族服装。

我信步走向后台，犹豫是否要给孩子们照相。就在这时，一位教师模样的年轻人走了过来，把我叫住，又把孩子们叫过来，他们一群一群摆好姿势，等待着我照相，这反而让我不好意思起来。

土耳其人对陌生人的友善随时随地都体现出来。

照相过后，教师和我攀谈起来。他指着阿塔图尔克的画像告诉我它在今天的意义，当然也不忘谈到现实的政治。由于土耳其在这两年刚刚发生了大规模的反政府游行，土耳其的年轻人仍然带着对当时的总理雷杰普·塔伊普·埃尔多安（Recep Tayyip Erdogan）的不满。他愤愤不平地向我抱怨着埃尔多安的独裁。

“可是，埃尔多安至少还有反对党，而在阿塔图尔克时期，你们连反对党都没有。”我疑惑地说。

“埃尔多安怎么能和阿塔图尔克比？”教师不满地说，“阿塔图尔克可是拯救了土耳其！”随后，他中断了和我的谈话，生气地离开了。

随着我对土耳其的了解越来越深入，我越发感觉到土耳其人对这个叫作阿塔图尔克的人有多爱戴。卡帕多西亚（Cappadocia）一个汽车公司的候车室里挂着一幅阿塔图尔克的照片，一位老妇人进门看见了照片，立即走过去向他致敬。

在安塔利亚的广场上，人们在阿塔图尔克的雕塑前展开旗帜，做着某种宣誓。各地的警察局、政府机关，大都有阿塔图尔克的画像。

实际上，土耳其几乎每一座城市都有他的雕像，而且不止一座。这个人通常的形象是：身着军装，留着两撇小胡子，长得不算英俊，带着典型的突厥人特征，有时候骑着马，有时候执着剑。统计起来，也许这个人雕像的数量不会少于苏联时期的列宁和斯大林雕像。

土耳其人对此人怀着深深的敬意，每每谈起他都以“国父”相称。“阿塔图尔克”这个词本身就是一种称号，意思是土耳其人之父。阿塔图尔克的本名是穆斯塔法·凯末尔（Mustafa Kemal）。

人们之所以如此感激他，是因为正是这个人从一片分崩离析中拯救了土耳其，保住了最重要的领土。阿塔图尔克也是土耳其现代化之父，正是他的大力推进，让土耳其从一个落后的宗教国家向着西方化和现代化迈进，带上了世俗国家的特征，并奠定了土耳其的政治基础。

凯末尔：救国易，管家难

1923 年年初，年过 40 的老单身汉穆斯塔法·凯末尔终于结婚了，他的妻子是一位名叫拉蒂菲·乌沙克利吉尔（Latife Uşaklıgil）的文艺女青年。

在这之前，单身汉凯末尔不反对搞点儿暧昧，和秘书调调情，但没有动过结婚的念头。直到 1923 年，凯末尔的事业已经逐渐走向巅峰，他为之奋斗的土耳其主权事业也已经取得重大进展，侵略者们都被赶走了。这时候的老单身汉想放松一下，谈谈恋爱，娶个老婆，也是最好的时机。

但是，凯末尔除了考虑个人婚姻之外，还另有打算。他之所以娶这位拉蒂菲女士为妻，是因为她是一位新派女性。在凯末尔时代，伊斯兰传统势力仍然强大，女人们必须戴面纱，把身体裹得严严实实才能出门。她们负责照顾家人，在政治上毫无影响力。拉蒂菲出身于商人世家，在欧洲接受教育，讲一口流利的英语，凯末尔将她视为推行世俗化政策的好伙伴。

于是，这对夫妻档在结婚后立即成了世人的焦点。

他们第一炮针对的是女性的面纱问题。在婚礼上，拉蒂菲没有按传统规矩遮住面容，而是骄傲地让所有人都看到她的美丽，引起了人们的激烈争论。但这只是开端，随后，拉蒂菲频频与凯末尔出现在公共场合，都以不戴面纱的模样示人。她容貌俊美，有足够的信心向人们展示女性美好的一面。

与此同时，凯末尔在政策层面频频出手，保障女性权益。在他的执政生涯中，土耳其女性的地位显著提高，从与阿拉伯国家一个水平，提高到了与欧洲不相上下。如今，到土耳其旅行的人都能感到土耳其女郎的热情似火。她们穿着适度，性格火辣，看见陌生人不是远远躲开，而是跑过来紧紧抱住你的胳膊，把脑袋靠在你的肩膀上合影。这种开放的心态就是从凯末尔时代发展起来的。

然而，在政策顺利推进的同时，凯末尔的家庭却失控了。

首先，共和国时代的土耳其男人不能再像帝国时代一样娶四个老婆，而是实行典型的一夫一妻制。拉蒂菲为了贯彻这个原则，从自己的家庭入手，赶走了与丈夫有暧昧关系（也有感情）的女秘书，导致女秘书自杀（或者是他杀）。

其次，拉蒂菲过于热衷政治，处处抛头露面，到最后，就连她的丈夫也痛苦地认为，在解放别家女性的同时，自家的女性还是少解放一点好。

最后，夫妻俩终于发展到了公开争吵的地步。从政治角度考虑，由于土耳其东部属于较为保守的地方，为了稳固政权，不应该用过于“嚣张”的世俗化姿态挑衅当地，所以当凯末尔去东部考察时，同行的人把妻子留在了西部。但是拉蒂菲不肯罢休，一定要跟着丈夫一起去。这次考察，终于演化成公开争吵，凯末尔将妻子送回了西部。不久，他在世俗化的道路上更进了一步——带头和妻子离婚了。

他们的婚姻只维持了两年时光，就以失败告终。土耳其人的国父穆斯塔法·凯末尔对文艺女青年心灰意冷，此后再也没有结婚。对他来说，拯救一个国家、治理一个国家都很容易，但是要管好一个家庭，简直比登天都难。

在土耳其，凯末尔的画像也分成了两类：一类是穿着西装或者军装，作为一个威严的政治家形象，显然，这一类画像都经过了美化；而另一类则显出了他本来的面目，画像里的男人长相平凡，宽脸，泛着青色，又带着一点滑稽，完全算不上英俊，如果不是因为职位，对女人的吸引力的确有限。这两种画像正好反映了阿塔图尔克的两面性——可以治国，却不会管家。

而土耳其人并不以他世俗的一面难堪，照样把他画出来供人瞻仰。当然，他们更看重他的功劳，因为他在恰当的时机出现在恰当的地点，如果不是他，土耳其在第一次世界大战后就被瓜分殆尽了。

在一战后，当战胜国们争论如何对奥斯曼帝国进行最严酷的分割时，苏丹政府没有任何抵抗方案。大概所有的人都认为这个“病夫”已经死定了，只有穆斯塔法·凯末尔不同意。

凯末尔出身于中下层社会，从军事学校起步后，参加过利比亚人反抗意大利的战争。在奥斯曼帝国的鼎盛期，北非的利比亚也是帝国的领地，只是随着帝国影响力的下降，地中海北岸的意大利盯上了对岸这块肥肉。

当时，在奥斯曼帝国内部，有一个叫作青年土耳其党的党派正处于活跃期。他们试图通过改革和立宪来振兴帝国，恢复往日的荣光。当意大利入侵利比亚时，青年土耳其党在利比亚成立了分部，组织对意大利的抵抗活动。凯末尔就是在这样的背景下开始了他的军事生涯。

到了第一次世界大战，穆斯塔法·凯末尔已经崭露头角。这次战争以同盟国的落败为结局，但如果仅仅看土耳其战场，奥斯曼帝国的军官们做得并不差。在土耳其境内曾经发生过一次著名的战役——加里波利战役。这次战役的一方是奥斯曼帝国，另一方是英国，而部署这次作战的，就是后来的名相丘吉尔。

加里波利半岛位于黑海和爱琴海之间的马尔马拉海旁，丘吉尔试图在这里开辟对付同盟国的第二战场，如果在这里登陆成功，就可以直接进攻伊斯坦布尔，然后从后方打击奥匈帝国和德国。但丘吉尔没有想到，英国军队竟然对付不了柔弱的奥斯曼帝国，由于远距离作战，加上协调问题，英国人吃了败仗，撤走了。

这场噩梦让英国人的恐惧持续了几十年，到第二次世界大战时，都不敢考虑在巴尔干半岛以东开辟第二战场。

在加里波利战役中，凯末尔成长为土耳其最优秀的军官之一，其后参加了土耳其各条战线上的战斗。虽然土耳其由于形势不利而失败，但这些优秀的军官并没有丧失军人的素质。

由于土耳其与西方接壤，这些军官大都受过西方军事科技的熏陶，在与西方作战的过程中，更是对对方的军事科技有着深刻的了解。他们并不保守，却坚持要保住土耳其在世界的地位。

战争结束后，协约国纷纷对奥斯曼帝国进行瓜分。作为军队领导人之一，凯末尔被分配了一个令人吃惊的活儿——前往黑海沿岸解散那儿的奥斯曼帝国军队。这个要被瓜分的国家已经用不着这么多军队了。

更让人尴尬的是，就在凯末尔去解除奥斯曼帝国武装的同时，希腊军队刚刚在伊兹密尔登陆，参与对奥斯曼帝国的占领。希腊曾经是奥斯曼帝国的属地，但由于这次站对了边，趾高气扬地加入了瓜分。奥斯曼帝国不仅不能用武力驱逐希腊人，而且还要解散部队予以配合。

凯末尔到达了黑海岸边的萨姆松（Samsun），协约国也许永远会后悔将他放出控制圈，他很快辞去了职务，前往东部重镇埃尔祖鲁姆（Erzurum），竖起了保卫土耳其的大旗。他召开了国民大会，建立了民族阵线。

至此，土耳其国内就有了两个政权：一个是奥斯曼苏丹在伊斯坦布尔的政权，另一个是凯末尔在安纳托利亚（小亚细亚半岛）的民族阵线。民族阵线的势头越来越猛，伊斯坦布尔政府也对战胜国越来越强硬，两者相互呼应，占领军的麻烦来了。

作为回应，英国人全面占领伊斯坦布尔，并拘捕了那里的反对者，但对于在亚洲安纳托利亚的凯末尔，他们却无能为力。

1920 年 4 月，凯末尔在安纳托利亚的小城安卡拉（Ankara）召开了一次大国民会议。这个小镇随着革命的进行，逐渐成为土耳其的政治中心，并最终取代了欧洲的伊斯坦布尔，成为新土耳其的首都。这次会议召开的日期，就成了土耳其国家主权日。2014 年我看到的表演，就是为了纪念它。

大国民会议通过了六点决议，核心内容是：阿拉伯人等外围地区可以实行民族自决，脱离土耳其，但是，土耳其核心地区必须保持完整。

这个决议与战胜国的瓜分协议完全相悖，如果按照战胜国的设想，那么土耳其只有现在领土的三分之一大小。凯末尔所做的，就是把剩下的三分之二拿回来。

就在凯末尔为了土耳其的完整而拼杀之时，英、法、意、希等国家却仍然不肯放弃瓜分的权力。他们制定了分割奥斯曼帝国的《色佛尔条约》（*Treaty of Sevres*），其瓜分的强度丝毫没有因为受害者的反抗而减弱。希腊、意大利仍然梦想着占领土耳其的核心领土，留给土耳其的仍然是残渣和剩饭。

他们之所以如此有恃无恐，是认为土耳其刚刚战败，即便它能打败某一个国家，却不可能同时对付英国、法国、意大利和希腊。只要这四个国家联手，那么土耳其一点儿机会都没有。

凯末尔又如何对付四国联军呢？他敏锐地观察到，战胜国之间的利益并非完全一致，所以，不一定非要同时和它们作战不可，可以选择机会各个击破。

他首先对付的是法国人。法国人希望得到的土地主要位于叙利亚和黎巴嫩，这里是阿拉伯人居住的地方，也是土耳其将要放弃的地方。土耳其和法国真正有利益冲突的地方是库尔德地区。这片地区曾经被分给了俄国人，由于俄国人退出了瓜分，库尔德地区又被转送给了法国，但法国对这块白捡的肥肉没有做好心理准备，也不会拼了老命去保卫这种占领权。

于是，凯末尔率军南下库尔德地区，将法国人赶回了叙利亚的阿勒颇一线，让法国人退回了阿拉伯地界。被迫后撤的法国人害怕如果继续和凯末尔打，连叙利亚也保不住，于是满足于占领叙利亚，与土耳其签订了停战协定——第一个敌人退出了，库尔德地区保住了。

法国人退出后，凯末尔着手解决剩下的东线问题。在土耳其东方，是高加索南部的几个民族：格鲁吉亚人、亚美尼亚人和阿塞拜疆人。凯末尔认为这也不是土耳其的核心地域，控制这里的成本远大于收益，决定从这里退出。他把必须保留的边界画在和亚美尼亚接壤的卡尔斯（Kars）地区，因为从那儿开始，就是土耳其人占多数了。攻克卡尔斯后，他和苏联达成了协议，放弃亚美尼亚的土地，来换取苏联对现有边界的承认。

十月革命后，苏联虽然早已经退出了对奥斯曼帝国的瓜分，但凯末尔仍然希望有一个更安全的东部，以便他在西方放手一搏。与苏联达成协议后，他的后顾之忧就消失了。

接下来他要对付的是意大利人。作为投机主义者，意大利和奥斯曼正好形成鲜明的对比，双方都是在玩挑边游戏。奥斯曼挑错了边，被瓜分了，而意大利虽然战前和德国人打得火热，可是在战争中迅速抛弃了盟友德国，加入了协约国。由于它挑对了边，就参与了对战败国奥斯曼的瓜分。意大利占领了奥斯曼的地中海沿岸，与希腊一起将土耳其和地中海阻断了。

不过，作为战争的幸运儿，意大利参与瓜分奥斯曼是天上掉馅饼的事，自然也不会冒太大风险守住这个馅饼。当凯末尔展现出强硬的姿态和军事实力后，意大利人知道这块肉吃不下去了。

凯末尔为了换取意大利撤军，授予意大利人一定的经济特权。这种交换让意大利人有了台阶下，顺利地撤出了土耳其。到这时，就只有英国和希腊还没有摆平。

在所有国家中，真正对土耳其本土有强烈领土扩张要求的是希腊。

希腊有着光辉的历史和无能的现代，曾经长期是东罗马的属地，后又成为奥斯曼帝国的附庸。当希腊人终于在19世纪取得独立时，对曾经主人的怨气却一直没有消除。

希腊人对土耳其的怨气有几个方面：

第一，土耳其在历史上仿佛只是希腊和罗马的脚注，希腊人本来就看不起土耳其。土耳其的爱琴海和地中海沿岸充满了希腊人的殖民地，而土耳其的古代史也主要依靠希腊人的资料来复原。另外，希腊历史上最有名的三次远征也都和土耳其有关：第一次是特洛伊远征，希腊联军攻打的特洛伊古城就在土耳其；第二次是希腊人去波斯的万里长征，他们去程走的是土耳其南部，回程走的是土耳其北部的特拉布宗，几乎将土耳其观察了个遍；第三次是亚历山大远征，土耳其最终被亚历山大收入囊中。

第二，土耳其居住着许多希腊人，就像希腊也居住着许多土耳其人。不过希腊人认为，希腊人所到的地方都应该并入希腊。

第三，土耳其是希腊曾经的宗主国，希腊一直有仇土情结，正好可以借这个机会彻底地削弱土耳其，并扩张领土。

当法国、意大利、苏联纷纷撤出，表示不与土耳其为难时，希腊人却并不想放弃利益。与此同时，英国人为了保持对博斯普鲁斯海峡区域的控制权，也想做最后的尝试。既然希腊如此积极，英国就顺水推舟将主要的作战权交给了希腊。

获得了令牌的希腊立即行动，除了占领分配给他们的伊兹密尔之外，还继续挺进。在欧洲，他们几乎并吞了土耳其所有的欧洲领土。在亚洲，他们也占领了安纳托利亚的西部地区。凯末尔的民族阵线虽然足够坚强，但在希腊的攻势面前，只能选择退却和暂避风头。

但就在这时，一只宠物猴子帮了土耳其的大忙——它咬死了希腊国王亚历山大（Alexander of Greece）。国王的父亲君士坦丁（Constantine I of Greece）复位。这个国王得不到英国人的信任，于是英希联盟松动了。

更糟糕的事情发生在欧洲，英国、法国为德国赔款问题发生了激烈争吵。法国决定摆脱英国单独行动，便和土耳其取得了和解，更将大量的军事物资送往土耳其。

法国的挖墙脚行为让英国意识到瓜分土耳其的希望越来越小，与希腊的矛盾让它放弃了支持希腊，采取了中立的态度。这时，土耳其真正的对手就只有希腊一家了。

1922 年 8 月，步步紧逼的土耳其人击败了希腊人，9 月，凯末尔开进了希腊人的堡垒伊兹密尔。希腊人在撤退时也不忘惩罚土耳其，在当地烧杀抢掠，这是土耳其承受的最后的灾难了。不过，土耳其灾难的结束，恰好是凯末尔本人灾难的开场：在伊兹密尔，他认识了美貌聪明的文艺女青年拉蒂菲，尝到了管家之难。

除了武力之外，凯末尔精通现代政治，知道如何通过改变政治平衡来达到目标。他把土耳其的石油开采权卖给了美国的公司，以压迫英、法尽快和解，娴熟地在战胜国之间维持着再平衡。

对于希腊，凯末尔也有相当大的让步。在土耳其的爱琴海和地中海岸边，距离大陆只有几公里或十几公里的小岛都划归了希腊，而这些小岛距离希腊本土至少有数百公里。土耳其为了获得主权和独立，将地中海岛屿几乎尽数让出。在凯末尔眼中，这是土耳其必须承受的巨大代价之一。

1924 年，土耳其与各个强权签订了《洛桑条约》(*The treaty of Lausanne*)。这个条约规定的土耳其领土已经与今天非常相似了，只有东部与伊拉克边境和叙利亚边境有若干冲突。但不管怎样，《洛桑条约》的签订彻底解除了土耳其被分割的危机。这个曾经的“病夫”在经过一场大病后，元气逐渐恢复。

但问题是，获得新生的土耳其能够把握住机会，避免重归衰落的轨道吗？

土耳其人之所以纪念穆斯塔法·凯末尔·阿塔图尔克，除了他挽救土耳其于危亡之外，还在于他的铁腕促成了新的发展，让古老的帝国变成了现代国家。

阿塔图尔克：现代化的独裁者

在土耳其地中海岸边的帕塔拉（Patara），我意外地到达了一个阿塔图尔克非常推崇的地方：利西亚（Lycia）联邦议会。

在那儿，我遇见了一位英国老人雷伊，他告诉我：“欢迎来到世界上最早的联邦议会。美国人在起草宪法时，曾经以它为榜样来设立议院制度。利西亚人的联邦议会，比美国人早了 2000 年！”

帕塔拉是一个小村庄，距离附近的大城市费特希耶（Fethiye）大约 80 公里。村庄的外面通向一条古代的河谷，如今是一片长满了水草的沼泽地和池塘，再继续走就是大海。在古代，这个小村庄是地中海地区最繁忙的大港口之一。如今的沼泽地当初与大海相连，形成一个巨大的峡湾，一座灯塔立在湾口，指引着成百上千的船只来到这里。

大约从公元前1000年起，在土耳其地中海岸边，从费特希耶到安塔利亚这300公里海岸之间，居住着利西亚人。这是一个充满创造力和艺术细胞的民族，以巨大和装饰精美的岩石墓穴出名。到现在为止，这300公里长的海岸线上还四处都是利西亚人的石头坟墓。这些坟墓有的用巨大的石块雕成，放在高耸的柱头或者基座上；有的直接刻在悬崖绝壁之上，如同通往地下的巨门。石墓多到让人吃惊，在路上走着走着，就会看到一两处，这里的人都已经见怪不怪了。

利西亚人在这片土地上建立了许多城邦。这些城邦居住环境优美，却并不舒适。这里的地势过于复杂，是典型的山区。刚刚离开大海，巨大的山脉就拔地而起，直入云霄，山峰的顶部白雪皑皑，形成了从海上望雪山的奇特景观。山脉也把海岸上的居住地分割得支离破碎，东边一小片，西边一小片，敌人一来，就会被各个击破。

当马其顿的亚历山大大帝东征时，就把这些城邦挨个儿征服了。不过，等亚历山大帝国一解体，这些城邦又恢复过来。这时他们意识到，作为单个的城邦，都太容易被消灭了，只有联合起来，才有可能抵御强敌的入侵。

于是，世界上第一个联邦共和国，以及第一个联邦议院出现了。

在利西亚人之前，世界上已经有了民主制的尝试。比如，雅典和罗马的民主政体都比利西亚人更早，但是雅典和罗马的民主只适合在一个城市内部实行，而对外仍然采用帝国制。也就是说，雅典在城市内部实行民主选举和民主决策制。可是除了雅典，希腊和地中海上还有许多别的城市，即便这些城市是雅典的盟友，也必须服从雅典的专横命令，不能进行民主决策。

为什么不能与盟友一起民主？这不是一个政治问题，而是一个技术问题。

雅典实行的是简单民主制，要求把所有的人在同一时刻凑到一块儿，一起商量事情。这在一个城市内部可以办到，可一旦牵扯到很多城市，从技术上就无法把他们都集合在一个广场上商量事情了。

至于由各个城市选出代表，代替全体人民去开会投票，这种稳定的代议制技术在当时还没有发展出来。

正是由于雅典民主制的缺陷，大思想家柏拉图认为，民主制只适用于一个城邦，不适合在更大范围内推广。

只有到了利西亚，才解决了怎么把许多个城邦集合起来，共同实行民主的问题。古罗马的几位历史学家斯特拉波（Strabo）、李维（Livius）和普林尼（Plinius）都记载了利西亚的政体：他们的解决办法就是组织一个永久性的联邦议院，各个城邦都派出代表加入联邦议院，来商议城邦之间的共同问题。

利西亚有六个大城市和许多小城镇，分散在不同的地方，每一座城市都拥有自己的政府。这些城市根据人口的多少选出代表到联邦议院担任议员，最大的几个城市，如桑索斯（Xanthos）、帕塔拉等，各有三个席位；而中等城市有两个席位；有的小镇由于太小，就和周边的城镇联合起来拥有一席。这种比例代表制是利西亚人的首创。

除了议员之外，利西亚联邦还有其他行政官员和法官，也按照同样的比例在联邦内选出。维持联邦运转需要一定的税收，纳税也是按照比例来，大城市税额分摊得也多。

议会和法官们的权力很大，不仅要加强防御，还要协调城市之间的事务，比如，跨城市婚姻问题、财产纠纷，等等。也就是说，在城市内部的纠纷适用城市内部法律体系，一旦纠纷是城际的，就要适用联邦法律。

这种法律框架就很类似美国的联邦共和制了。美国的众议院也是按照比例代表制从各州选择议员，而美国的各州之间形成了一种平等关系，保留了内部的立法权。在美国国父们的理想中，只在涉及协调州际事务时，联邦政府才起作用。现在虽然联邦政府管的事越来越多，但基本框架仍然保留了下来。

美国的开国者们在写宪法时借鉴了很多前人的经验，其中就有利西亚人的经验，著名的《联邦党人文集》（*Federalist Papers*）中就提到过利西亚人的联邦。开国者们之所以听说过利西亚人，是得益于法国著名思想家孟德斯鸠（Montesquieu），正是他在巨著《论法的精神》（*De l'esprit des lois*）中盛赞利西亚人是联邦共和制的典范。

利西亚联邦议会的会址就在帕塔拉。在古代，它是利西亚最大的港口，也是最大的城市。在3000年前，利西亚人的商品从这里走向地中海世界，直达希腊和罗马。如今，这里还有庞大的谷仓遗址。

沉寂了1000多年后，帕塔拉再次被考古学家发掘出来。在阿塔图尔克时代，由于提倡西化改革、宪政和民主，阿塔图尔克敏锐地意识到这里的价值。他下令，除了对整个遗址进行维护之外，还要特别关照那座联邦议院。

在他的眼里，这座议院意味着：在土耳其的土地上自古就有民主和宪政的传统。既然那时的人们都知道宪政的好处，又有什么理由怀疑现在的人学不会呢？

我漫步在帕塔拉的废墟上，按照老人的指点，向着那座联邦议院走去。遗址群规模巨大，路边处处是利西亚人的石棺，接着是一座巨大的拱门，建于罗马皇帝哈德良（Hadrianus）时期。

遗址中最大的建筑是一座圆形剧场。那座著名的议院就修在圆形剧场的旁边，规模和剧场相比小了很多，大约只有上千平方米。在议院的门口竖立着许多大石块，上面写着某些名人获得的荣誉和表彰。可以看出，古代人和现代人一样，也有着爱慕虚荣的一面，人们以在政治建筑前留名为荣。

进入议院，初始的感觉是：这里如同一个小型的罗马剧院或者大学里一个巨大的阶梯教室。在如今的联合国大厦里，大会堂的结构也有着类似的特征：圆形的会场，中间是个讲台。

据测算，这里大约可以坐 1400 人。在阶梯的中央位置，有一个特殊的席位，据推测，就是为联邦的长官预备的。面向阶梯的前面，还有四个特殊的位置，可能是人们用于演讲和辩论的地方。

当利西亚的政治家们为公共政策而争论时，就会有人站上这个讲台进行辩论，而下面的人们则听着讲台上的辩论，决定着支持谁，并投出神圣的一票。

议院最底层的地面铺着玻璃，保护着那些 2000 多年的石板。整座建筑都经过精心的修复。对这个议院的重视也可看出阿塔图尔克的良苦用心。他认为，已经体验过亡国之灾的土耳其，如果要走出阴霾，必须开展大规模的自救运动，在经济上现代化，在政治上宪政化，在社会上世俗化，避免下一次灾难的发生。在他的任上，他把这个理想发展到了偏激的程度。

可是，当阿塔图尔克不断强调宪政、西化时，人们又很难说他是一个民主主义者。他的政策更多是靠强力去推进的，他只是一个拥有民主外壳的独裁者。

但后来人们总结土耳其的经验时，又不得不承认独裁的合理性。如果没有这种独裁的权力，那么土耳其很可能无法走出宗教的阴影。

如果在那时就采用充分的民主制，那么人民选择上台的领导人很可能是一个敌视变革、抱残守缺的保守分子，妄图恢复教法统治，改革根本就无从谈起，距离现代化就会越来越远。

而阿塔图尔克在施行独裁的同时，由于他与西方保持着接触，始终知道土耳其为什么衰落，要如何打破传统的锁链。他利用独裁手段把伊斯兰教法系统折腾得天翻地覆，人们接触不到正式的宗教教育，习惯了世俗政权。在他死后，已经没有人能够回到教法统治之中去了，就算再保守的人，也只能承认他的功劳，并顺着他的路线走下去。

1923 年 10 月 29 日，土耳其大国民会议宣布，土耳其的政权组织形式为共和国，并选举穆斯塔法·凯末尔为总统，正式终结延续数百年的苏丹制。被英国人当作傀儡的奥斯曼帝国苏丹穆罕默德六世，早在一年前就迁往了马耳他。

在凯末尔的统治下，土耳其唯一的政党是他组织的共和人民党，而总统也得以连选连任。在他生前，总统职位一直是他的囊中之物；即便他死后，继任者也是他生前指定的信任的同僚伊斯麦特·伊诺努（İsmet İnönü）。而议会和政府机构中更是充满了共和人民党的信徒，处处都是熟面孔，这是造成后来土耳其官员裙带关系和腐败的原因之一。

他也不吝于利用武力镇压、流放反对派，封报馆，只要能维持土耳其稳定和按照既定轨道前进的事情，他都会去做。

然而，在独裁的实质下，他却启动了一系列的改革措施。

在他执政的过程中，西化几乎是唯一的主旋律。

经过一段时间的实践后，阿塔图尔克总结他的改革为六大主义，分别是：共和主义、世俗主义、平民主义、民族主义、国家主义和改良主义。

所谓共和主义，是指虽然凯末尔保留了独裁的权力，但他有意保留共和国的架构，人们在他死后能够较为顺利地过渡到共和国。另外，为了保证共和国不会被野心家所劫持，回到君主制或其他乱七八糟的形式下，凯末尔对土耳其的法律系统进行了重大改革，按照西方观念重写了刑法、民法和商法。司法改革打击最大的是土耳其的宗教势力，作为对比，在阿塔图尔克之前，土耳其还沿用着落后的伊斯兰教法体系。

直到今天，除了土耳其之外的许多伊斯兰国家仍然无法摆脱伊斯兰教法体系，只有土耳其已经成为西方大陆法体系的一部分，不可谓不是阿塔图尔克的功劳。

所谓世俗主义，是指除了对法律系统改革之外，阿塔图尔克还在生活方式上针对伊斯兰宗教势力进行打击。

他担心未来教法势力会成为阻碍土耳其现代化的最大障碍，试图在他活着时用强力将其击碎。如果在他死时，人们已经学会了别的思考方式，不再受到宗教思想的束缚，那么到时候实行真正的民主，也不会导致一个宗教保守主义政权上台了。

在他采取的措施中，有的措施也像沙俄的彼得大帝剪胡子那样滑稽可笑。比如，他禁止人们戴土耳其的无檐帽子，男人如果戴帷子，必须戴欧洲式的宽檐帽。

阿塔图尔克本人在感情上很失败，却在保护女性权益方面迈出了一大步。他授予妇女选举权，并规定男人只能娶一个老婆。他强迫达官贵人的妻子抛头露面，并鼓励她们从事各种工作或者参加政治。

他废止了许多苦行团体，没收了他们的庙宇。关于伊斯兰的教法课程，也全部清出公立教育体系。教育上的改革令年轻人接触不到虔诚的宗教氛围，大部分年轻人连伊斯兰教的祈祷形式都不清楚。

在他执政十几年后，人们惊奇地发现，与周围的阿拉伯国家相比，土耳其已经有了如此重大的变化，在许多事务上都已经欧洲化了。

所谓平民主义，就是土耳其的平权运动。在废除了外国的特权之后，阿塔图尔克宣布所有的人民都拥有相同的权利。

但是，如何保证所谓相同的权利呢？他认为，如果经济基础和教育问题无法解决，那么所谓的平权就是空谈。所以，在经济上，他注重占土耳其人口大多数的农民问题，免去了什一税，也减少了其他税收。而在教育上，他大力推行义务教育，消灭了占土耳其总人口 80% 的文盲。

在教育中，一项艰难的改革出现了——文字改革。

土耳其的历史上，文字系统曾经发生过多次变化，最后一次是受伊斯兰教影响，土耳其人改用了阿拉伯文字系统。他们使用的口语仍然是土耳其语，但在文字记录时使用阿拉伯字母。

打个比方，就像是中国人突然有一天宣布，完全废除方块字，改用拼音字母来记录汉语。虽然语言没有变，人们还照样说话交流，但文字系统从方块字变成了 26 个拼音字母。这里，文字系统和语言是两码事。阿塔图尔克就试图在保留土耳其语的同时，废除阿拉伯字母系统，而改用一套接近于西方的字母系统。

1928年，土耳其采纳了新的土耳其文，一种以拉丁字母为基础的文字体系。在改革的那一刻，混乱产生了——由于政府规定以后的文书不得使用阿拉伯语书写，只准使用土耳其文，所有的土耳其人都发现自己一夜间成了文盲，必须重新学习另一种文字。而同时，书籍和报纸一下子跟不上文字改革的速度，人们突然间没有东西可看可学了。

不喜欢阿塔图尔克的人往往批评他过于激进。但事后来看，这一步取得了惊人的效果。当精英和平民都站在同一起跑线上重新学习语言时，各种资源迅速到位，书本、报纸出现了惊人的发展，与之相伴的是文盲率的大大降低。

而更为重要的是，土耳其摆脱了阿拉伯文字后，也从阿拉伯浓郁的宗教氛围中摆脱出来，更加贴近西方，与中东的其他地方明显区隔开来。

所谓改良主义，是指阿塔图尔克对土耳其人的惰性了解得非常清楚，他知道没有一成不变的制度。当人们以为已经功成名就时，就会陷入停滞的泥沼，当所有的问题积累下来，就会产生另一次可怕的革命。如果要避免革命，就要采取改良主义的做法，不断地改革，利用小步慢跑但不停歇的方法来化解应力的积累。

这种做法很容易被理解成瞎折腾，但对土耳其官场产生的影响，却是官员们在他的统治下不敢偷懒，有一种战战兢兢的感觉。

除了前四项带来明显积极作用的政策之外，阿塔图尔克的六大主义中还包括两项颇有争议的政策：民族主义和国家主义。

所谓民族主义，就是有意识地提高土耳其人乃至所有突厥人的优越感。在阿塔图尔克的要求下，土耳其改革了历史课程，突出了土耳其光辉的一面。在历史上，土耳其最辉煌的时代出现于苏莱曼大帝时期，于是他在课本中占有了超高的比重，而对于土耳其的“病夫”阶段则是以简笔带过。

土耳其的民族主义还有另一重影响：为世界突厥主义的兴起提供了理论支撑。不仅土耳其人，包括中亚的许多国家都自认为是突厥国家，比如中亚的五个“斯坦”，都与之有关。

阿塔图尔克的国家主义政策包括：在农业上，国家采取倾斜政策，对农业进行鼓励；在工业上，政府建立国有企业，实现工业的超常规发展。

他的政策在农业上比较成功，但是对于工业，政府的做法浪费严重。政府主导投资往往会使经济产生依赖性：政府投资最旺盛的几年，经济看上去在迅速发展，人民生活改善，但是政府一旦没钱，投资放缓，整个社会经济也立刻出现危机和混乱。这些问题在黎巴嫩、埃及等国家也轮番出现，中东的国家主义经济政策为后来的问题埋下了伏笔。

伊诺努：险滩激流中的掌舵人

阿塔图尔克失败的改革之一，是政党改革。

为了控制局势和引导社会按照他规定的方向快速推进，他禁止多党制的存在。然而，他也知道一党制的状态不可能永远保持。在他生前，由于个人巨大的威望，不会出现问题。可一旦革命的一代都死去了，一党制所造成的问题就会立刻显现，如果解决不好，甚至会摧毁土耳其社会。

他做过尝试，试图在自己活着时能实现多党化。他希望通过善意的引导，让人们习惯多党的状态。

1929 年，在他的第二个总统任期，他觉得土耳其已经恢复了稳定，就设计了一个民主试验：请朋友阿里·费特希·奥克亚尔（Ali Fethi Okyar）出面组织一个反对党——自由党。费特希曾经担任过阿塔图尔克的总理。

阿塔图尔克认为，让费特希出面组织反对党，能产生良性效果：将反对的议题控制在一定的范围内，既反对，又不至于引起政局结构性的破裂。

自由党最主要的信条之一是利用社会和私营企业来发展经济，解决土耳其经济结构失调问题。这和阿塔图尔克的国家主义理念并不一致。

但事后，阿塔图尔克发现，就算是熟人，一旦成立政党，也会立即对立起来，两党的支持者也随即发生了激烈的冲突。

经过试验，阿塔图尔克退缩了。他认为，土耳其的经济还没有发展得足够好，社会也还不够稳固，禁不起多党制的折腾。一年后，自由党在他的授意下解散，土耳其回归了一党制状态。

1938 年，拥有再造土耳其功劳的阿塔图尔克死在第二次世界大战前夕。这位老单身汉带着对女人的困惑，以及没有解决完国家所有问题的遗憾，离开了。

每当一个国家的开国者离开人世，就是这个国家最危险的时刻。因为继承人并不拥有他的威望，而他本人遗留的问题也会爆发出来。更何况，世界马上又进入了另一场疯狂的战争，奥斯曼帝国就是在上一次疯狂中解体的，那么，这一次，它还能经受再一次的重创吗？

幸运的是，阿塔图尔克的继承人是伊诺努。

“伊诺努”这个词本身是个地名，土耳其的第二位总统伊诺努原名伊斯麦特（Ismet）。在土耳其和希腊的战争中，伊斯麦特脱颖而出，在伊诺努这个地方连打了两个胜仗。后来，在与西方国家的谈判中，伊斯麦特再次展现了战略天赋，连连击败西方对手，为土耳其争取到了最优条件。

阿塔图尔克的改革还包括姓氏改革。之前的土耳其人并非都有姓氏，但阿塔图尔克强行要求土耳其人都必须选择一个姓氏。伊斯麦特被土耳其议会授予了伊诺努这一姓氏，以表彰他在土希战争中的胜利。

伊诺努继承总统后不久，第二次世界大战正式爆发。

与一战时期一样，战争的双方都立即来拉拢土耳其。英法希望土耳其立即参战，否则就认为它在帮助敌国。德国从土耳其买走了大量的战略物资，而德国所属的轴心国集团则侵略了希腊、保加利亚等地，随时有可能侵略土耳其。

也许只有伊诺努才能在列强虎视眈眈的环境下找到针眼一般的缝隙，艰难地维持着土耳其的独立。他深知，不管多艰难，只有中立这条路，才是土耳其的活路。

由于地理的原因，土耳其和德国的贸易占了它对外贸易的一半，如果和德国断交，土耳其的经济立即就会崩溃。而土耳其和英法也有若干重要的经济合同，为了拉拢土耳其，英法甚至还给土耳其提供了少量的援助，所以，土耳其和英法也不能断交。

除了英、法、德之外，最难对付的是苏联。随着苏联的日益强大，它一直没有放弃占领博斯普鲁斯海峡地区的野心。当《苏德互不侵犯条约》曝光后，土耳其国内开始担心苏联的入侵。随后，在德国进攻波兰的同时，苏联也在东方侵略了芬兰、波罗的海诸国等中立国家，土耳其似乎感到了又一次危机。

但它仍然保持着中立。英法要求它支援时，土耳其人把希腊、保加利亚的例子摆在英法的桌子上：英国人也曾经承诺保护希腊和保加利亚，诱使他们放弃了中立。可是，德国随即入侵了它们，给两国带来了灭顶之灾。英国人即便信誓旦旦，可一旦德国出兵，英国人根本没有能力提供保护。

如果土耳其向德国宣战，下场可能一样：英国的援助还没有到来，土耳其就已经不存在了。

直到英美开辟了第二战场，德国败局已定时，土耳其为了参加联合国，才对德宣战，但这已经是战争的尾声阶段了，与其说是参战，不如说是自保。更何况，东欧的命运已经成了一种警醒，如果不参战，土耳其很可能被苏联控制，成为东欧傀儡的一部分。

伊诺努小心翼翼地掌管着土耳其这艘航船，同时接纳了双方无数的间谍，又同时满足双方的经济要求。

战争过后，人们发现，在伊诺努的领导下，土耳其在战时不仅没有出现混乱和衰退，还出现了巨大的繁荣。这和美国式的繁荣是类似的，当战争双方对物资的需求都无限扩大时，为双方供应物资的土耳其成了国际市场的大卖家之一，它的生产永远跟不上需求。许多物资被买下后，甚至都没有被运走，只是存入仓库，为的是防止敌方购买。

战争结束后，繁荣成为过去。突然间的生产力过剩、大量涌入的外汇，造成了土耳其的经济危机。此刻，也是土耳其重新选择立场的时期。随着冷战的到来，东西方阵营都虎视眈眈地逼迫着它。到底是保持中立，还是加入某一方阵营？

这一次，土耳其没有犹豫，它感受到了苏联的虎视眈眈，认识到苏联还没有放弃控制博斯普鲁斯海峡的企图。为了防止苏联的入侵，土耳其加入了北约，并坚决向西方靠拢。随着“马歇尔计划”将土耳其纳入其中，大量的美援再次支撑起了土耳其的经济。

在战争和经济危机过去之后，伊诺努总统决定处理阿塔图尔克死后留下的最棘手的问题——一党制。他知道，这个“炸药包”不拆除，他死后就再没有人有威望去做这件事了。

一党制所引起的抱怨已经在逐渐积累，一旦土耳其经济出现下滑，就有可能引起社会的震荡。而最好的办法，则是在社会出现问题之前将“炸药”拆除。

从 1946 年起，在总统的许可下，一个叫作民主党的反对党建立起来。这也是检验阿塔图尔克世俗化政策成败的时刻。如果新的反对党也承认世俗化原则，不想回到教法统治之中，那么就证明社会已经认可了西方化的倾向，极端保守主义不会再卷土重来。

幸运的是，民主党并不否认阿塔图尔克的基础性政策，只反对执政党的经济纲领，宣称要解决腐败和失调问题，发展私营经济。

民主党对执政党的攻击，让执政党在 4 年后丢掉了政权。

1950 年，民主党总统马赫穆特·杰拉勒·拜亚尔（Mahmut Celal Bayar）上台，民主党人阿德南·曼德列斯（Adnan Menderes）成为总理。老总统伊诺努在阿塔图尔克死后执政了 12 年。在他执政时期，土耳其经受住了复杂的国际形势的考验，并安然保住了危险区域。

老人将政权卸下交给反对党，也许他在叹气的同时，也为自己能把土耳其带出独裁的险滩而感到骄傲。

土耳其式政变

然而，事情并没有这么简单。

新上台的民主党和共和人民党的区别在于：共和人民党是一个精英政党，有着坚定的执政理念和理想，以阿塔图尔克为首的执政集团为了理想，不顾人民的反对，强行推行一系列政策。比如，土耳其世俗化的政策，如果完全采取民主制，是不可能做到的。

但是，民主党由于没有建国的光环笼罩，只能更加依赖群众的支持。它们为了获得选票，会屈从于选民的压力。共和人民党当初由于不屑于屈从选民，在选举中失去了大量的选票，导致了自己的下台。民主党得到了这部分选票，却是以失去主动权为代价的。

精英和大众，永远是政治的两极，过于屈从任何一端都会带来灾难。

民主党上台初期，恰好是“马歇尔计划”给土耳其带来最大功效的时期，和伊诺努执政时期一样，土耳其全国上下充满了一种蒸蒸日上的景象。为了对抗苏联，美国人帮助土耳其大量修建道路系统，外资和贷款的涌入改变着这个迫切想要融入欧洲的国家。

事实证明，曼德列斯是个很有魅力的政治家，人们对他的崇拜程度直逼国父。不过也正是从这时开始，曼德列斯显现出了他的民粹主义倾向。为了更受欢迎，他背离了阿塔图尔克的政策。

到此时，土耳其已经经历了阿塔图尔克和伊诺努近 30 年的强力世俗化，城市的人口已经颇为现代化了。但是在农村，人们仍然是保守的，他们渴望过一种符合伊斯兰教教义的生活，在清真寺用阿拉伯语礼拜，学习《古兰经》，让女人少抛头露面，而这些都是被阿塔图尔克禁止的。

曼德列斯为了获得支持率，尝试着放松这方面的管制。果然，放松政策受到了农村人民的强烈欢迎，他立刻被人们当作圣徒一样崇拜。

而恰好在这时，土耳其经济发展中的负面影响也显现了。民主党政府在经济上主张自由放任，解除了许多国有化措施，这样做是对的。但他们的自由化并不彻底，政府仍然主导了大量低效的投资，许多资本被浪费而形成了泡沫。政府花钱太多，也造成了财政不平衡，进而形成了大量的外债。最终，外债和泡沫使得土耳其经济失控，对外出现了货币大贬值，对内产生了严重的通货膨胀。而民主党对这些危机束手无策。

城市人由于更懂得造成危机的原因，便呼吁缩减财政开支，并试图让政府下台。这时的民主党政府显现出了更加明显的投机性。曼德列斯发现，既然城市和开明势力已经反对他了，如果要保住权力，就只能依靠农村的保守势力。由于农村人口更多，只要讨好这些人，就能获得足够的选票。

到这时，土耳其的精英阶层开始担心这个国家走回头路。阿塔图尔克制定的现代化和世俗化政策，有可能被民主党人出卖得精光，土耳其重新回归成一个保守的伊斯兰教国家。

当初放弃权力的伊诺努也感觉到了危险，现身大声疾呼，反对民主党政府，希望通过另一次合法选举重新执政，将民主党制定的保守政策扭转过来。

为了避免下台，民主党动用手中的权力打压竞争对手，制定了限制新闻的法律，将不听话、持批评态度的报馆关闭，逮捕反对派，派出暴徒打伤了前总统伊诺努。

也就是从这时起，世俗化还是保守化，成了土耳其政治里一个无法绕过的话题，并一直持续到了今天。城市人和农村人的对立也保留下来：城市人希望世俗化，而农村人倾向于保守主义。任何政党都只能讨好一半的土耳其，而另一半的土耳其却在咒骂它。

在民主党变得越来越独裁和暴力时，他们反而获得了越来越多的支持。由于当时农村人口更多，民主党表现得越保守，在台上就越稳固。土耳其的保守民众们甚至认为曼德列斯是一个骑白马的勇士，为了伊斯兰教的利益而战斗到底，他甚至拥有不死的生命。

就在这时，土耳其的精英阶层反击了。

1960 年 5 月 27 日上午，土耳其军队突然行动，逮捕了总统拜亚尔、总理曼德列斯、全体阁员及民主党议员，发动了军事政变。这是新土耳其历史上第一次军事政变。

对于军人干预政治的问题，世界上大都给予负面的评价，认为军人干预政治必然导致更混乱的政治形势，并破坏宪政基础，造成社会的大幅后退。大部分的事例也证实了人们的想法。

但是，世界上也有少量的事例证明军人干预政治也可能会带来正面价值。

比如，智利的皮诺切特将军（Augusto José Ramón Pinochet Ugarte）利用武力推翻了智利阿连德（Salvador Allende）总统，建立了独裁政权。这个政权由于利用武力镇压人民而在世界上臭名昭著，却通过大力推行自由主义的经济政策，让智利的经济获得了超速发展。当经济取得了巨大成果后，皮诺切特下台，智利实现了民主化。现代经济学家一般认为，如果没有皮氏的独裁和经济政策，智利反而有可能在阿连德的带领下步入拉美泥沼。

大多数军人干预政治时，都相信干预能给国家带来正面影响。土耳其的军人也不例外。他们认为自己是阿塔图尔克精神的维护者，之所以发起政变，是防止民主党将土耳其带回到中世纪政治之中，保住阿塔图尔克的改革成果。

在推翻了民主党政权后，军人们成立了一个全国团结委员会。为了安定民心，委员会发誓要尽快结束军人统治，过渡到民主政治。

一年后，由大学教授们制定的新宪法获得了通过。对前总统和总理的审判也在进行之中，总理曼德列斯等 15 人被判处死刑，总统拜亚尔等 31 人被判无期徒刑。民主党被禁止参与政治活动。

第一次军人政变，就让总理付出了生命的代价，让整个世界感到震惊。

但世界又给这次政变以正面评价，认为政变保住了土耳其几十年的革命成果。日后，土耳其式政变成了中东地区政变的榜样，不管是埃及、利比亚，还是叙利亚、伊拉克，一旦发生政变，军人们都声称是为了保住革命成果，并允诺军人执政只是暂时的，一旦选举条件成熟，就还权给民主政府。这些拙劣的模仿者大都没有兑现承诺，在政变后纷纷建立起准独裁统治。

在土耳其，军人却信守了承诺。当新宪法通过后，整个国家回到了紧锣密鼓的选举活动之中，老政治家伊诺努再次成为总理，继续执政。

不过，军人们的政变的确给土耳其政坛带来了新的不确定性，最大的问题是：军人在政治上给自己留了后门。除了正规的民选总统和总理之外，军人所把持的全国团结委员会（后来是国家安全委员会）对民选政府的政策有否决权。只要他们认为政府违背了阿塔图尔克的道路，就有权进行干涉。自此以后，土耳其又发生了好几次政变，其原因都在于军人已经形成了干预政治的习惯。只是土耳其比较幸运，干预政治的军人的确都比较无私，每次危机一结束，就立即退到幕后，将权力还给民选政府。

另外，解散民主党也没有起到应有的效果。一个叫作正义发展党（AKP）的政党成立了，这个党的目的就是要吸纳民主党在农村的拥护者。它很快成了土耳其第一大党，和伊诺努领导的共和人民党相抗衡。

随着美苏争霸的进行，土耳其国内的政党也出现了左右的分野。但不管是左派，还是右派，都不是阿塔图尔克的真正继承人。左翼政党向苏联靠拢，并主张利用国家力量发展经济。老牌政治家伊诺努到了晚年，逐渐倾向于这一翼；而右翼政党否定阿塔图尔克的世俗化政策，同情伊斯兰教保守势力，但在经济上倾向于自由化，做得比较成功。

土耳其的政治就在左和右的争执中摇摆，逐渐失控。每一个政党都无法长期执政，更无力做到发展经济。

更麻烦的是，土耳其社会也分裂了。库尔德人开始搞分裂，左派动手搞暗杀，右派搞法西斯，暴力冲突不断，使人们产生了绝望感。

土耳其在经历了 30 年的高速发展后，掉入了 30 年的颠簸之中。

1971 年，第二次政变发生。这次军人们只是递交了一封信，宣布政府如果做不好就下台。政府经过商议后提请辞职。

但这次政变仍然没有解决 20 世纪 70 年代的混乱，于是在 1980 年又发生了另一次政变。土耳其的政变与其他国家不同。别的国家是军人们暗中策划，生怕提前泄密造成失败，而土耳其的政变则属于“阳谋”，人们从局势来看判断它应该发生了，它果然就发生了。

这一次政变后，军人们厌烦了左派的共和人民党和右派的正义发展党之间的争执，把这两个党都禁锢了。他们找了一个叫作祖国党（Motherland Party）的新政治团体来治理国家。祖国党政府不负众望，将土耳其带出了泥沼，土耳其终于找到了出路。

祖国党的领袖是图尔古特·厄扎尔（Turgut Ozal），擅长发展经济，在政治上则向保守主义势力做出一部分妥协。这时候，政治家已经逐渐意识到，完全按照阿塔图尔克的激进道路是不行的，既然土耳其是一个伊斯兰国家，就要尊重民众的信仰需求。只要宗教不干涉政治，承认政教分离的原则，就不会回到过去的落后状态。政府最应该坚持的是发展经济。

在厄扎尔的主持下，土耳其进入了另一个繁荣期。军人们也终于可以松一口气了，他们已经发动了三次政变，才最终确定了土耳其的方向。

埃尔多安：保守派的改革者

在游览哈图沙（Hattusa）的赫梯人首都遗址时，我竟然碰巧吃了一顿土耳其的政党饭。

赫梯人是在土耳其定居的早期人种之一，生活在公元前2000年到公元前1000年之间，曾经于古埃及新王国时期与埃及争霸过中东。

在参观完遗址之后，我到了哈图沙旁边的小镇波阿兹卡雷（Boğazkale），寻找住处。旅馆经理告诉我，今天旅馆不开伙，镇上的饭店也不对外营业。“不过，如果你想吃东西，倒也不困难，”他话锋一转对我说，“今天镇上就有免费的晚餐。”

原来，这个周末就是土耳其的地方选举日，各个地方都在紧锣密鼓地进行着最后的拉票活动。波阿兹卡雷属于土耳其一个叫作乔鲁姆（Corum）的省份，虽然它只是一个小镇，但在选举中也颇为热闹。小镇上一共有三大政党，分别是土耳其现总理埃尔多安所在的正义发展党、全国性的保守派小党团（却是小镇的大党）幸福党（SP），以及议会第三大党民族行动党（MHP）。这三党都在当晚举行政党聚餐。

经理说，我只要走到镇中心，就会发现那儿有三群人，我可以随便找一群，直接告诉他们我想吃饭，就有免费晚餐吃了。

镇中心距离旅馆大约有500米，广场上空悬挂着土耳其的国旗以及镇上几个主要政党的旗帜，如同藏族人的经幡一般在风中飘荡。

那天晚上，我把三个政党拜访了个遍，除了肚儿滚圆之外，还发现土耳其的政党政治已经深入到了人们的日常生活之中。中国人闲着喜欢打麻将，而土耳其小镇上的人们有另外的消遣方式——他们参加一个政党，到政党的党部边喝茶边聊天，政治对于他们，只是一种生活的延续罢了。

在小镇的访问让我更理解了土耳其政治，也见识了土耳其总理埃尔多安的影响力。在吃饭时，经过观察，我已经预见到，埃尔多安所在的党派将会赢得选举。

2013 年，土耳其国内出现过数次规模宏大的游行示威活动，针对的都是总理埃尔多安的政府。

关于埃尔多安，土耳其人对他出现了两种极端的评价：赞同者认为他是另一个阿塔图尔克式的人物，足够强硬，能带领土耳其再次走出危机；而批评者认为他有严重的独裁倾向，在他的任上，土耳其更加腐败和堕落。

在 2002 年埃尔多安上台时，人们对他的看法就有分歧：一方面，在他担任伊斯坦布尔市市长期间，带领这座城市的经济快速发展，得到了中产阶级的普遍好感；但另一方面，他又代表着宗教保守势力，对伊斯兰教教义充满了好感，人们甚至担心他的上台会让土耳其的政治形势出现逆转，当初阿塔图尔克曾经竭力击碎宗教对政治的影响，而埃尔多安会让这种影响死灰复燃。

但在当时，土耳其正经历严重的经济危机，这成了埃尔多安上台的契机。他组织了一个叫作正义发展党的政党，获得了足够的选票，得以上台执政。

他的执政一直维持了 12 年，连续三届。土耳其的经济也经历了黄金十年，不仅摆脱了危机，还成了地区性的引擎，甚至在整个欧洲（土耳其自认为属于欧洲），只有德国的稳定性比它更高，英国、法国、意大利都要甘拜下风。土耳其人口结构极为年轻，处处都是成群的儿童和青年，与欧洲那些“老年帝国”形成鲜明对比。

然而，埃尔多安的执政又充满了争议。他说话的声音像个女人，语气却极为粗鲁，常常用威胁的语言对待政敌。他限制互联网自由，打击反对势力，逮捕新闻记者（土耳其在押新闻记者数量一度高居世界榜首），使土耳其带上了威权国家的痕迹。同时，埃尔多安政府在腐败问题、贫富分化问题上也屡屡受人批评。

2013 年，随着阿拉伯世界革命的爆发，土耳其也陷入不稳定之中，年轻人纷纷上街，要求埃尔多安下台。当埃尔多安强势表示坚决不下台时，人们寄希望于通过选举让他滚蛋。

在帕塔拉，一位在土耳其居住了很多年的英国人告诉我，土耳其有一大半人都是反对埃尔多安的，现在已经没有人喜欢这个老家伙了。我询问过不少土耳其年轻人，果然没有一个喜欢他的，甚至有人一听到他的名字，就马上开始各种嘲讽。

可令人感到奇怪的是，每一次选举，老家伙都能拿到足够的选票从而继续执政，并趾高气扬地继续嘲弄、威胁和谩骂那些不给他投票的人。

在我吃政党饭两天后，土耳其举行了地方选举。果然，埃尔多安的政党又胜利了，而且是大胜。到了 2014 年下半年，他又竞选总统（他的政党规定，总理人选不能超过三届，他已经期满，所以转任总统）获得成功，继续控制土耳其政坛。

那么，为什么一方面青年人都不支持埃尔多安，另一方面他却连战连捷，谁也别想把他赶下去呢？

我在小镇上吃政党饭时，找到了答案，原因有二：

第一，那些反对派虽然人数众多，但都没有能力组织一个全国性的政党与埃尔多安竞争。青年们在反对埃尔多安上很容易达成一致，可他们大都分散在各种各样的小党团里，这些党团在某一个小地方有一点儿影响力，但出去就没有人知道了。即便是全国第二大党共和人民党这种老牌政党，在波阿兹卡雷这种偏保守的小镇都没有组织。

第二，埃尔多安虽然在青年人中口碑不佳，但是有几个铁票仓：一是在经济发展中受益的中产阶级。只要经济还在发展，他们就会投埃尔多安的票。二是宗教保守主义者。土耳其虽然实行了百年的世俗化政策，但是在农村和小镇上，仍然是保守主义占了上风。比如在波阿兹卡雷，三大政党聚会都没有女性参加，在女性已经解放近百年的土耳其，她们的参政仍然是个问题。三是库尔德人。自阿塔图尔克时期开始，对库尔德人奉行的就是一种镇压政策，库尔德人也用武装反抗作为回答，使土耳其中南部长期处于非正式战争状态。埃尔多安为了争取库尔德人的选票，对库尔德人做出了不少让步。库尔德人突然发现，只有埃尔多安在台上才能给他们带来最大利益。这三点保证埃尔多安无论如何都不会下台。对于土耳其人来说，埃尔多安就如同一个政坛不倒翁，不管喜不喜欢，反正他仍然在执政。

可以将埃尔多安看作一个曼德列斯和厄扎尔的合体。

曼德列斯知道如何讨好宗教保守势力以获得他们的铁票，仅仅这一部分票，就足够把他送上政治的最高宝座。而埃尔多安继承了曼德列斯的政策，甚至做得更加成功，得到了保守势力的大力支持。

厄扎尔擅长处理经济问题，而埃尔多安在这方面比厄扎尔更全面，直接主导了土耳其的黄金十年。经济增长保持了土耳其的稳定，军人们也认可了埃尔多安的执政。要知道，在土耳其，军人是有资格发动政变的，只要他们认为政府偏离了阿塔图尔克道路，就会行动。

1997 年，军方就曾经又发动了一次后现代政变。当时善于处理经济问题的厄扎尔已经去世了，民主党和共和人民党这对老冤家已经解禁，两个政党又展开了互相攻击和轮流坐庄。他们对于发展经济都不在行，却对形而上学的东西很感兴趣。土耳其再次陷入了慢轨道。

一个叫作繁荣党的党派上台执政，这是一个宗教保守主义政党。当军人们感觉到繁荣党有可能违背阿塔图尔克的道路开倒车时，再次送了一封信，请求该党辞去总理职务。军人们仍然遵循着特有的原则——他们捍卫阿塔图尔克，但并不贪恋权力。

另外，埃尔多安在国际事务上也长袖善舞。自从第一次世界大战后，土耳其明白了擅自挑边可能带来的灾难，一直艰难地维持着各方的平衡。不过，在出于安危必须做出选择时，土耳其人也并不含糊。比如二战后，考虑到苏联的威胁是实实在在的，土耳其立即倒向北约来自我保护。可到了 21 世纪，土耳其又回到了一种谁也不得罪的政策：一方面，它争取加入欧盟；但另一方面，不放弃在中东的利益，和俄罗斯也保持良好的关系。中东国家大都对以色列恨之入骨，作为伊斯兰国家，土耳其也跟着唱高调，但背地里土耳其照样帮助以色列输送石油等战略物资，做以色列生意上的好伙伴。埃尔多安在国际上的声誉也越来越响亮。

虽然人们越来越担心他的独裁倾向，但他仍获得了各方势力的支持。

回顾土耳其的历史，阿塔图尔克用独裁手段强行将土耳其带出了政教合一的泥沼，推进了世俗化的改革。如果没有世俗化，土耳其就会在政治和宗教的相互羁绊中继续迷失。确立政教分离的原则，并强行将保守势力压制住，使得土耳其产生了一批面向西方的精英分子，这些人是土耳其走出历史循环的关键。

为了完成世俗化政策，阿塔图尔克不惜牺牲了形式上的民主。如果过早地采用民主形式，那么政治家为了选票就必须向占社会大多数的保守势力倾斜，回到宗教主导的社会之中，放弃现代化的可能性。

然而，阿塔图尔克死后，随着独裁带来的不稳定越来越明显，如何引入民主制，又成了一个新问题。由于土耳其的保守势力仍然很强大，后来果然发生了政治家为了选票讨好保守势力的情况。如果不是军队及时制止了他们的做法，土耳其也许还是无法摆脱政教互相干扰的命运。

军队明智的干预和适时的退出，使土耳其形成了一种特殊的机制，即军队的精英作为最后的守护神，防止政治家走回头路。

最终，土耳其找到了一条折中的道路：既满足了经济发展，又向保守势力做出一定的妥协，维持了稳定性。这并非完整的阿塔图尔克之路，但在捍卫土耳其的独立自主和繁荣上，显然会让阿塔图尔克感到满意。

在土耳其奋力走出泥沼的时候，中东的其他地方却陷入泥沼中苦苦挣扎。

第三章

国王和总统：伊斯兰的牧羊人

在约旦土地上碰到的第一件事，就让我对这个国家充满了感激之情。

从土耳其伊斯坦布尔乘飞机去黎巴嫩首都贝鲁特时，由于买错了机票，我需要先从伊斯坦布尔飞到约旦的安曼阿里亚皇后国际机场，在机场内等待整整 23 小时，再换乘另一架飞机飞往贝鲁特，其间不能出海关，只能在机场里苦熬。

当约旦皇家航空公司（Royal Jordanian Airlines）的飞机把我放到阿里亚皇后国际机场时，天刚亮不久，我苦笑着在候机室里找了一处地板，铺开了行李，接下来的 23 小时我将在这里度过。

5 小时后，迷迷糊糊中我被人推醒，是一位身材高大的机场工作人员，长着一张典型的阿拉伯人面孔。"先生，您的飞机是几点的？"他问道。当他听说我的飞机要第二天早上才起飞，又听我解释如何看错了日期订错了机票，不禁笑了起来。

笑过之后，他建议我："也许您可以去找航空公司试一试。"

我告诉他，是我自己犯错订错了票，航空公司并没有责任。

"理论上他们可以不承担责任，但总不能让您在这里等一天啊，"他说，"您先等一下，我找个人带您去问一问。"

过了一会儿，他带来一位穿制服的漂亮姑娘。姑娘带着我从电梯下了楼，来到了一间办公室："您等一会儿，他们马上处理，他们会负责的。"

于是，在机场睡地板的我，很快被转移到了机场附近的豪华宾馆，还吃上了丰盛的自助餐（那是我在约旦吃到的最好的两顿饭）。一刻钟前，我还如同乞丐般身无着落；一刻钟后，我已经如同酋长一般睡在了松软的豪华大床上。

在登机前 2 小时，一辆专车将我带回了机场。在国内航空公司屡受歧视的我记住了这个约旦皇家航空公司，也让我对这个小小的君主国刮目相看。

在黎巴嫩旅行过后，我又乘飞机回到了约旦。近距离观察这个沙漠国家，才发现约旦并没有我想象的那么富饶。在我到达的一个月前，约旦机场针对外国人的落地签证费用刚刚上涨了一倍。联想到约旦周边国家大都在动荡之中，给这个君主国造成了不小的压力，经济也出现了困难，政府的财政需要平衡，签证费涨价或许与政府亟须用钱有关。

在历史上，直到近代以前，约旦从来没有作为一个单独的国家出现过。在人类刚诞生的时期，这里的气候比现在要潮湿，更适合生存，于是这里出现了一批城市，可能属于世界上最早城市之列。在约旦的皇家博物馆里，还陈列着不少属于那个时期的文物。

后来，随着气候的恶化，约旦退化成一片充满细沙碎石的荒漠。那时迦南人（Canaanites）曾经占据过这里，但是，他们更多活动在耶路撒冷。狭长的死海横亘在约旦和以色列之间，在以色列一侧，还有一些可以耕种的土地，所以那儿成了文明的源头之一；但在约旦一侧，由于土地过于贫瘠，就只能处于默默无闻之中了。

之后的“旧约时代”，约旦继续从属于死海西岸的耶路撒冷和以色列。据说，摩西当年离开埃及时，率领他的子民从约旦经过，但他沿着死海绕了一个圈，最终还是去了耶路撒冷。

亚历山大征服波斯期间，曾经将约旦并入他的帝国。不过随着他的死亡，亚历山大帝国崩溃了，约旦的北部成了他的部将塞琉古（Seleucus）的地盘，而南部，则被一个游牧民族纳巴泰人（Nabataeans）所占据。

正是纳巴泰人创造了约旦乃至全世界的一个奇迹——佩特拉。这个奇迹一直保存到了今天。

这是一座藏在深山之中的城市，当我沿着一条峡谷中的羊肠小道前行时，根本无法想象什么样的景象在前面等待着。突然，豁然开朗处，一座巨大的石门在清晨的阳光中散发着玫瑰色的光，出现在我的眼前……

就在我为这道石门赞叹不已时，并未想到这只是这座巨大城市中的一处景点而已。在附近的山体上，处处是这种规模巨大的山崖雕刻，多到游客根本无法看完。特别是登高放眼望去，红色的山体上密布古人留下的洞穴和石窟，仿佛是蜂窝一般。看到这里，在脑海里才会初步有个轮廓，这里的古代有多繁荣。

佩特拉之所以繁荣，和这里曾经是一条穿越古中东地区的商路有关。这条商路将红海沿岸和地中海沿岸沟通起来，从北方的土耳其，到东方的汉志，再到西方的埃及、南方的埃塞俄比亚，都被这条商路连接起来。

纳巴泰人的遗址中，最令人印象深刻的就是我前面看到的在红色山体上雕刻的石头巨门。其中有两处至今保存得特别完整：一处被人们称作修道院，另一处被人们称作宝库（Treasury）。大概最初发现它们的人被巨大石雕的精美和规模吓住了，以为这里必然是存储宝物的地方。

但这两座巨门可能和其他保存不那么完整的门一样，不是为活人修的，而是为死人雕刻的坟墓。整个佩特拉就是一座巨大的死人城，峡谷的山壁上都是大大小小的墓穴。这些墓穴内部很简陋，但外部的装饰极为奢华庄严。

到了后来，佩特拉古城被废弃了，城市里活人住的房子大部分消失了，道路也被埋在地下，只剩下这些精美的坟墓存在于坚硬的岩石里，不会很快化为尘土。于是人们再次发现它们时，误把这些坟墓当成了活人的住处，直到后来有了更深入的研究，才发现那儿只是个死人城。

曾经的活人城也慢慢地被发掘出来，由于佩特拉直到被罗马征服后还存在，活人城已经带上了典型的罗马风格，城里有一个庞大的剧场，还有带着多柱大厅的神庙建筑。特别是那个剧场，直接开凿在山体里，相当于在整块岩石组成的山坡上硬生生凿出来，如同一个巨大的贝壳嵌在山里。据说开凿这座剧场也毁掉了这块山坡上的许多早期石门墓穴。

每座罗马城市都有的一条立满柱子的主街（即罗马大道），也被挖了出来，那些柱子有的也被恢复。

整个遗址庞大的规模令人惊叹，特别是那些墓穴，那是纳巴泰人经营了几百年的艺术品，国王墓、富人墓、家族墓，都一一向人们展示着。

如今，纳巴泰人已经不知去向，同属于阿拉伯游牧民族的贝都因人（Bedouins）占据了这里。如果你看过电影《加勒比海盗》（*Pirates of the Caribbean*），就会大概知道贝都因人的装束了。这里的每一个男人几乎都和电影中那位传奇的杰克船长（Captain Jack Sparrow）长得一模一样，黑色长发，小胡子，勾勒的黑眼圈，邋里邋遢的头巾，却又显得仙风道骨。

贝都因人特别受女士的喜爱。在旅行时，我认识了一位俄罗斯女郎，她笑起来特别开朗甜美。我们去一个茶馆喝茶时，她被一个贝都因服务生迷住了，那个男孩围着她转了半天，不失时机地对着她的耳朵说悄悄话。

“你是说：One night，OK?”俄罗斯女郎笑着问道。服务生也笑了起来。

当晚，服务生开车把我们送回住处，最后车里只剩下了他和那位女郎，车开出很远他们的笑声都听得见。

到了罗马时代，约旦也和耶路撒冷一样，成了罗马帝国的一部分，罗马人接收了纳巴泰人的佩特拉，也把一批位于约旦北方的城市据为己有。在北方，最著名的城市叫作杰拉什，经过罗马人的扩建，成了一座美丽的城市。由于沙漠干燥的气候，杰拉什保存状态很不错，足以和世界上现存的任何一处罗马遗迹一争高下。

杰拉什最著名的遗存是一个椭圆形的广场，广场的四周是一圈石柱，直通城市的主街。这条主街两旁的柱子也保存得特别完美，人们能够想象出 1000 多年前的古人是如何生活的。

现在，约旦人还会到杰拉什的剧场里吹奏乐器，吸引游客载歌载舞。不过与以前不同的是，现在的乐器已经换成了伊斯兰式的，而乐者也穿着伊斯兰的服装。

罗马人之后，约旦分别落入了阿拉伯帝国、十字军、突厥人之手，这些人在约旦都建造了许多沙漠城堡。

与其他地方相比，约旦虽然处于文明的边缘地带，但这里的气候特别适合保留遗迹，所以，在沙漠中保存下来的远古遗址反而比其他国家更多。

第一次世界大战后，奥斯曼帝国崩溃，约旦成为独立国家。从资源上说，这个国家没有石油和矿产，缺乏耕地，沙漠却要多少有多少，在整个中东地区属于最穷的国家。但这个小国成了中东地区一个重要的避风港。

虽然它也出现过数次危机，但是最终一一化解。不管是和邻居以色列，还是和伊拉克、黎巴嫩、叙利亚相比，这里的稳定性已经让人感到满意。当然，每一次邻国出现战争时，这里也有一种风暴来袭的紧张，但每一次都安然度过了。

约旦独立后的历史还和一个叫作哈希姆的家族有关。这个家族起源于沙特的汉志地区，在最辉煌时曾经控制了三个国家的王位，分别是汉志王国、外约旦王国和伊拉克王国。

那个时代也是哈希姆家族与沙特家族竞争的时代。在奥斯曼帝国崩溃后，阿拉伯世界的强人们纷纷出场，争当"阿拉伯的牧羊人"这个角色。在他们看来，阿拉伯人如同羔羊一般，需要在领袖的带领下找到生存的出路，这些领袖就是牧羊人。

最有希望竞争牧羊人角色的，就是哈希姆和沙特这两个家族。

这两个家族中最有希望的又数哈希姆家族。它除了拥有三个王国的国王外，还差点儿合并了叙利亚，在黎巴嫩也有着很大的影响力，约旦本身也差点儿将巴勒斯坦的约旦河西岸（West Bank）地带据为己有。

然而时过境迁，各个哈希姆王国要么被并吞，要么发生了革命，将君主制推翻。只有约旦这个国家，仍然作为活化石提醒着人们，曾经有一个属于哈希姆的时代存在过。

2014 年，在我到达约旦后，发现这个仅剩的王权也在周围国家的战争中显得风雨飘摇。这个贫瘠的国家在国王的统治下曾经稳定，并拥有了一定的繁荣，但它又无法摆脱地处中东的尴尬。于是，周围国家的任何风吹草动都会给它带来影响。

与哈希姆家族的不幸相比，沙特家族却幸运得多。它并吞了汉志王国，建立了现在的沙特阿拉伯。这个家族依靠石油换取美元，聚敛了大量的财富，又依靠汉志的宗教影响力成了逊尼派保守思想的输出地。它既显得强大，又足够封闭，对别的宗教的旅行者一概拒绝，甚至连旅行签证这种东西都没有出现过。我也无法访问这个封闭的国家。但是，从约旦到达埃及之后，在达哈卜（Dahab）的红海边上，放眼望去，对岸就是沙特阿拉伯的地界。这就是这个封闭国家仅对我露出的一点点容颜——一片沙漠组成的山丘。

令人感到意外的是：沙特家族虽然赢得了与哈希姆家族的竞争，但伊斯兰牧羊人的角色仍然不属于它。

就在沙特与哈希姆缠斗时，埃及又出现了一股新生力量。这股力量推翻了君主制，建立了准独裁式的共和国。主宰这股新生力量的人叫作纳赛尔，他勇敢地接过了牧羊人的重任。

一时间，中东国家纷纷效仿，推翻了好几个国王，建立起了表面上的共和制。阿拉伯世界也脱离了原来的轨道，进入下一个时期。纳赛尔成为整个阿拉伯地区最重要的思想家，他的影响力直到今天仍然让许多国家消化不良。

沙特：瓦哈卜的旗帜下

1703 年，一位叫瓦哈卜（Muhammad ibn Abd al-Wahhāb）的人诞生于阿拉伯半岛的内志地区。

这个巨大的半岛有着特殊的地理构造，在半岛外围靠近海洋的地方，围绕着一圈小部落，组成了现在的科威特、阿联酋、阿曼、也门等国家。伊斯兰教发迹的麦加和麦地那，被阿拉伯人称为汉志，这里是先知穆罕默德的故乡，也是穆罕默德所属的哈希姆部族控制的地方。而除了沿海之外的广大内陆，则被称为内志，这里是绵延起伏的沙漠和山地，生活条件也最恶劣。

在瓦哈卜时代，大部分伊斯兰世界已经在奥斯曼人的统治之下。不过，内志由于地处偏远，没有油水，奥斯曼帝国无法在这里取得实质性的控制，只能满足于虚幻的宗主权，给了许多当地部族以很大的独立性。这些部族虽然也信奉伊斯兰教，但是由于时代久远，所以带上了许多原始宗教特征，教规遵循得也不严格。

瓦哈卜痛心于阿拉伯世界的衰败，他成了当时有名的教法学家，试图劝说人们回归先知穆罕默德创立时期的传统，实行严格的教法统治，认为只有这样，才能重回阿拉伯帝国的巅峰。

当然这只是他个人的看法。实际上，穆罕默德创立的伊斯兰教强调保护女性，强调邻里信任，被认为是伊斯兰教巅峰期的哈里发政权在对待其他宗教的问题上，也并不强迫人们改宗，只要缴纳一定的税费，人们就可以拥有宗教信仰自由。

瓦哈卜心目中的伊斯兰传统带着强烈的苦修色彩和排外精神。

当有了理想之后，如何推广理想呢？先知穆罕默德采用的方法是夺取政权、建立政教合一的体系，并利用武力去推行教法。瓦哈卜也想采取同样的策略。

和穆罕默德一样，最初瓦哈卜依靠的是家乡势力，但家乡人容忍不了他严格的教条，把他赶走了。出走之后的他投靠了内志地区的另一个部落家族——沙特家族，并在这里找到了知音。

瓦哈卜推广教法的时期，也恰好是沙特家族对外扩张的时期。这个家族依靠武力逐渐将半岛内陆统一起来。为了在新征服的土地上稳固统治，沙特家族寄希望于利用宗教来黏合各个部族的人们。瓦哈卜的宗教思想借机成为整个沙特国家的主导思想，后世则把他的思想称为瓦哈比主义，那些遵循瓦哈比主义的人被称为瓦哈比派。

瓦哈比主义在世界上的传播，离不开沙特家族的倾力相助。这也成了瓦哈比主义和现代宗教激进主义的不同之处。穆斯林兄弟会、基地组织等宗教激进主义并不赞同国王的统治，他们倾向于建立一种纯粹的教法统治，也就是由宗教领袖来担任世俗的首领。而瓦哈比主义依靠的沙特王室却首先是一个世俗的国王，王位在沙特王室内部继承。

可以说，瓦哈比主义和沙特王室是一种互相利用的关系，王室把瓦哈比主义推向全世界，瓦哈比主义的信徒也把沙特王室当作宗教上的保护神。

也正是在接纳了瓦哈比派之后，沙特家族在强有力的思想武装下，才变得更有韧性，即便经过了政权的起起落落，也还能重新崛起，再次扩张。

瓦哈卜本人死于 1787 年，活了 80 多岁。在他死后 10 年，沙特的酋长将势力范围扩大到了除西南部之外的整个半岛，进入了第一个全盛时期。

作为宗主国的奥斯曼帝国为了对付它，调来了埃及总督穆罕默德·阿里，战胜了沙特人。埃及人撤出后，一个叫作拉希德·里达（Rashid Rida）的北方家族控制了半岛，导致沙特家族的权威低落了近一个世纪。直到 20 世纪初，沙特王室才再次扩张。

20 世纪时，沙特家族新掌门人叫 Abdulaziz bin Saud，他在西方被称为伊本·沙特。1902 年，伊本·沙特率领着 40 位青年，顺着棕榈树爬进了内志首都利雅得，从拉希德家族手中收复了这座沙漠小镇。他的胜利如同神话一样被阿拉伯人所接受。之后，沙特更是将如今是广大油田的土地收入囊中。然而在当时，人们对沙特有石油还一无所知，伊本·沙特只是出于本能占领了大片土地。后来，这些土地下的石油让这个国家在世界上具有举足轻重的地位。

1914 年第一次世界大战爆发后，伊本·沙特和英国人结成了同盟，彻底摆脱了奥斯曼帝国。一战后，他继续扩张，将整个内志地区都纳入自己的统治。而包含“圣地”麦加和麦地那的汉志地区，仍然掌握在他的对手哈希姆家族手中。

作为游牧民族，沙特的收入来源极少，大约只有每年 70 万美元。

作为他叛变土耳其的代价，英国人还同意给他一笔每年 30 多万美元的年金。在石油的巨额收入出现之前，这个面积广大、人口稀少的王室只能依靠每年 100 万美元左右的收入来规划财政。

然而，到了 1923 年，英国人通知伊本·沙特，年金将在第二年终止。同时，沙特必须割让一部分土地给当时阿拉伯人公认的领袖哈希姆家族。

这两件事加在一起，惹恼了伊本·沙特，他决定向哈希姆家族的权威开战。

哈希姆家族：先知的族裔

对于现代中国人来说，“家族”已经是一个陌生的概念。

在中国，已经很少有穿越千年仍然保持着庞大势力的家族。在西汉时期兴起的大家族可以将强势地位保持到魏晋南朝，随后风云散尽，各种势力重新洗牌。北朝时期起步的家族可以将地位保持到宋代。但从元代之后，中国的家族势力衰落，“旧时王谢堂前燕，飞入寻常百姓家”。明清时期已经换成了另一个说法，“富不过三代”。

1949 年之后，破旧立新，从此以后，“家族”这个词对中国人越来越陌生。不管是欧洲的贵族体系，还是中东地区的千年家族，在中国人看来都属于封建王朝的残余。

但在中东地区，家族仍然是一个社会必不可少的因子。

在埃及过斋月时，一位朋友急匆匆赶回故乡，告诉我他要回去和家族在一起度过斋月。他的家族有 2 万多人，这个庞大的家族如同一个全功能的社会圈，有穷人，也有巨富。而斋月就是家族内部延续感情和互相救助的时机，大部分在外面工作的人都要回去，就像中国人春节还乡一样。

那些富人把钱拿出来，大摆筵席，邀请穷人免费吃喝。但这只是第一步，接下来，富人还会直接用钱救助穷苦人家。据朋友称，他的家族最富的人这一年就要拿出数十万埃及镑帮助穷人，相当于人民币几十万元。最后，家族富人还必须在生意上帮衬穷人，把穷人子弟从村子里带走，到外面去做生意，闯荡世界。也许某一天，这些穷人子弟中又会冒出下一个富人来为家族做贡献。

家族的凝聚力除了来自血缘之外，还来自《古兰经》。根据伊斯兰教传统，伊斯兰教信徒必须遵守的五功之一就是帮助穷人。由于阿拉伯人生活在沙漠地带，资源贫瘠，以经商为业，个人如果不依赖家族的帮助，很容易被恶劣的环境和各种偶然性所击倒。人们之所以强调家族纽带，就是为了增强个人抵御自然的能力。

另外，即便是富人也知道，自己只是走运赚到了钱，而很多穷人也不会一直是穷人，他们只是暂时走了霉运罢了，也许有一天他们抓住一次机会，就会成为富人。出生于这样的环境里的先知穆罕默德耳濡目染，制定的信条中对家族的角色也寄予厚望，并通过教法固定下来，到现在人们仍然遵循着这些原则。

在伊斯兰世界的所有大家族中，哈希姆家族是最具有传奇色彩的一个。与伊本·沙特家族起于草莽不同，麦加的哈希姆家族从伊斯兰教的创教人、先知穆罕默德时期到现在，一直赫赫有名。甚至先知穆罕默德也属于麦加古莱什族（Quraysh）的哈希姆家族。这个家族的称号就来自穆罕默德的曾祖父哈希姆。

穆罕默德死后，哈希姆家族主要在他的女儿法蒂玛的血脉中传承。伊斯兰教的第二个哈里发王朝阿拔斯王朝，由于出自穆罕默德的叔叔支系，因此也宣称属于哈希姆家族。

此后的上千年，哈希姆家族一直是麦加的望族。从传统上来讲，当地的地方官员埃米尔（Emir）都出自这个家族。这种传统一直持续到 20 世纪初。

1908 年，在遥远的伊斯坦布尔，一项任命改变了阿拉伯人的命运。当时执政的是土耳其的改革派——青年土耳其党。在青年土耳其党人的推荐下，土耳其苏丹任命了一位新的汉志总督——麦加亲王。这位新的总督出自哈希姆家族，已经在伊斯坦布尔做了 15 年的人质。他就是后来的汉志国王，也是三个国王的父亲侯赛因·本·阿里。

当时的奥斯曼苏丹阿卜杜勒·哈米德二世（Abdulhamid II，1876—1909 年在位）并不情愿任命。根据他的观察，侯赛因·本·阿里是一个野心勃勃的人，虽然长期被困在伊斯坦布尔，可一旦被放回麦加，就会成为帝国统一的大敌。

然而，当时土耳其为了追上西方的步伐，正在青年土耳其党人的领导下进行政治改革，土耳其苏丹正和青年土耳其党人处于蜜月期，没有驳回对方的提名，侯赛因·本·阿里被放回麦加成了总督。

土耳其苏丹没有看错，侯赛因·本·阿里作为阿拉伯最尊贵家族的成员，果然是胸怀大志。他回到麦加后，汉志地区就进入了独立的节奏。他试图与伊本·沙特等几大统治家族联合起来，一同脱离土耳其。

机会在第一次世界大战期间更加触手可及。在土耳其参战帮助德国人后，英国人着手挖奥斯曼帝国的墙脚。传奇的劳伦斯上校来到了阿拉伯，在重重许诺和利诱下，特别是英国人答应侯赛因·本·阿里，要帮助他建立统一的阿拉伯国家，将从叙利亚、伊拉克到巴勒斯坦的领土都统一在一个王权下，侯赛因·本·阿里决定与英国人合作。

与伊本·沙特的单枪匹马不同，侯赛因·本·阿里的几个儿子成了他最得力的帮手，其中最有能耐的三个分别是阿里、阿卜杜拉和费萨尔。这三个人后来分别当上了汉志、外约旦和伊拉克的国王。

在英国人的心目中，侯赛因·本·阿里是阿拉伯人中最重要的合作伙伴，他们占据了阿拉伯人的宗教中心汉志，将伊斯兰教的“圣地”收入囊中，经济最发达，也最有号召力。而伊本·沙特所占据的内志地区大部分是沙漠，利用价值远不如侯赛因大。

由于出身高贵，侯赛因·本·阿里也看不起沙特家族，认为伊本·沙特只是个拿不出手的游牧部落首领，拒绝和他平起平坐。侯赛因·本·阿里自称是阿拉伯人的国王，当土耳其革命废除了哈里发制度后，立即自称哈里发，俨然是阿拉伯人的正统。

但他低估了英国人。一战之后，英国人建立统一的阿拉伯国家的许诺落了空，在英法等国的主持下，阿拉伯人的土地被分成了几小块，分别落入了英法的势力范围。

英国人虽然在建立统一国家上欺骗了侯赛因·本·阿里，但在另一些方面，又给了哈希姆家族许多补偿。

比如，侯赛因·本·阿里的儿子阿里自然是汉志国王的继承人，而他的另一个儿子阿卜杜拉被英国人封为外约旦的国王，第三个儿子费萨尔成了伊拉克国王。

虽然没有建立统一的阿拉伯国家，但哈希姆家族成了三个国家的国王，仍然将阿拉伯世界一半的土地掌握在手中。

在哈希姆家族扩张时，他的对手沙特家族也进入了高峰时刻。沙特国王伊本·沙特将半岛内陆统一在手中后，环顾四周，却发现被三个哈希姆国家包围了。

在半岛地区，石油被发现之前，最重要的一项收入是朝觐（Hajj）收入。先知穆罕默德规定，伊斯兰教信徒最重要的五功之一是一生中必须到麦加朝觐一次，而人们到麦加是要花钱的，这一点很像中世纪基督徒到"圣地"耶路撒冷朝圣一样。这种古代的"旅游产业"使得谁占领了汉志，谁就有了一笔固定收入。

虽然伊本·沙特费尽千辛万苦统一了内陆，但他的年收入也只有70万美元左右，而比他面积小得多的汉志地区一年收入竟然达到了上百万美元。

沙特家族和哈希姆家族的对立还表现在：哈希姆家族虽然血统高贵，但是代表着伊斯兰教开明和世俗的一翼。由于长期旅居伊斯坦布尔，和西方人打交道很多，所以这个家族熟悉西方礼仪和外交规则，虽然遵从伊斯兰教的规矩，但是并不极端。西方人看好他们当政，也希望他们上台后，能够继续这个思路，让阿拉伯世界变成西方文明的后院。

而沙特家族正好相反，它强调的是瓦哈比主义。虽然伊本·沙特本人既温和又开明，但整个家族的氛围仍然偏向于回归传统和历史，强调对教义的严格遵守。按照西方人的观点来看，它是较为落后的一支力量。

英国人也在沙特和哈希姆家族的领土争斗中屡屡偏向哈希姆家族，并与之保持了更密切的联系。对于野马沙特，英国人既难控制，又不屑与之为伍。

1924 年，当英国人裁判沙特家族需要让出一块绿洲领地给哈希姆家族时，伊本·沙特终于意识到，如果听从了英国人的要求，就意味着哈希姆家族包围圈进一步收紧。而哈希姆家族最终的目的是建立统一的阿拉伯国家，同时担当宗教领袖和世俗领袖。沙特的内志领土是阿拉伯世界的一部分，自然也就是这个“统一国家”的一部分。

伊本·沙特决定利用进攻作为防御的最佳手段。

他把目标放在汉志地区。对于外约旦和伊拉克，他的兴趣还没有那么大。由于还没有发现石油，这些地区的价值还没有显现。只有汉志是有价值的，只要占领了麦加，就可以获得百万美元的朝觐收入。

1924 年，伊本·沙特率军进攻汉志。事实证明，更有进攻精神的原始力量比好高骛远的文明人更加强壮。这一年 10 月，沙特占领了汉志，国王兼哈里发侯赛因·本·阿里出逃，将王位禅让给了儿子阿里。几年后，这个骄傲的人带着他建立统一的阿拉伯国家的梦想死在儿子阿卜杜拉的国土上。他的儿子阿里空有汉志国王的头衔，却没有一寸土地可以统治。

在并吞了汉志之后，伊本·沙特的领土已经成了阿拉伯半岛最大的国家，只有四周的一些小王国没有被征服，而最重要的朝觐税已经被他收入囊中。

朝觐税这项收入一直作为王国的支柱税收，直到 1939 年沙特发现石油之后，才慢慢被放弃。当石油成了沙特国家最大的收入后，国王认为，朝觐是穆斯林的基本权利，既然税收已经足够，就应该为全体穆斯林做点儿好事，便免除了朝觐税。

更何况，穆斯林的朝觐恰好是宣扬沙特瓦哈比主义的机会，借着“圣地”的光环，瓦哈比主义在沙特国王的帮助下走向世界。

沙特家族虽然占领了阿拉伯半岛的大部分，但它仍然被看作是伊斯兰世界的后起之秀。约旦和伊拉克两个哈希姆国家的存在，仍然让它感受到强大的压力。

更何况，摆脱了法国人统治的叙利亚也一直和这两个国家勾肩搭背，试图与这两个国家合并。如果一个联合了叙利亚、黎巴嫩、巴勒斯坦、伊拉克和约旦的超级国家出现，并且统一在哈希姆家族的王权之下，对沙特构成的威胁将是巨大的。

在触到的一瞬化为烟云

1921 年，哈希姆家族的费萨尔亲王登上了伊拉克的王位。在此之前，英国人从巴勒斯坦地区专门划出了约旦河东岸地区，设立了外约旦，将此地授予费萨尔的哥哥阿卜杜拉亲王，使他当上了外约旦国王。

英国人之所以选择兄弟俩担任国王，是因为他们意识到，如果不依靠阿拉伯人，仅靠英国的力量很难统治中东的人民。只有在阿拉伯人中寻找代理人，才能更方便地将中东置于英国的利益范围之中。

与沙特家族不同，哈希姆家族的两位国王与西方的联系更加密切，也更为合作。

只有他们的父亲汉志国王侯赛因・本・阿里仍然对英国人耿耿于怀，谴责英国人欺骗了他，没有建立统一的阿拉伯国家。1924 年，侯赛因・本・阿里被沙特家族赶出麦加，失去了国家后，就只剩下兄弟两人为了哈希姆家族而奋斗了。

在伊拉克，国王费萨尔一直维持着开明而又顺从的统治。他知道，伊拉克是一个特殊的国家。这个国家的什叶派人口占了多数，作为逊尼派的他只是少数派，依靠着逊尼派的精英们统治着国家。如果要巩固统治，就必须依靠英国人，直到羽翼足够丰满。

和伊拉克相比，外约旦的宗教成分更为单纯，大都是和王室一样的逊尼派，但约旦是一个相对贫瘠的国家，自然资源不足，人口稀少。国王阿卜杜拉在位时与伊拉克的兄弟采取了同样的策略，依靠英国人的帮助建立现代化的军队，对人民实行宽容的统治。

然而，两位国王的区别在于他们的寿数。1933 年，由于积劳成疾，48 岁的伊拉克国王费萨尔去世，将国家留给了他 21 岁的儿子加齐（Ghazi）; 6 年后，喜欢飙车的加齐国王死于事故，这次继承王位的是一个只有 4 岁的孩子费萨尔二世。

随着幼王的继位，伊拉克陷入政治斗争之中。政府官员如同走马灯一般换个不停，政客们随时随地做好准备，为了下一个位置而出卖立场。军事政变时有发生，民族问题、宗教问题纷至沓来。外来的王室家族焦头烂额地处理着这些问题，没有心思再去管阿拉伯世界的事务。

在伊拉克被年幼的国王拖累、被政治斗争撕裂时，外约旦却受制于复杂的犹太人问题。由于和巴勒斯坦接壤，国王不由自主地卷入了巴勒斯坦的政治斗争之中。当第二次世界大战后，犹太人独立已经迫在眉睫，外约旦迎接大考的时刻到来了。

1948 年，随着以色列的独立，第一次中东战争爆发。出乎人们意料的是，被寄予希望的埃及和叙利亚在战争中完败，而不起眼的约旦在同门兄弟伊拉克的支持下，却打得有声有色。

这时候，人们才再次意识到，哈希姆家族的第二次机会来了。

第一次中东战争后，由于巴勒斯坦建国无望，阿卜杜拉国王将约旦河西岸的巴勒斯坦领土并入了外约旦，建立了约旦哈希姆王国。并吞西岸地区让约旦的实力大增，之前，约旦只是个人口 40 万的小国，随着巴勒斯坦人口的加入，约旦的人口是以前的 3 倍多。

实力的增长令约旦国王野心膨胀，期待着下一次的领土扩张。这一次，约旦盯上的是北方的叙利亚。

早在第二次世界大战中，随着法国的战败，阿卜杜拉国王就瞄准了叙利亚，希望在法国离开后，能够想办法让约旦与叙利亚合并。法国人离开后，叙利亚独立，这个国家的政治家一直缺乏独立领导一个国家的信心，趁这机会，约旦和伊拉克这两个哈希姆家族统治的国家更加积极地与叙利亚眉来眼去，策划各种合并方案。

叙利亚之所以愿意与约旦和伊拉克合并，除了叙利亚的政治家缺乏信心之外，还在于伊拉克的首位国王费萨尔曾经被选为叙利亚国王，只是因为法国人的到来，逼迫费萨尔吐出了叙利亚。独立后的叙利亚立刻想到了哈希姆家族的好处，许多人认为重归哈希姆家族的统治是一个不错的选择。

叙利亚的心猿意马让沙特和埃及感到惊慌。他们意识到，一个由伊拉克、约旦和叙利亚联合组成的哈希姆国家就要出现了。这个国家在中东地区显得过于强大，改变了政治平衡。沙特和埃及决定不惜一切代价破坏这次合并。

此时的埃及恰逢纳赛尔推翻国王统治，处于革命的狂热之中，除了阻止哈希姆家族的扩张之外，更希望由自己把叙利亚吞并，建立更广阔的统治。

1955 年，一项叫作《巴格达条约》的多国协议在伊拉克首都巴格达签署完成。这项条约的签字方是伊拉克和土耳其，之后英国、巴基斯坦和伊朗也加入了条约。这个事件被认为是冷战进入中东的标志之一。签署条约的最初原因是土耳其和伊拉克对于北方的苏联都心怀恐惧，苏联的三个加盟共和国格鲁吉亚、阿塞拜疆和亚美尼亚都在高加索山以南，距离土耳其和伊拉克近在咫尺，为了防止意外，土耳其和伊拉克订立了互保条约。

然而，这项条约立即在中东引起了轩然大波，被渲染成中东版的北约。随后，不信任西方的沙特和倾向于苏联的埃及也签署了一项对抗性的条约，以示对《巴格达条约》的不满。

而这件事出乎意料地对哈希姆家族产生了影响。原本叙利亚与哈希姆家族的两个国家比较接近，但叙利亚国内一直对西方有着深深的不信任感。《巴格达条约》的签订把叙利亚的民族感情激发出来，令叙利亚和亲英的哈希姆家族疏远了。

1958 年，当约旦和伊拉克还在美梦中时，一件重大的事情震惊了他们：叙利亚和埃及宣布，两个国家将完成合并，成立阿拉伯联合共和国（United Arab Republic）。这时他们才意识到，叙利亚已经摆脱了哈希姆家族的气场，他们失去了机会。

叙利亚和埃及的合并也终于让两个哈希姆国家明白了时不我待的道理。此刻，约旦国内的危机也逐渐发酵。原本吞并巴勒斯坦西岸地区被认为是一着妙棋，但最终，由于消化不良，开明的国王阿卜杜拉被刺身亡，巴勒斯坦人到来所造成的社会紧张也最终威胁了哈希姆王室的安全。

到这时，哈希姆家族才意识到，他们应该考虑的已经不是扩张，而是自保。如果处理不好，就连伊拉克和约旦这两个已经到手的国家都会失去。

在此之前，他们讨论的联合大都是希望把叙利亚等国家一块儿收了，但自从叙利亚跟上了埃及，约旦就发现四周充满了敌意国家。在它南面是革命的埃及，东面是虎视眈眈的沙特家族，西面是异族统治的以色列，北面的叙利亚也已经离它而去，只有和伊拉克结成更紧密的联盟，才能保证这个弱小的哈希姆国家继续存在。

约旦王室终于决心向巴格达靠拢，建立统一的国家。

1958年，在埃及和叙利亚合并不久，约旦和伊拉克也宣布建立统一的阿拉伯联邦。这个联邦规定，由伊拉克国王费萨尔二世担任国家元首，约旦国王侯赛因担任副国家元首，如果国家元首去世，则由副国家元首递补。这是一种轮流坐庄式的元首制，表明家族的两个兄弟支系之间没有隔阂，并希望未来两国的政治结构更紧密合并后，最终形成统一的政治制度。

这次计划中的合并将使中东地区的势力再次出现变化。与英法等国分而治之的愿望不同，埃及和叙利亚组成的阿拉伯联合共和国，伊拉克与约旦组成的阿拉伯联邦，加上沙特，将形成三足鼎立之势，避免了更加碎片化的局面。这对于中东国家是有利的。1958 年，世界仿佛正在等待着一个中东新局面的出现。而约旦和伊拉克的合并，就是新局面下最后一块拼图。

双方王室伸出的双手终于要握在一起，哈希姆家族复兴的时刻就要到来。

然而，突然间事情起了变化。就在双手触到的一刹那，一场政变席卷了伊拉克。在这次政变中，预定的阿拉伯联邦元首、伊拉克国王费萨尔二世遇害，哈希姆家族的统治被推翻，上台的卡塞姆将军（Abdul–Karim Qasim）宣布实行共和国制。

卡塞姆将军发动政变时，两国合并的文件已经签署。既然元首死亡，约旦国王侯赛因立即根据联合宪法宣布继任阿拉伯联邦的元首。然而，这个无力的举动随即遭到反驳，卡塞姆将军宣布，伊拉克已经不再有王室，也不再有阿拉伯联邦，它退出了联盟。

伊拉克和约旦的合并，哈希姆家族的复兴，在即将触摸到现实前的一刹那化为了烟云。

阿拉伯联邦解体后，埃及和叙利亚的阿拉伯联合共和国也没有维持长久。由于联合过于仓促，对于政治制度的合并和政治席位的分配矛盾重重，联合共和国很快也解体了。

当一切烟消云散时，人们才意识到中东还是那个中东，它们如同瓷器的碎片，一旦被打碎，就很难被黏合在一起。这个碎片化的中东也预示着将来的不太平。

2014 年的春夏之交，我走在约旦首都安曼街头的熙熙攘攘之中。2012 年埃及革命爆发后，约旦人担心对己不利，但随着最近埃及局势的好转，约旦人提着的心又回到了肚子里。

这个国家仍然被夹在沙特、埃及、以色列、叙利亚、伊拉克的夹缝里。这一年，叙利亚和伊拉克在打仗，以色列也发动了对加沙地带（Gaza Strip）的战役，埃及的穆斯林兄弟会刚刚倒台，一个军事强人正希望控制埃及的局势，只有沙特还显得足够稳定。

不过这种情形对于约旦人来说，已经是见怪不怪了。他们经历了太多次危机，又都在历史狭小的缝隙里艰难地挤过，多这一次已经无所谓了。人们曾经认为这个国家会失败，但它虽然弱小，却艰难地维持住了平衡，保存着哈希姆家族最后的领地。

当和伊拉克合并失败后，人们本来以为约旦的王权也不会存在太久。但也正是从这时起，国王侯赛因认识到他已经没有了退路，必须自力更生来治理国家，走出困境。他对内大力发展经济，并控制巴解组织在国内制造的混乱；对外则把约旦的地理位置劣势变成了优势——由于四周都处于混乱之中，人们需要在中东找到一片和平之地，约旦恰好扮演了这个角色。

在中东地区，约旦是对中国人最友好的地方之一，中国护照可以便利地获得落地签证，并很方便地续签。中国人往往选择先飞到约旦，再从这里出发去埃及或者以色列。

在约旦的门户开放政策下，侯赛因国王也扮演起和平大使的角色。到他去世时，他已经成了国际上的一个代表性符号，象征着在中东努力维持和平的榜样，一个另一种形式的牧羊人。

只是，哈希姆家族在中东的势力已经无法和当年相比。沙特和哈希姆两大家族在经过几十年的斗法之后，把牧羊人的头衔送给了一位新兴的自由军官，阿拉伯世界的重心也向埃及倾斜了。

纳赛尔：永不失败的自由军官

在东非国家乌干达的首都坎帕拉（Kampala），我竟然遭遇了卡扎菲上校。

2014 年，利比亚的独裁者卡扎菲已经在阿拉伯革命中被推翻，死去两年多了。这个被国际社会抛弃的人留给世界的印象，大概除了狂妄就是可笑。但在坎帕拉去卡苏比王陵（Kasubi Tombs）的路上，我竟然看到了以上校命名的道路。

这条路的全名叫作穆阿迈尔·卡扎菲上校路（Col. Muammar Gaddafi Road），硕大的牌子和冗长的名称与那位桀骜不驯又爱面子的上校有着异曲同工之妙。这也提醒我们，在某些人的眼中，上校的形象不仅不可笑，反而带着某种令人尊敬的东西。

在非洲和阿拉伯世界，常常可以看到那些死去的独裁者受到人们的纪念。

比如，从埃及到索马里兰的伊斯兰国家（地区）里，我看到过无数人把伊拉克前总统萨达姆·侯赛因以及卡扎菲的照片当作手机背景。这两个人的画像均在人们手机上最受欢迎的图片之列。

更有甚者，人们并不屑于选择那些代表他们光辉形象的正装照片，专门寻找他们落魄时期的图片。萨达姆最常被选用的，是他刚被美军发现，从地洞里被拖出来时的图片。照片上，他花白的头发乱蓬蓬的，沾着泥土，仿佛一个无奈的老农民。但在他的崇拜者眼中，这幅图片却反映了一个英雄的受难，不仅不可笑，反而显得悲壮无比。

在阿拉伯地区旅行的人们会发现，他们的许多观念到了这里都要被改写。不管是中国还是欧洲，人们已经习惯于将萨达姆、卡扎菲、奥萨马·本·拉登（Osama bin Laden）等人当作小丑和疯子，但在阿拉伯世界，都能找到他们的真正信徒。这些信徒打心眼儿里相信他们，即使他们早已经死去，也依然相信。在他们看来，这些人都有过理想，想让阿拉伯世界强大，让穆斯林重归哈里发时期的辉煌。越是那些贫穷的老百姓就越虔诚地相信这一切。

这些所谓强人的源头，则是一位大神级的人物——纳赛尔。不管是萨达姆还是卡扎菲，纳赛尔都是他们的超级偶像。

纳赛尔也是现代伊斯兰世界第一个全球级的领袖人物。土耳其的阿塔图尔克在国内拥有最高的权威，但阿塔图尔克的影响力只限于土耳其。他懒得对世界上的事情评头论足，也从来不发明什么世界性的理论。至于萨达姆和卡扎菲，则都是纳赛尔的小字辈，不客气地说，他们的思想源泉都来自纳赛尔，没有纳赛尔，就没有卡扎菲，也没有萨达姆。

纳赛尔的名声是全球性的，他是反抗帝国主义的代表人物，在经济上又是一个坚定的国家主义者，强调国有化，希望政府带领人民步入繁荣。在他的率领下，埃及不仅要当整个阿拉伯世界的领头羊，还想成为全球第三世界的领袖。

不过在他的率领下，埃及的经济却步履蹒跚，陷入困境。埃及的军队也屡吃败仗，花费无数。但这都无损于纳赛尔的光辉形象，在人们的心中，他是永不失败的（注意，不是永不言败，而是永不失败）。他死后，阿拉伯世界突然出现了许多小纳赛尔，沿着他的道路奔向未来：叙利亚、伊拉克、苏丹、利比亚……

在埃及国内，到了 2014 年总统选举时，两位总统候选人针锋相对，互相攻击，但他们都以纳赛尔为偶像，并想成为下一个纳赛尔。这个牧羊人在埃及的影响力仍将维持下去，成为一种传说，进入埃及的神话体系。

在埃及，纳赛尔之前最著名的领袖是一位名叫穆罕默德・阿里的阿尔巴尼亚人。1798 年，拿破仑入侵了埃及。当时的埃及仍然是奥斯曼帝国的一部分，土耳其苏丹调兵遣将来对付这位未来的法国皇帝。穆罕默德・阿里作为低级军官，随一支阿尔巴尼亚军队来到了埃及。几年后，这位军官已经成了阿尔巴尼亚驻埃及军队的指挥官。

埃及虽然名义上属于奥斯曼帝国，但有很大的自治权。穆罕默德・阿里抓住机会攫取了埃及总督的职位，并利用阴谋射杀了大部分反对他的马穆鲁克领主。

由于穆罕默德・阿里拥有整个奥斯曼帝国最强悍的部队，奥斯曼苏丹不时地请求他帮助镇压沙特人和希腊人的叛乱，借助这些机会，穆罕默德・阿里把他的埃及总督职位变成了世袭制。直到 1952 年，他的子孙还统治着埃及，在第一次世界大战前是埃及总督，一战后则变成了埃及国王。

在治理国家上，穆罕默德・阿里很像土耳其的阿塔图尔克，是一个典型的西化派，要利用西方的科学技术武装埃及，并大力发展世俗教育。在他的带领下，埃及成了整个阿拉伯世界最繁荣的地区。

但是，到了他的后代伊斯玛仪（Isma'il）时代，埃及的经济出现了逆转。伊斯玛仪是个挥霍无度的纨绔子弟，在几年内，埃及的债务翻了十倍，濒临破产。这时苏伊士运河已经完成，这条运河本可以给埃及带来一笔固定的收入，却无法弥补总督的浪费。

当埃及政府宣布破产时，作为债主国的英国和法国趁机接管了埃及的财政。按照当时的惯例，弱国的财政一旦破产，作为债主的强国就会以偿债为借口，以武力强迫弱国交出财政自主权，并以此为突破口，插手弱国的政治和军事，使之变成附庸。所以破产后的埃及也丧失了独立的政治，被英国人步步紧逼，逐渐沦为被保护国。

从这时起，一直到1952年，埃及政府不断地与英国人做斗争，争取完全的独立，直到王权被纳赛尔的自由军官组织推翻为止。

1952年，由于埃及与英国争取完全独立的谈判迟迟没有进展，加之在前几年与以色列的第一次中东战争中惨败，军队中一群年轻的军官认定，只有革命才能甩开政治家的争吵，挽救这个国家。

令人惊讶的是，埃及的革命范本竟然是土耳其的阿塔图尔克。纳赛尔熟读关于阿塔图尔克的传记，认为埃及的革命不仅要像法国那样建立共和国，还要像美国那样把英国人赶走，更要像土耳其那样自立和富强。这三个任务是缺一不可的。

在军人的主持下，埃及革命爆发。王权被推翻，王室家族踏上了流亡的旅程。

共和国建立后，英国军队也带着不情愿离开了埃及。到这时，建立共和国、赶走英国人，这两个革命任务都实现了。纳赛尔和他的自由军官也成了埃及的主人。

然而，在第三个问题——如何富强上，埃及却陷入了困境。

土耳其的阿塔图尔克之所以拥有足够的威望去推行改革，是因为他的国家经历了生死存亡，被他从解体的边缘拉了回来，所以人们信任他，接受他的领导。

但纳赛尔并不拥有这样的权威。在自由军官政变前，埃及的经济发展并不落后，即便和英国谈判迟迟没有结果，但这和埃及人的日常生活并没有关系，人们没有危机感。纳赛尔在政变前也只是个默默无闻的小角色。

政变后，为了获得足够的权威，纳赛尔必须如同吹气球一样把自己吹大，装扮成救世主。而当救世主最简单的办法，就是让埃及人相信，他们是阿拉伯的领袖，埃及是中东的领头羊。

于是，埃及在纳赛尔的带领下变得亢奋，在争当阿拉伯领袖的道路上越滑越远。

土耳其的阿塔图尔克虽然利用军事斗争从西方手中夺回了独立，但阿塔图尔克本人是个西方主义者。土耳其一直小心翼翼地维持低调与和平，开展国内的改革运动，学习西方的先进理念和技术，从不煽动群众与西方搞对抗。对苏联也敬而远之，知道和这个超级大国靠得太近会引火烧身。

然而纳赛尔没有吃透阿塔图尔克这么做的良苦用心，一味沉醉于煽动群众的热情，不管采取什么手段。埃及在他执政前与西方的关系在阿拉伯国家中是最密切的，经济发展也是最好的，但从他执政开始，埃及立即变得对抗与封闭了。

在军事上，纳赛尔希望重塑军队的威望。埃及军队经历了对以色列的失败，也亟须向世人证明实力。为此，纳赛尔赶走了保卫苏伊士运河的英国人。西方世界担心他的所作所为，不肯向他销售武器，于是他转向了苏联。由于处于冷战之中，西方国家反对的就是苏联要做的，苏联立即给埃及送去了大量的武器。埃及从之前的依靠英国，急剧转向依赖苏联。

在经济上，纳赛尔也同样向社会主义阵营靠拢，希望通过社会主义措施，比如土地改革，大量企业国有化，修建大的项目来带动经济。他最大的工程是浩大的阿斯旺（Aswan）高坝。在这个工程中，由于担心水坝对环境的影响，世界对埃及的帮助显得有些缓慢，只有苏联加紧了对埃及的援助，从此埃及更倾心于东方阵营。

纳赛尔让埃及成为一个革命输出中心，感染了周围的许多国家，叙利亚、利比亚、伊拉克等，无不见埃及革命带来的热情。

为了修建阿斯旺高坝，埃及需要花费大量的美元，但埃及从哪儿找这么多美元呢？于是，纳赛尔盯上了苏伊士运河。在当时，苏伊士运河的股份大都在英法等国手上，虽然运河本身很赚钱，但英法等国的股票持有人赚走了大部分。纳赛尔决定国有化苏伊士运河，从英法股东手中把收入抢过来。

他的做法在国际上受到了谴责，却在国内和阿拉伯世界得到了欢呼。这是阿拉伯世界少有的对西方强硬的事件。

就这样，埃及变得越来越像中东霸主。

当土耳其和伊拉克签订《巴格达条约》时，埃及担心条约会演变成中东版本的《北大西洋公约》，所以激烈地反对伊拉克，并与沙特等国结盟。他向塞浦路斯运送武器，支持塞浦路斯独立；帮助北非国家的民族主义，向也门派兵，建立北也门政权。那一段时间，不管是约旦推翻国王的阴谋，还是黎巴嫩的种族冲突、伊拉克的激进行动，背后都有着纳赛尔的影子。所有靠近西方或者采用君主制的国家都对他战战兢兢，不知什么时候就被纳赛尔势力渗透了。

在将整个埃及绑上战车之后，纳赛尔终于把自己装扮得像一个救世主了。埃及人突然间沉浸在强大的幻觉之中，对他崇拜有加。

但就在这时，幻觉消失了。

1956年，出于对苏伊士运河国有化的报复，英法两国联合以色列对埃及的西奈半岛发动了进攻。以色列也早已被埃及激怒了。之前，纳赛尔虽然没有准备进攻以色列，但是利用各种机会发动“冷战”。根据公约，苏伊士运河应该对所有国家的商船开放，但纳赛尔截留了去以色列各港口的船只。以色列本来在红海有港口，但埃及在红海南部设立关卡，禁止以色列船只通过。种种做法让以色列宁肯选择和埃及打一仗。

战争中，埃及的军队被迅速摧毁，让人们再次看到了纳赛尔统治下军队的虚弱。更让纳赛尔蒙羞的是10年后的“六日战争”。为了准备战争，纳赛尔苦苦经营了10年，积累了大量的武器，进行了无数合纵连横，劝说各国将军队指挥权统一在埃及手中。

但所有的这一切都白费了。以色列军队用六天时间就将阿拉伯联军全部击破，从埃及手中夺走了加沙地带和西奈半岛，从约旦手中拿走了约旦河西岸，从叙利亚手中占去了戈兰高地。纳赛尔和他朋友们的虚弱再次震惊了世界。

1967年6月9日，或许是纳赛尔最尴尬的一天。那一天，他宣布辞去埃及总统职务。在这之前的几天，埃及人一直收到好消息，埃及的军队正在与以色列作战，并节节胜利，但突然间，他们的总统宣布辞职，并告诉他们，埃及惨败……

但纳赛尔永远不会失败。人们对他的信任已经脱离了事实层面，进入了信仰的领域。就算纳赛尔要辞职，埃及人也不让他辞职，继续崇拜他，服从他。阿拉伯人太需要一个领袖、一个牧羊人了，既然这个牧羊人已经出现在埃及，就不要让他坠落。他的执政持续到他死亡，他的影响力之大一直持续到今天，并为中东几乎所有的独裁者提供了精神养料。

纳赛尔的信徒们

纳赛尔之所以有这么大的魅力，是因为他抓住了中东阿拉伯人的几种心理：

第一，自从第一次世界大战后，中东一直处于四分五裂的状态。这里的人们一直希望有一个强有力的领导人能够将这片土地重新团结在一起，用一个声音说话。这就是泛阿拉伯主义的来历。纳赛尔的号召力让人们看到了希望，他曾经主导建立了阿拉伯联合共和国，并有希望在类似的架构下将阿拉伯世界统一。

第二，泛阿拉伯主义者往往对当年英法等国将中东分成碎片感到愤恨，所以，对西方的抵制也是他们共同的特征。虽然当年哈希姆家族也想统一中东，但哈希姆家族的人对西方太软弱了，让人无法尊敬。只有纳赛尔面对西方强权，是仰起头来说话的。他能和英法对着干，在美国面前也毫不示弱，并与苏联人称兄道弟，一副政治大玩家的模样。

第三，犹太人在以色列建国后，一直是阿拉伯人的眼中钉。但是，阿拉伯人又拿以色列毫无办法。纳赛尔虽然没有战胜以色列，但他坚决不妥协的风格吸引了阿拉伯人。

第四，与世界其他地方相比，阿拉伯是一个比较容易接受国家主义的地区。由于地处沙漠的恶劣环境，阿拉伯民族本身就是一个强调互相帮助和协作的民族，一个人在沙漠中很难存活，必须抱团才能生存。伊斯兰教也强调个人的牺牲和集体的利益。所以，纳赛尔的大旗不会让阿拉伯人感到不舒服，而是让他们感到高兴。

第五，对于世界来说，纳赛尔建立的是一个共和国，这让他看起来比那些君主制国家更先进一些。在亚非拉都在争取民族独立时，共和国、反帝等大旗保证他很容易在全球形成共鸣。

第六，纳赛尔获得了足够的光环后，本身就会激励其他野心勃勃的人跟随他的步伐，建立属于自己的光环，特别是在阿拉伯。

纳赛尔死后，他的追随者多如牛毛，这些追随者又有一些共性：他们表面上都维持共和国的政权形式，都是独裁者和半独裁者，都强调泛阿拉伯主义，都强烈反对以色列，都有国家主义倾向，都不同程度地与西方对抗。

在这些独裁者中，最著名的就是死去不久的卡扎菲。

不管从哪个方面说，卡扎菲都是一个典型的小纳赛尔。

在利比亚，也有一个自由军官组织，和埃及前辈的名称一模一样，领导人就是卡扎菲。也正是这个自由军官组织发动的政变，推翻了利比亚的国王。

卡扎菲使用的理论都是现成的，他直言不讳就是纳赛尔的教导。卡扎菲本人也对纳赛尔崇拜得一塌糊涂。纳赛尔的泛阿拉伯思想直接影响了他，并被他继承。

卡扎菲对西方世界的粗鲁也和纳赛尔同出一辙。纳赛尔不顾西方的反对，把苏伊士运河国有化，卡扎菲也利用同样的招数提高了石油价格，并最终把石油公司国有化。纳赛尔对以色列恨之入骨，卡扎菲则把仇恨加得更深。

纳赛尔四处支持兄弟国家搞革命，卡扎菲对恐怖组织的支持也是赫赫有名。纳赛尔总是试图与其他国家搞合并，卡扎菲更进一步想搞阿拉伯国家大联合。

而阿拉伯的普通民众也用接纳纳赛尔的方式，接纳了卡扎菲。即便卡扎菲已经死亡，他们仍然怀念着这个英雄，将他看成是一个烈士。

卡扎菲只是一个典型代表，纳赛尔对阿拉伯国家的影响力还表现在伊拉克和叙利亚等国的政治上。这两个国家的执政党虽然不一定承认，但实际上秉承的都是纳赛尔主义。

当埃及的革命搞得风生水起时，阿拉伯世界出现了一股世俗化和社会主义的潮流。

在纳赛尔之前，阿拉伯国家最主要的潮流是保守主义。这和保守主义分成三种：一是以埃及穆斯林兄弟会为代表的宗教保守主义；二是以约旦、伊拉克为代表的君主保守主义；三是以沙特为代表的宗教和君主保守主义。

穆斯林兄弟会希望回归纯粹的伊斯兰教，用严格的教法要求人们，回到1000年前的教法时代。

约旦和伊拉克的哈希姆王室则认定君主的统治才是出路，争取在哈希姆家族的领导下将阿拉伯世界统一起来。

沙特是瓦哈比主义的重镇，它同时强调君主的领导和宗教的纯洁性，希望整个阿拉伯世界都遵循瓦哈卜的教导，在沙特王室的领导下回归古代信仰。

土耳其的世俗主义被阿拉伯世界当成是突厥人才能搞的东西，和阿拉伯人无关。

但纳赛尔为阿拉伯世界确立了另外一条道路。他认为，阿拉伯世界也应该现代化和世俗化，少一点宗教的东西，多一点科学的东西。

但是，在如何达到富强这个问题上，他却认为阿拉伯世界不可能在西方世界寻找到公平地位，所以，只能联合世界上所有发展中国家形成独特的品牌。同时，在经济上实行社会主义和国家主义，进行国有化，由国家来实行超常规的发展。

世俗化和社会主义，这两块金光闪闪的招牌使得纳赛尔在叙利亚和伊拉克出现了大批的追随者。这些追随者成立了一个政党，叫作阿拉伯复兴社会党（Arab Socialist Ba'ath Party，简称 Ba'ath Party）。这个政党是一个跨国组织，在伊拉克和叙利亚都有活动，在其他许多国家也有影响力，并掀起了一股与君主制对抗的潮流。

在叙利亚复兴社会党执政之前，埃及就差点儿和叙利亚合并成功。

叙利亚是法国的托管地，获得独立后一直缺乏足够的勇气进行自我治理，领导层总是寻求与其他国家合并的机会。先是和伊拉克、约旦的哈希姆王国联合，当埃及和纳赛尔崛起后，叙利亚的执政者突然意识到：这才是他们要找的领袖。

叙利亚遵循法国制度，本身就是一个共和国，与伊拉克、约旦的政治结构相差较大，而埃及已经是一个共和国了，两者的合并更加自然，不存在制度障碍。于是，叙利亚与埃及的合并工作紧锣密鼓地张罗起来。

1958 年，阿拉伯联合共和国成立。阿拉伯联合共和国包括埃及和叙利亚两块领土，由埃及选出总统，叙利亚选出副总统，政治权力也在埃及和叙利亚的政客之间分配。

根据纳赛尔的梦想，这样的结构并不仅仅停留在两个国家的合并上，在未来还会容纳更多的国家。埃及后来还尝试过多个合并版本，不仅包括叙利亚，还包括伊拉克、也门、利比亚、苏丹等国，许许多多的合并新闻成了纳赛尔时期阿拉伯世界的重要特征。

然而很快，阿拉伯联合共和国的政治结构就崩溃了。由于纳赛尔的领导层只依靠埃及的政客，对叙利亚的政客并不熟悉，两国难以整合，叙利亚人也发现在这个结构中很难受到重视和优待，于是这个合并国家以破裂告终。

阿拉伯联合共和国失败后，纳赛尔的理想在叙利亚并没有断绝。

1963 年 2 月和 3 月，复兴社会党在伊拉克和叙利亚分别发动政变并成功，这也是世俗化和社会主义势力的鼎盛时期。纳赛尔敏锐地嗅到了机会，立即与两个国家再次商讨合并事宜。

然而在争吵中，合并再次成为泡影。伊拉克和叙利亚的复兴社会党却在起起落落中保持下来。最终，复兴党的萨达姆·侯赛因和哈菲兹·阿萨德（Hafez al-Assad）分别攫取了政权，建立了准独裁统治。

虽然是独裁统治，但纳赛尔理想中的世俗化和社会主义倾向却在两个国家中保持下来，两国直到 20 世纪 90 年代和 21 世纪初才再次陷入混乱。

如今，阿拉伯的强人世界正在经历着激烈的重组，老一代的准独裁者大都以落寞告终，但新一代的强人们仍然把纳赛尔当成榜样。

2012 年，埃及的穆巴拉克总统被关在铁笼子里审判时，心中想的一定是纳赛尔。穆巴拉克在执政期间，同样坚持世俗化的倾向。穆巴拉克在发展经济上比纳赛尔还要成功，埃及如今也成了人口 8000 万的大国，已经比纳赛尔时期高出了四倍。穆巴拉克对纳赛尔的修正在于，他大力向西方靠拢，重新引进自由经济，减少社会主义的成分，这些措施大大提高了埃及的经济活力。然而，在许多人看来，这是对纳赛尔社会主义的背叛，他们看到的不是经济进步，而是触目惊心的腐败问题。

穆巴拉克下台后，新上台的阿卜杜勒·法塔赫·塞西（Abdel Fattah al-Sisi）在竞选总统时，直言不讳地说他的偶像是纳赛尔。与他同台竞争的是一位媒体人士哈姆丁·萨巴希（Hamdeen Sabahi），他也自认为是纳赛尔的信徒，希望用国家控制的大项目来重振埃及经济。

更多的民间人士也都在祈祷下一个纳赛尔的诞生，并在等待中蹉跎着岁月。

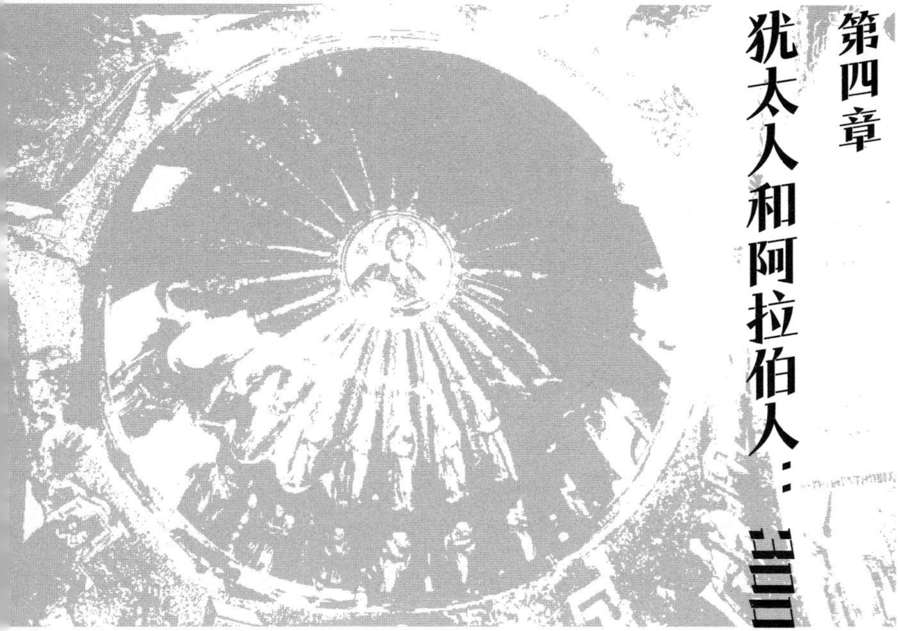

第四章 犹太人和阿拉伯人：3000年恩怨

在约旦，有许多和《圣经》关联在一起的景点，如死海岸边的罗得岩洞（Lot's Cave）。据说当年索多玛（Sodom）和蛾摩拉（Gomorrah）两座城市充满了罪恶，只有罗得是好人，于是上帝要将两座城市毁灭，只指示罗得一家提前离开。上帝警告罗得一家，离开时不得回头，但罗得的妻子没有忍住好奇心，当家乡毁灭时回头望了一眼，结果被上帝变成了盐柱，而罗得和他的女儿则在岩洞里继续生活，犯下了乱伦之罪。

人们相信，索多玛和蛾摩拉这两座罪恶之城，就在罗得岩洞不远处的地下。在死海附近，人们还会告诉你哪儿是耶稣受洗的地方，哪儿是希律王当年的城堡。

然而约旦最著名的胜迹却是那座叫作内波山（Mt. Nebo）的小山包。这里据说是摩西登临，发现犹太人最终家园的地方。根据《圣经》记载，为了逃脱埃及法老拉美西斯二世（Ramesses II）的迫害，摩西率领犹太人离开埃及，穿过红海和西奈半岛，历经重重困难来到了这里。摩西登上内波山向西方望去，发现这里是个适合人居住的地方，于是宣布，这里就是"奶与蜜"的所在地。

内波山已经靠近以色列边界，摩西登山向西望去，看到的好地方大都在以色列和巴勒斯坦境内。

当我踏上内波山，向远处望去，恰好那天空气中充满了黄色的沙尘，能见度极低。只有近处一块牌子，上面提示着距离西岸那些最著名的所在地到底有多远。这里距离耶路撒冷城外著名的橄榄山（Mt. of Olives）46公里，距离伯利恒（Bethlehem）50公里，距离希伯伦（Hebron）65公里。

也许，天色晴朗时，能够将这一切都尽收眼底。但我登临时，满眼除了荒凉的沙色之外，几乎看不到任何东西，也看不出这里是“奶与蜜”的所在地。当年摩西率领子民逃亡时，一路上经过的全都是最贫瘠的土地，所以到了这里才会产生富足的幻想，其实，这里一直是荒凉的。

但就是这块土地，成了犹太人命定的家园。

离开中东后，在乌干达首都坎帕拉我碰到了一位以色列女士，她是一位大学教师，在维多利亚湖边的金贾市（Jinja）做田野调查。在交谈时，她问我：“你去过以色列吗？”

我没有去过，但她的提问让我想起了不久前一位朋友的遭遇。那位朋友曾经试图在约旦首都安曼拿以色列的签证。按照规矩，他需要先通过银行给以色列大使馆账户转一笔签证费，然后再拿着收据去使馆办理签证。但是，当他转完钱，到了大使馆门口，却无法进入。门口的保安给了他一个电话号码，让他先拨打该电话预约，然后才能放行。

他一次次地拨打那个号码，却从来没有接通。两个星期后，他终于放弃了去以色列的想法，离开了约旦，那笔签证费也就打了水漂。

我告诉那位以色列女士，中国人办理以色列签证是多么困难。

她向我表示抱歉，不过她提供了一条线索。在朋友试图申请签证时，恰好约旦刚刚驱逐了以色列驻安曼大使，大使馆也处于半休馆状态。由于人手不齐，许多工作无法正常进行，这也许是电话无法打通的原因。那位中国的旅行者可能不知道，以色列与周边国家之间脆弱的关系影响到了他对耶路撒冷的访问。

以色列与周围国家的关系始终处于风雨飘摇之中，如果你的护照上有了以色列的签证或者出入境章，那么，许多伊斯兰国家都会拒绝你入境。

在埃及的阿斯旺，我们办理苏丹签证时，曾经碰到过一位韩国的小伙子。按照苏丹的规定，任何去过以色列的人都将被拒绝签证。然而韩国小伙子告诉我们，他去过以色列。说到这儿，他得意地从旅行包里掏出了一张纸给我们看，这就是著名的另纸签章。以色列政府也知道它的签章会影响旅行者的行程，只要旅行者要求，他们就会把签证章盖在另外一张纸上，不在护照上留下任何痕迹。

韩国小伙子眉飞色舞地讲完另纸签章之后，随手把那张纸夹在护照里。过了一会儿，他把护照递给了签证官，在门外安静地等待着签证官检查。

签证官把所有的护照都摞在一起，拿出放大镜，挨个儿检查护照，几乎是把每一个签章都认真看过，并仔细地检查每本护照有没有缺页或者伪造，甚至连每个护照中缝有多少个线结都数过，一切都没有问题，才会放行。

就在签证官检查时，突然，韩国小伙子想起来他的以色列另纸签章还夹在护照里，脸色大变，忘记了一切礼仪，快步冲进了签证官的办公室，粗鲁地把签证官的手推开，拿走了他的护照。出了门，他把那张差点儿坏事的纸抽出来，塞在口袋里，才满怀歉意地重新走进签证官的办公室，再次交上了护照。

签证官困惑地望了他一眼，但还是收下了护照。韩国人顺利地拿到了苏丹签证。

这件事本身是个笑料，却让人感慨不已。以色列这个国家已经存在 60 多年，却仍然无法融入当地的秩序中。它与周边国家的冲突仍在继续。

2014 年，以色列对巴勒斯坦的加沙地带再次发动了大规模的攻势。这次攻势和埃及的动荡、伊拉克和叙利亚的内战、利比亚的混乱相比，根本没有引起应有的国际关注。大概巴以战争已经成为常态，而世界上有这么多新鲜事要处理，这个老问题就被放下了。

这次加沙战争的原因显得很荒谬。最初，三位以色列青年在约旦河西岸地带被绑架。请注意：发生绑架的地方在约旦河西岸，不是加沙地带。巴勒斯坦的领土分成两块：一块是靠近埃及的加沙地带，现在由哈马斯控制；另一块是约旦河西岸，靠近约旦，由巴解组织控制。

以色列在约旦河西岸地带开展了大规模的搜索，最终发现了三人的尸体。这件事促使以色列极端分子决心复仇，将一位巴勒斯坦青年绑架后残酷处死。

而以色列政府认为绑架三位青年是哈马斯干的（虽然后来有证据表明可能不是哈马斯），便在西岸地带大肆搜捕哈马斯成员，并展开军事行动对付哈马斯。哈马斯则对着以色列发射导弹。

于是，在双方争执中，事情如雪球一样越滚越大，最终发展成以色列对哈马斯的军事行动。由于哈马斯的力量主要在加沙地带，原本和事情不沾边儿的加沙人民倒了霉，2000 多个鲜活的生命消失在炮火之下。

当然，如果要继续展开，事情可能比想象的要复杂得多。比如事情可以追溯到2006年，那一年，为了推动巴勒斯坦民主化，国际社会要求巴勒斯坦举行选举。在强大的压力下，当时执政的巴解组织不得不同意举行全民选举。

但选举的结果出乎人们意料，一直执政的温和派巴解组织被选民们抛弃了，巴勒斯坦的极端派别哈马斯却在选举中胜出。国际社会的民主诉求导致了一种荒诞的结果。

以色列当即宣布不承认选举结果。之后，当初推动巴勒斯坦民主化的西方国家也只好宣布不承认哈马斯政府，并对哈马斯实行军事制裁，背地里支持选举失败的巴解组织。

这件事导致了巴勒斯坦的分裂，分成了哈马斯控制的加沙地带和巴解组织控制的约旦河西岸地带。以色列也开始了与哈马斯艰苦卓绝的对抗，数次发动对加沙地带的军事行动。哈马斯则不断地发射导弹作为反制。

2011年之后，巴解组织和哈马斯终于考虑结束内部的对抗，组织联合政府，世界各国对它们的努力大都表示赞同和谨慎乐观。然而以色列坚决反对巴勒斯坦联合政府，威胁巴解组织：如果和哈马斯合作，就意味着和以色列敌对。以色列之所以这么做，是担心作为极端组织的哈马斯一旦和巴解组织合作，有可能导致整个巴勒斯坦政局的激进化，毕竟哈马斯始终不肯放弃武装斗争，表示要将以色列赶尽杀绝。以色列认为，世界其他国家是站着说话不腰疼，只有以色列才是真正承受后果的国家。

2014年，哈马斯和巴解组织的联合政府终于有了成果，就在这当口，发生了三位犹太青年被绑架事件，以及随之而来的冲突和战争。不仅以色列内部有人不希望巴勒斯坦联合政府出台，就连巴勒斯坦内部也有反对声音。于是，形势总会在缓和到来的一刹那，出现下一次危机和下一次对抗。

历史在如此反复中已经度过了近百年……

耶路撒冷：流亡的人回家了

即便到现在，在埃及的最南端，仍然可以找到2000多年前犹太人的痕迹。

在埃及南方的城市阿斯旺，乘上一条Felucca（三桅小帆船），回到过去的时光，是游客最惬意的行程。

埃及境内的尼罗河是一条没有支流的河。从河上向两岸望去，可以看到巨大的沙丘和戈壁地带，只有河水两侧的近旁会有两小条绿色的植物带，偶尔有河湾的地方，会形成几公里到十几公里的绿地，供人们种植庄稼和椰枣。这些绿色的地方就是自古到今埃及人的生活命脉。只有在尼罗河上，才能看到埃及5000年来的秘密，一览无余。

所谓Felucca，是一种没有自身动力，只靠风力和水流的小帆船。有风时，船夫艰难地调着风帆和船尾的舵；没有风时，就只能在水中随波逐流了。

从法老时期起，人们就依靠类似的船只运送石料、方尖碑、建筑材料和粮食。从阿斯旺到开罗的尼罗河三角洲，大约要行走十几天到一个月，返程由于是逆流而上，所花的时间更长。

埃及艳后克娄巴特拉（Cleopatra）的时代，艳后和她的情人们坐着这种小船从亚历山大到开罗，一路上寻欢作乐，享受着最美好的时光。

这样的生活一直持续到19世纪。拿破仑入侵埃及虽然以失败告终，但随后埃及的统治者阿里帕夏（Muhammad Ali of Egypt）是一个西化的人，埃及也逐渐进入了欧洲人大旅行的视野。在尼罗河上租一条小船，逆流而上，一路上经过吉萨的金字塔群、埃及古王国首都孟菲斯（Memphis）、艾斯尤特（Asyut）、阿拜多斯（Abydos）、新王国首都卢克索（Luxor）、伊斯纳（Esna）、埃德富（Edfu）、考姆翁布（Kom Ombo）、阿斯旺，最后到达埃及和苏丹边境处的阿布辛拜勒（Abu Simbel），成了欧洲旅行者的梦想。他们白天在岸边的杧果树下乘凉，抽几口大麻或者水烟，清晨和傍晚坐船前行，夜里或者露宿船上，或者到岸边的小村子里投宿。

悠闲的时光在汽船出现后逐渐被打破，但是，人们仍然可以寻找到过去的痕迹。在阿斯旺到卢克索一段的尼罗河上，处处都是Felucca。走进咖啡馆，找到正在抽水烟的船长，把船租下来，就立刻回到了100年前、1000年前或3000年前。

我在阿斯旺租了一条小船，船长是位努比亚人（Nubian）。努比亚人是埃及一个古老的人种，从古埃及时代就已经存在。他们比普通的埃及人更黑一些，面孔更加英俊，不用化妆，就仿佛回到了古代。阿斯旺所在的上埃及就是努比亚人的中心之一。

我准备租船第二天顺河而下，在尼罗河中游泳，在船上用餐，在努比亚人小村外的树下休息。为了考察船的质量，船长决定在出发前一天带我去兜风，围着象岛（Elephantine）转一圈。

象岛是尼罗河上的一个岛屿，岛屿四周有许多光滑的大石头，它们的形状就像是在河边喝水的大象，象岛因此得名。这里曾经是古埃及的一个中心城市，也是上埃及的重镇。在法老时代，现在的阿斯旺城还是一片荒地，象岛却已经步入了繁荣。从北方来镇守边关的军人、从南部来的商人都会集在这里，形成了发达的市场。

船长在船上向我指出古代城市的废墟，还有测量尼罗河水位的水标。尼罗河水位每年的起落都很大，丰水期和枯水期的水量可以相差十倍。丰水期，河水上涨后会把河边的土地淹没，等水退后，这些被淹过的土地浸透了从东非和埃塞俄比亚高原来的有机物，异常肥沃。尼罗河泛滥就意味着来年的丰收，人们从尼罗河水标上的水位情况就可以预测来年的收成。

就在船长向我一一介绍时，突然，他说道："你也许不知道，这里还是埃及最南面的一个犹太人定居点，已经有 3000 年了……"

根据象岛上挖出的文字记载，这里曾经有一个经商的犹太人社团，时间大约在公元前 6 世纪。这一个世纪，耶路撒冷的犹太人经历了历史上最黑暗的事件之一：他们建立的第一圣殿被巴比伦人摧毁，许多犹太人也被俘虏到巴比伦成为流亡者。这是犹太人流亡（Jewish Diaspora）全世界的开端时刻。

埃及与犹太人有着很深的渊源。现代有人认为，犹太教—基督教—伊斯兰教所代表的一神教主脉，可能发源自古埃及的法老阿肯那顿（Akhenaten）。这位法老由于宗教祭司的权力过于强大，谋求一次全新的宗教改革。在改革中，他废除了埃及的多神教体系，只崇拜一个神——太阳神阿顿（Aten）。

阿肯那顿死后，他的宗教改革随即被废除，但这种一神教的信仰影响了当时客居在埃及的犹太人。当摩西率领犹太人离开埃及后，一神教就跟随犹太人来到了中东，最终形成了犹太教。之后，一神教的传统又通过基督教和伊斯兰教传承到了今天。

摩西率领犹太人离开埃及后，埃及与犹太人的缘分并没有消失。公元前586年，新巴比伦帝国的国王尼布甲尼撒二世（Nebuchadnezzar II of Babylon）征服了犹太人的国家，捣毁了著名的所罗门圣殿，将犹太人中的一部分迁移到了巴比伦（现在的伊拉克境内），这就是有名的巴比伦之囚。除了巴比伦和耶路撒冷，还有犹太人在压迫下背井离乡，逃往埃及的尼罗河三角洲地带（位于后来的城市亚历山大附近），这里也成了一个犹太人的定居地。人们从这里再去北非和上埃及各地。

如今的亚历山大是埃及最活跃的大城市之一，它紧靠地中海，交通方便，是人流的集散地。我在亚历山大竟然见到了几个从叙利亚来的难民，据他们说，为了躲避战乱，他们正在从叙利亚逃往利比亚的途中。我感到很惊讶，因为利比亚现在也处于战乱中，特别是靠近埃及的东部地区，更是渗入了太多宗教极端组织的势力，去那儿并不安全。但他们回答，去利比亚是因为从那儿可以更方便地去欧洲。如果直接从叙利亚进欧洲，基本上是过不去的，而如果绕道利比亚，欧洲人就很少过问了。所以，为了去欧洲，冒一时的风险是值得的。

唏嘘中，我感受到现在和2000多年前是何其相似！同样是难民，同样是逃亡，选择了同样的路线，同样的血泪和苦难，唯一不同的是宗教信仰变了。

古代的犹太人以亚历山大为中心，扩散到了埃及的四处，其中就有最南端的那座小岛。在象岛发现的犹太人社团就证明这个善于经商的民族有多大的活力，他们从遥远的耶路撒冷来到了世界尽头的阿斯旺。

后来，波斯征服了巴比伦，犹太人被允许回到家乡。有的人回去了，有的人没有回去。留下的那些就成了迁居中东的犹太人（除耶路撒冷之外）的最早先驱。

不过，犹太人在耶路撒冷的好日子只持续了几百年，就又步入了2000年的放逐。罗马人时期，庞培（Pompey）征服了耶路撒冷，将它置于罗马的保护之下。但是，犹太人并不屈服于罗马的统治，数次叛乱，数次被镇压。到了公元70年，犹太人建立的第二圣殿（所罗门圣殿是第一圣殿）被捣毁，公元135年，哈德良皇帝彻底摧毁了耶路撒冷，禁止犹太人在这里活动，犹太人再次背井离乡，这一去就是2000年。

离开耶路撒冷的犹太人在全世界漂泊，并逐渐分成了几支。最著名的一支是所谓的德系犹太人（Ashkenazi Jews），分布地区主要集中在东欧和北欧。第二次世界大战中，这支犹太人由于主要分布在德国控制区，死亡惨重。其中波兰地区犹太人死亡了300万，占总数的90%以上，乌克兰地区犹太人死亡了60%，加上苏联控制区、德国直接控制区等，不计其数的人变成了累累白骨。

不过，德系犹太人的遭遇早已经被其他支派上演过。1492年，西班牙就上演过对另一支犹太人的迫害。

除了德系之外，第二大支系就是塞法迪犹太人（Sephardic Jews），或者称之为西系犹太人，主要分布在西班牙、葡萄牙所在的伊比利亚半岛地区，以及北非、法国、土耳其、中东等地。这支犹太人之所以分布这么广，本身就是被迫害的结果。1492 年，就在哥伦布发现美洲新大陆的同一年，西班牙国王主导了一次类似希特勒迫害犹太人的运动，所有在他王国之内的犹太人只有几种选择：要么皈依基督教；要么把财产留下，带上一个小包袱离开国王的辖区；要么被杀死。

在当时，世界上绝大部分犹太人都是塞法迪系，但随着迫害的进行，这一支的犹太人死的死、逃的逃、改宗的改宗，许多逃到北方的，就变成了德系。结果，塞法迪系犹太人曾经占全体犹太人的 97%，到了二战前，已经变成了德系占全体犹太人的 92%。塞法迪系的衰落就是被迫害的结果。

在西班牙迫害塞法迪犹太人期间，奥斯曼帝国向犹太人伸出了友谊的手。当时的奥斯曼帝国正处于兴旺发达的时期，急需更多的能工巧匠和资金，奥斯曼苏丹欢迎犹太人到他的属地去落户。于是在奥斯曼的土地上，犹太人立刻繁荣起来。

不管是在奥斯曼帝国欧洲的领地上（最典型的莫过于伊斯坦布尔），还是亚洲的布尔萨（Bursa），以及中东的其他领地（伊拉克、叙利亚、埃及），都出现了犹太人的繁荣。于是，中东再次成为犹太人的主要分布区之一。

在研究欧亚大陆（Eurasia）历史时，我还注意到一个叫作可萨（Khazar）的民族。这个生活在公元 8 世纪，高加索山以北、黑海和里海之间的民族，竟然和犹太教关联在一起。

那时候，中国处于唐朝时期，欧洲人处于中世纪，而俄罗斯人还生活在黑暗之中，没有形成国家，强大的突厥帝国刚刚崩溃，伊斯兰教已经处于从崛起到盛世的中途。

就在这时，欧亚大陆的正中心出现了一个奇怪的信奉犹太教的国家，它就是可萨汗国。

可萨人属于突厥系的游牧民族，它的出现距离犹太人失去耶路撒冷已经 600 年，而距离现代以色列建立还有上千年的时光，这个国家就成了前后 2000 年里唯一信奉犹太教的国家。

可萨人之所以信奉犹太教，和这个民族的生存策略有关。在可萨汗国时期，正好是东方的伊斯兰教和西方的基督教激烈竞争之时。在它的东南侧是强大的哈里发帝国，西南侧则是君士坦丁堡（今伊斯坦布尔）的东罗马帝国，这两方都希望拉拢可萨改信己方的宗教。处于亚欧商路上的可萨汗国为了和双方做生意，谁都不能得罪，于是可萨的可汗想出了一个妙招——皈依犹太教。

不管是基督教还是伊斯兰教历史里，都承认犹太教是信仰的源泉。《圣经》的《旧约》直接来自犹太人的记载。伊斯兰教则承认犹太人的各位先知，比如大卫王、摩西等。

可萨可汗选择犹太教，是想获得双方的谅解，却无意中让它成了 2000 年中唯一信奉犹太教的国家。有人甚至把德系犹太人的起源归因于可萨人，认为德系犹太人是在可萨人的帮助下进入东欧的，甚至认为德系犹太人带有可萨的血统。

不过，根据基因学家的测定，德系犹太人的血统与高加索地区的人种没有直接联系，从而结束了这出悬案。但从可萨的例子也可以看出犹太人、犹太教分布之广。

据称，中国在唐宋时期也有犹太人活动，特别是宋代的都城开封。

当然，每一次向更广阔的地方迁移，都有一段说不尽的血泪，只有理解了犹太人这 2000 年所受的苦难，才知道他们为什么这么想回家。

19 世纪末，欧洲重新弥漫着一股反犹太人的情绪，这股情绪从沙皇俄国直到法国。沙皇俄国对犹太人的迫害早已不是秘密，这种政策甚至在沙俄终结后还传染到了红色苏维埃时期。法国的德雷福斯事件（Dreyfus Affair）更让犹太人担心，在不久的未来，整个欧洲都可能成为犹太人的坟墓。这时犹太人之中产生了一种新的运动，这种运动在 2000 年来是没有出现过的——犹太复国主义。

这一次，犹太人和以前只是被动地逃跑不同，他们开始反思为什么 2000 年来这个民族一直处于被迫害和不断逃避之中。他们得出的结论是：因为犹太人没有一个属于本民族的家园。所以，要想结束颠沛流离的生活，就必须有一个根据地。于是，位于耶路撒冷古老的锡安山成了犹太复国主义者的象征。

但是，为什么犹太人的根据地必须选在耶路撒冷？

英国人曾经试图劝说犹太人，在英属非洲的某个地方划一片土地安置他们，但被拒绝了。犹太复国主义者敏锐地意识到，要想真正吸引全世界犹太人的关注，只有曾经的家乡耶路撒冷才能满足。

对他们更有利的是，耶路撒冷恰好处于一个僵死帝国的控制下，这个帝国与犹太人一直保持着友好，并曾帮助过犹太人。

于是，筹款的组织建立了，向移民贷款的银行也建立了。那些跑到美国新大陆去的犹太人由于天资聪明，大都成了有钱人，于是捐出了大笔的款项支持运动。东欧的犹太人由于贫穷，也愿意换个地方试一试。

如果这场运动一直处于奥斯曼帝国的政治体制下，也就是说，耶路撒冷的犹太人和阿拉伯人都遵守奥斯曼帝国制定的法律，他们在政治上是平等的，在经济上有竞争关系，发生冲突后，由奥斯曼帝国政府作为中立方进行调停，那么犹太人移居就是和平的。但是，两次世界大战改变了地区的平衡。

第一次世界大战后，奥斯曼帝国已经不存在了，巴勒斯坦地区成了英国人的托管地。犹太人和阿拉伯人都突然意识到，在英国人结束托管后，自己有可能组建独立的国家，行使完整的统治权。双方还认识到，不管是哪一方率先组建了国家，必然会将对方置于自己的统治之下，不管是犹太人统治阿拉伯人，还是阿拉伯人统治犹太人，都不会像奥斯曼帝国统治时期那样保持中立，都将是一个民族对另一个民族的压迫。

而第二次世界大战后，当全世界都被希特勒的大屠杀震惊时，犹太复国主义者终于抓住了机会。1947 年，联合国宣布在巴勒斯坦建立两个国家，英国人于 1948 年撤出，犹太人终于实现了 2000 年来的梦想，流浪的人回家了。

巴勒斯坦：新流亡者的 Nakba

出生在耶路撒冷的著名学者爱德华·萨义德（Edward Said）有一个著名的论断，把巴勒斯坦人称为受害者的受害者。

在他看来，当人们安置一个受害者时，一不小心又造就了另一个受害者，这就是巴勒斯坦的阿拉伯人。

造就这个新受害者的不仅仅是犹太人，所有的势力都参与了对阿拉伯人的迫害。英国人因为国内政治平衡的需要，屈从于犹太复国主义者的压力，将更多的土地划给了犹太人，对阿拉伯人存在严重的不公。世界由于内疚，对犹太人充满了同情，却对阿拉伯人受到的侵害视而不见。

就连阿拉伯弟兄们也同样是害人者。埃及、约旦、叙利亚等国入侵以色列，想把犹太人都赶走，可是他们对于巴勒斯坦的阿拉伯人缺乏同情心，并不想花太大的力气帮助这些弟兄。结果，巴勒斯坦的难民问题拖成了烂疮，迟迟无法解决。

1948 年战争后，巴勒斯坦难民数大约在 70 万左右，经过了 60 多年，难民人口非但没有减少，反而增加到了 500 万，一个让世界感到耻辱的数字。

就连巴勒斯坦阿拉伯人也是害人者。那些拿起武器的人，把平民当作盾牌使用，藏在平民之中打游击，这是造成每一次敌对行动都有大量平民伤亡的原因之一。

而贫困艰难的环境使得巴勒斯坦人无法接受更好的教育，在第二代、第三代中，极端思想越来越严重，事态变得更难以控制。

结果，在每一次的冲突中，各方势力都已经程式化了：巴解组织和哈马斯控诉以色列人的暴行；以色列人指责武装分子利用平民做盾牌；阿拉伯国家谴责以色列，却不对巴勒斯坦提供任何实质性的帮助；俄、美、欧等势力则纷纷表示遗憾，但谁也没有花必要的力气去约束双方。

2014 年的巴以冲突，双方的损失是：以色列死亡 66 名士兵和 6

位平民（其中一位平民是外国人），平民死亡率为 8.3%。而根据联合国较为中立的统计，巴勒斯坦死亡 2189 人，其中 1486 人为平民（513 名儿童，269 名妇女），还有 146 人不确定是军是民，就按确定的来算，平民死亡率是 67.9%。

以色列可以说，因为哈马斯朝以色列发射导弹，为了保护犹太平民不受伤害，才引起了军事行动。但是，对比双方的平民死亡率来看，这个托词显得有些言过其实了。为了保护 6 个人，杀死对方近 1500 名平民，彻底摧毁 1.7 万处住所，损害另外 3.7 万处，造成近 50 万人失去住所，这些人中的大部分都要依靠食品救助而活着，这无论如何都算不上是一个好方法。

但随着人们惰性的加强，谁也懒得去寻找更好的方法了，只能任由这种循环式暴力继续下去。

巴勒斯坦难民问题从 1947 年就已经出现。那一年，联合国确定了在巴勒斯坦地区建立两个国家的方案，英国人也做好了离开的准备。这时犹太人和阿拉伯人就进入了断断续续的战争状态。

这个时期，以色列境内的阿拉伯富人和中产阶级大量逃离，迁往附近的阿拉伯国家。当这些自愿的迁居者越来越多时，阿拉伯国家开始出台限制措施，他们并不欢迎巴勒斯坦人前往。

在阿拉伯精英阶层逃离时，犹太人知道自己无路可退，除了保住这片好不容易争取来的土地，别无他法。然而在这时，以色列已经计划了下一步：他们意识到，在即将建立的以色列国内部，阿拉伯人还是占了大多数，如果按照这个情况建国，虽然这是一个犹太国家，但它的人民以穆斯林为主。要改变人口比例，只有一个办法——驱逐阿拉伯人。

第二年，随着英国人撤出，以色列随即宣布建国，周边的阿拉伯国家立刻以入侵作为回答。双方的战争中，无辜的巴勒斯坦阿拉伯人成了受害者。

埃及、约旦、叙利亚等国的入侵给了以色列最好的借口，在总理本古里安（David Ben-Gurion）的默许下，以色列的军队有条不紊地驱赶着阿拉伯平民。

有的人看到局势的混乱主动离开了，如果他们不离开，以色列就把大喇叭架在卡车上，放足音量，制造恐慌，逼迫阿拉伯人撤离。如果这一招还不奏效，就进行武力驱逐。最初，军队还进行区分，如果一个地方的人民没有抵抗，就不进行驱逐；到后来，事情层层加码，就已经不去计较道德问题了。

到战争结束时，在以色列境内的阿拉伯人口中，80%的人已经被赶走了。对于这次背井离乡，巴勒斯坦人称之为Nakba（大灾难）。

大部分巴勒斯坦人离开家乡只不过是去躲避战争，一旦战争结束，他们还要回到家乡。然而这一次他们遇到了一个完全不同的对手，以色列人没有任何允许他们回去的意思。

国际社会在难民返乡问题上，几乎没有给以色列造成多少压力。而那些阿拉伯的兄弟国家，正沉浸在分赃的忐忑不安之中。1948年的战争除了以色列获胜之外，还有两个得利者：约旦占领了巴勒斯坦的西岸地区；埃及占领了加沙地带。当得知他们能够保留占领区时，阿拉伯内部已经考虑不到向以色列施加足够的压力了。

在巴勒斯坦难民中，有一种人折射出了这个时代的荒谬性，人们称他们为“在场的缺席者”（Present Absentee）。在战争中，他们虽然也逃离了家乡，但是并没有走远，也没有离开以色列的国境，甚至有的人几天之后就回到了自己的房子。然而，他们却发现无法回家。

这是人类历史上最诡异的一幕：一个人就在家的附近，甚至能够看到房子和院子，他的家具和财产就在屋里等着他，但是他无法回去，因为以色列政府禁止他回去。

按照以色列的规划，他本应该被赶出国境，成为难民，回不来了。现在他还在国境内，就是政府和军队的工作失误，驱逐没有做彻底。而如果让他回家占有自己的财产，就等于又失误了一次，绝不能这样。

这些人在国内成了无家可归者。他们试图通过法律要回财产，却被告知现在是军管时期，法律被搁置了。

法律恢复时，他们就更没有希望了。

当战争的硝烟结束后，以色列制定法律重新分配土地，原本属于阿拉伯的村庄被清空后，分配给了新来的或者贫穷的犹太人。阿拉伯人的离去，是为了给犹太人腾出地盘。对以色列来说，这是一场事关生死的游戏。

事实上，没有必要一味谴责以色列的政策，这是一场事关生存的斗争，不是一场理智的游戏。巴勒斯坦难民问题除了以色列这个直接肇事者之外，还有另一个主要“罪犯”。

或许，我们可以对比一下：在70万巴勒斯坦阿拉伯人逃走的同时，以色列也接收了70万的犹太难民。当约旦和埃及占领了西岸和加沙之后，驱逐了1万左右的犹太人。但这还不是全部，由于战争引起的种族仇视，在接下来的3年，又有30万中东犹太人被迫离开了家，迁往以色列。这些人来自伊拉克、约旦、叙利亚、北非等地，其中伊拉克国内爆发了激烈的反犹情绪，光这一个国家就产生了 10 万犹太难民。加上从世界其他地方移居的人，以色列在短短的 3 年内接收了 70 万犹太难民。

这些犹太难民在高效政府的组织下，很快融入当地生活，有钱人支援没钱人，没钱人则努力劳动，以色列从此走向繁荣。

但是，作为对位的巴勒斯坦难民却成了烂疮，几十年后都没有人管这个问题。那些有钱人都堂而皇之地走了，留下了没人照看的穷人。

为什么以色列能把难民安置得那么好，而巴勒斯坦却做不到？原因很多，以色列有成形的政府而巴勒斯坦没有，以色列资金更为雄厚，等等。

但最主要的原因却扭扭捏捏地藏在背后，谁都不愿承认这一点，那就是：中东的阿拉伯世界需要这些难民，他们要用这些难民来制衡以色列。

一旦难民融入其他社会，阿拉伯世界就少了一张对付以色列的王牌。阿拉伯国家可以花大把的钱买武器，意图将来对以色列进行打击，但它们不会把钱用在难民身上。它们需要让世界随时知道以色列的罪恶，也需要依靠难民中产生的游击队时时刻刻骚扰以色列。

这些难民被以色列驱逐之后，又成了阿拉伯世界的人质。

当我在约旦、黎巴嫩和人谈论这个事情时，竟然吃惊地发现，原来所有的人都知道这回事，他们都赞同我的观点，甚至主动谈到这一层面。但当我问怎么办时，所有的人要么笑一笑，要么摊开手：没有办法。

这里是中东。所有的人都参与了阴谋，但所有的人又都有无辜的一面。以色列不驱逐巴勒斯坦人，就很可能被周围的敌意所扼杀。阿拉伯人则利用更狡猾的手段来时时刻刻挖以色列的墙脚，不惜利用巴勒斯坦人的苦难。

萨义德是最早理解了事情本质的人，他把真相大声说了出来，结果不仅以色列人不喜欢他，阿拉伯人也把他视为麻烦，偷偷地背过身去。世界不需要那个说真话的小孩。

这里是中东，一个零和游戏的地方，一方所得必然是另一方的所失。或许最看透事情的国度，才能在竞争中脱颖而出。

遇见过阿拉法特的老人

在约旦首都安曼，我和两位比利时人去茶馆抽水烟，碰到了一位声称见过亚西尔·阿拉法特（Yasser Arafat）的约旦老人。

那时，我正试图寻找一位在 1970 年前后和巴解组织打过交道的人，希望听他聊一聊当年的情况。但这样的人并不好找，生活在那个时代的人现在都已垂老，且很多都不会英语。白天，我徒劳地打探着，却没有收获。晚上在烟馆里向两位比利时人抱怨时，我突然听见旁边有人接了一句。

这是一位看上去 60 岁出头的老人，正在邻桌和朋友抽水烟，听到我们在谈论阿拉法特。“你们在谈阿拉法特？那你们应该找我。”他激动地说，乘机挪到了我们的桌边。

按照他的说法，他不仅支持过巴解组织，还曾经在约旦见过阿拉法特。但那都是很早以前的事了。从他的语气里看得出，他很怀念以前的时光，认为现在的社会已经变了，变得更加失控和没有道德可言，只有那时候才有趣。

他告诉我们，他的家乡在约旦和以色列交界处，正好在河的东岸，也就是约旦境内，但是走不多久就到了河边，对岸就是以色列。不过他早已离开家乡，移居首都安曼了。他在这里开了个小杂货铺，和琳琅满目的中国制造打交道。

进货的渠道则在南方的亚喀巴（Aqaba），那是一座靠近红海的小城，后来我去埃及时，也在亚喀巴坐船。

提到亚喀巴，就令人想起当年传奇的劳伦斯上校。在第一次世界大战中，英国人劳伦斯联合阿拉伯各部落，特别是哈希姆家族，对抗土耳其人，为战争的胜利做出了极大贡献。约旦的首位国王阿卜杜拉和他的弟弟伊拉克国王费萨尔都是劳伦斯的好朋友。而劳伦斯最传奇的一仗，就是率领少数人马奔袭千里进攻亚喀巴港口。

亚喀巴港口地处战略要地，只要占领了它，英国人就可以顺利地从红海上岸，再通过古代的商路前往安曼、叙利亚各城市。由于中东地区处处是沙漠，离开了这个港口，就很难找到如此畅通的道路了。

如今亚喀巴在约旦之所以出名，除了它是港口城市之外，还在于那儿有一个中国城，许多中国人在城里做买卖。老人杂货铺里的商品都来自亚喀巴，他每年会往那儿跑很多次进货。

老人谈完了他的基本情况，又将我们带回约旦一段特殊的时光。那是在 40 多年前，他还只是个不到 20 岁的少年。当巴解组织在他的家乡大肆活动时，这位年轻人感受到了革命的乐趣。至今，他仍然含着水烟嘴，怀念着那时候。他的同伴们则在邻桌发出善意的嘲弄声，用阿拉伯语和他争论几句。他也不在乎朋友的嘲笑，用半生不熟的英语告诉我们点滴的回忆。

他的回忆大都集中在20世纪60年代，那一段时间，恰好是巴解组织在约旦最活跃的时期。

关于巴解组织和约旦的渊源，还要从约旦占领西岸说起。

在1948年第一次中东战争前，联合国原本计划在巴勒斯坦地区建立两个国家：犹太人的以色列和阿拉伯人的巴勒斯坦。然而，随着战争的进行，以色列顺利建国，而巴勒斯坦遭到了被瓜分的命运：以色列除了全部占领划给犹太国的领土之外，还把划给巴勒斯坦国的领土占去了一半左右。

剩下的一半又分成了两块：靠近埃及的地区叫加沙地带，被埃及军队占领；靠近约旦的地区叫约旦河西岸，简称西岸，被约旦拿走。

1948年战争的结果，成了一次战争双方心照不宣的瓜分游戏，埃及和约旦虽然是战败国，却享受了实际的好处。战后埃及和约旦并没有计划将领土让出来，而是将其并入自己的国家。

但他们并不打算阻止这两块土地上反对以色列的斗争，巴勒斯坦难民被他们利用起来，进行游击战争，打击以色列。当然前提是：未来难民们就算建国，也只能去夺取以色列的领土建国，至于被埃及和约旦瓜分的部分，就不要想拿回去了。

在这些难民营游击队中，最活跃的是一支叫作法塔赫（Fatah，巴勒斯坦民族解放运动）的组织。这个组织建立于1959年，由一位名叫阿拉法特的人指挥，领导层大都是从难民营出来的青年人。

当时，在巴勒斯坦地区，除了法塔赫之外，还有许多大大小小的反抗组织，他们也大都出自难民营，除了打击以色列之外，也互相挤对。随后，阿拉伯国家认为有必要建立一个统一的组织来协调各个小的派别，于是在 1964 年，巴解组织建立了。巴解组织本身是一个联合体，由许多小的党派组成，其中最大的派别就是阿拉法特的法塔赫，阿拉法特成了巴解组织的领导人。

巴解组织的成立恰好处于中东再一次剧变的前夜。

1967 年，以色列终于认定，如果不想听任巴解组织等武装分子利用西岸、加沙地带捣乱，只有先发制人将这些地方置于控制之下。这一年的“六日战争”中，以色列不仅把加沙和西岸抢了过去，还夺走了埃及的西奈半岛和叙利亚的戈兰高地。

约旦在上一次战争中获得的西岸，在这一次战争中彻底赔了进去。失去了西岸地带，约旦国内就乱了套。

在 1948 年之前，约旦本来是个人口稀少的国家，但自从将西岸并入之后，约旦的人口瞬间增加到三倍。这是因为约旦河西岸的人口密度比东岸高得多，约旦并吞西岸后，许多西岸的人向东岸迁移，这个国家的资源陡然紧张。

到了 1967 年，以色列再次夺走西岸的领土，却把人留下了。许多原本在西岸的人已经迁移到东岸，成了约旦公民，而剩下的人中也有很多在战争时逃了出来，在边境地区成了难民。这个小小的沙漠国家本来物资就少，现在却不得不背负起沉重的人口包袱。

但起初，约旦并没有意识到这一点。由于沉浸在失败的悲伤中，约旦国王随即决定支持巴勒斯坦难民的反以行动。

原来巴解组织的活动基地主要在约旦河西岸，通过设在西岸的基地对以色列进行打击，这样不至于影响约旦河东岸的本土地区。但现在西岸已经没有了，巴解组织也撤到了东岸的边境地带进行游击战，不断跨过约旦和以色列的分界线进行骚扰。

抽水烟老人的大部分回忆都集中在这段日子。在他断断续续的叙述中，我们听出他其实也是个旁观者，并没有参加过具体的战斗。

“你知道 Karamen 吗？就在死海北边大桥那儿，那就是我的家乡。”他问我们。

一位比利时人知道这个地方。那里距离安曼并不远，现在有一座大桥连接以色列和安曼，是两国之间陆上的主要通道之一。他们一唱一和地讲起了这段历史。

那是发生在 1968 年 3 月的一场战斗。以色列决定进入约旦境内，对巴解组织进行一次打击。具体来说，巴解组织的营地就在边境不远处，他们认为以色列不敢跨过边境，所以防范并不算严。

但是，以色列人真的来了。那时候，老人居住在附近的一个青年家里，早上听说以色列人来了，就待在家里不敢出去，听着外面的枪声炮声，还能听见飞机的声音。

就这样持续了很久，接着，就听说以色列撤退了。

“我们打赢了，你们相信吗？”老人天真地问道，语气显得异常激动，仿佛回到了当时的现场。

所有的人都没有想到，巴解组织竟然打赢了，以色列撤退了。在人们的印象中，以色列是五毒俱全的混蛋，却也是钢铁武装的怪兽，是不会失败的。可是阿拉法特领导的巴解组织竟然赢得了胜利。

当然，那也可能不是一场胜利，因为以色列是在摧毁了大部分营地之后撤退的，巴解组织损失惨重。但这都无所谓，最主要的是以色列撤退了，巴勒斯坦人就把它当作了胜利。

老人还记得人们欣喜若狂的样子，就连国王都宣布这是一场胜利。那时候阿拉法特就像是个先知，拥有着崇高的地位，巴解组织的人走到哪儿都是趾高气扬的。老人的家一直在东岸，属于约旦的老公民，这阻止了他参加巴解组织，但他是阿拉法特狂热的崇拜者。“那时候，阿拉法特还是个年轻人，包着头巾，平常对谁都是笑容，但是讲到以色列就会露出愤怒的表情。”他回忆说。

老人离开茶馆前，还沉浸在对美好时光的回忆中，一直到离开桌子去付账，才突然叹了口气：“好日子结束了……”然后离开。

按照我们的理解，老人所谓的“好日子结束了”，是指阿拉法特和约旦国王的蜜月期结束了。

实际上，在那之前，巴解组织和约旦王权的冲突就已经恶化了。巴解组织整体上是一个信奉世俗化和社会主义的左翼党派，对王权本来就缺乏尊重。而约旦国王失去西岸之后，已经对这些武装分子感到头疼，担心他们在国土上搞破坏。

随着阿拉法特在约旦的威望越来越高，约旦的侯赛因国王开始感觉地位不稳。他的担心没有错，阿拉法特领导的巴解组织套上光环之后，变得越来越自大，成了国中之国。他们有独立于国王的军队，公开携带武器，穿制服，并四处设立关卡收税，甚至号召推翻约旦国王。由于约旦王室是由英国人立的，约旦一直和西方保持着不错的关系，所以被巴解组织解读成西方的傀儡。

巴解中的激进派别甚至组织了一次对侯赛因国王的暗杀，虽然暗杀失败了，但是让国王明白，他和巴解很难共存了。国王也终于把巴解组织对以色列的袭击看成是约旦的麻烦，因为每一次袭击过后，以色列都会对约旦的国土进行打击，造成约旦人民的损失。在人心惶惶之中，人们已经在讨论约旦这个国家是否还能存在下去，是否会被巴解组织全面控制，拖入战争的泥沼。

国王对巴解组织的态度悄然转向，从最初的支持，到后来的约束，到最后终于忍无可忍进行清理。

1968 年，国王试图在承认巴解组织存在的前提下，对它进行一定的约束。他和巴解组织达成了七点协议：巴解组织不准持武器和穿制服进入居民区；不准设卡检查居民和车辆；不准与约旦王家军队竞争兵源；巴解组织人员必须持有约旦证件；车辆必须挂约旦牌照；罪犯由约旦审判；双方如果发生冲突，由共同组成的委员会仲裁。

但是，这个约束协议很快就失效了，巴解组织的激进派别并不想遵守这个协议。随后两年，巴解组织的势力继续扩张，已经从约旦的边境地带向核心区域发展，甚至在首都安曼都与约旦王家军队对立。

到 1970 年，约旦国王终于下定决心清理巴解组织。由于巴解组织已经失控到超乎人们的想象，所以寻找借口并非难事。

当年 9 月，巴解组织的激进派别在约旦劫持了数架客机，清空了所有游客后，在媒体面前公开炸毁了飞机。他们宣称这么做是为了让全世界都注意到巴勒斯坦问题。

在这种滑稽的表演面前，全世界都意识到，如果约旦不处理恐怖主义问题，就距离解体不远了。不仅是约旦的友邦，就连以色列都同情约旦的遭遇。

国王侯赛因迅速取得埃及和美国的谅解，并得到以色列的大力支持，对巴解组织发起了进攻。

要清除巴解组织的影响并非易事。根据推测，巴解组织可动用的武装人员可能超过 30 万人，而约旦王家军队只有 7 万人。

然而事实证明，正规军的实力还是要强于游击队。约旦军队的装备和训练状况是它实力的保证。很快，国王的军队层层推进，将巴解组织赶出城市，并逼进边境的狭小空间里。

但就在这时，约旦危机却走向复杂化。9 月 18 日，在巴解组织陷入困境时，约旦的邻国叙利亚决定出手相助。

1970 年，叙利亚执政的是阿拉伯复兴党政权，这个政权与巴解组织一样，是一个左派世俗性政权，它的宗旨是在社会主义的旗帜下，与阿拉伯各方力量组成联合国家，复兴阿拉伯力量。

在这个宗旨下，叙利亚一直与巴解组织关系密切，对君主制的约旦感到不满。在后来的总统、当时的国防部部长阿萨德的动员下，大约 1 万人的叙利亚部队从北方边境进入约旦，与巴解组织形成策应。

对于弱小的约旦军队来说，对抗巴解组织已经将全部身家性命投入进去，当叙利亚再次出兵时，约旦已经没有力量再分兵去抵御叙利亚了。如果再持续下去，约旦的哈希姆家族政权必定会被社会主义的竞争对手赶下台。在无计可施的情况下，约旦国王侯赛因向西方国家吁求帮助。这时约旦已经到了生死存亡的时刻。

幸亏，美国人已经做了准备。早在国王发出请求之前，美国已经向地中海东岸增派了舰船，增援当地的海军第六舰队。而英国人也增派了皇家海军的力量。当国王发出邀请后，他们立即做出了积极的回应。

但这时，意外再次发生。由于当时苏联与英美正处于冷战的高峰时刻，英美任何举动都会被苏联视为挑衅，更何况叙利亚、巴解组织都是苏联的朋友。当英美准备介入的时候，苏联也立即向地中海地区增调了舰队和潜艇。

就这样，一次小小的约旦危机，演变成了世界各军事巨头的面对面竞争。中东的变幻莫测在这次危机中表现得淋漓尽致。这一切，也许是那位茶馆里的老人不知道的，他看到的只是阿拉法特在约旦深受欢迎的那一面，并为那失去的好时光感到惋惜。

从我们的谈话还知道，这位老人之后并没有参加巴解组织的任何行动，他一直在安曼的市场做生意，避开了战争。

当约旦危机向国际化发展时，另一个角色出乎意料地参与进来，它就是以色列。不过这一次以色列并非是要打击约旦，而是向这位宿敌伸出了援助之手。在几年前，他们还是你死我活的对手，但只要是在中东，即便是永恒的敌人，也可能在一瞬间变成战友。

以色列的行动很可能得到了美国的暗示。它并没有参与到地面部队的打击中去，只是派出几架战斗机掠过了叙利亚军队的上空。这些飞机也并没有进攻叙利亚军队，但是，当叙利亚人看见以色列的飞机时，就明白自己已经没有机会了。再介入约旦危机不仅无法得利，还无法从泥潭里拔出双脚。

经过权衡，阿萨德的叙利亚军队撤出了约旦。曾经让各大国剑拔弩张的气氛突然消散，人们松口气的当口儿，甚至都没有想明白：事情是怎么发生，又是怎么结束的。

这次危机和战争被人们称为“黑色九月”。叙利亚的撤退使得巴解组织失去了最后的支撑，在约旦军队的打击下节节败退。一年后，这个组织已经接近崩溃的边缘，他们龟缩在北部的山区等待着末日。

根据各方斡旋的结果，阿拉法特的巴解组织必须撤离约旦。他们的下一个落脚地是黎巴嫩。

到这时，约旦国王的心病除去了，以色列面向约旦的国境也更安全了。1971 年，当巴解组织带着剩下的家底涌入黎巴嫩时，黎巴嫩人望着这些可怜的人们，怎么也想不到，这个组织将给他们的国家带来什么样的灾难。

“黑色九月”的后续，是一个叫作“黑九月”组织的诞生，这个组织是法塔赫组织的延伸，他们发誓要用血来报复约旦和以色列。1971 年 11 月，“黑九月”将约旦首相瓦希菲·阿尔·达尔（Wasfi al-Tal）刺杀。一年后的慕尼黑奥运会上，“黑九月”再次行动，杀死了 11 名以色列运动员。

“黑九月”的暴行引起了以色列的愤怒，以色列政府派出摩萨德特工（Mossad）全球追杀“黑九月”成员，将他们一个个从地球上清除。猎杀“黑九月”也成就了以色列特工的神话。

后来，我按照老人给我的阿拉伯文地址，在街上四处打听，去寻找他的铺子，希望能听他讲更多关于巴解组织和阿拉法特的故事。虽然我知道他没有参加过巴解的活动，但是也想了解更多他的生活。

但在一个路口，我试图从兜里拿出那张写着地址的纸片时，却发现它神奇地消失了。两分钟之前它还在，此时却再也找不到了。我叹息着将那位老人装入了记忆的匣子，放弃了找到钥匙的打算。

黎巴嫩：最复杂的战争

在黎巴嫩，我也曾试图找到一位能给我讲阿拉法特和巴解组织的人，却失败了。黎巴嫩南部的许多街道上还悬挂着阿拉法特的画像，可是我找不到一个人能对我回忆他。

准确地说，我找不到会说英语的人跟我回忆。我曾经走向那些有些年纪的老人，向他们打听阿拉法特。“啊，阿拉法特……”他们会说，并露出善意的表情。但我听不懂他们的话，他们只会阿拉伯语。

也许在南部，我待的时间太短了，也许黎巴嫩过于复杂，这里的人能够回忆起哈里里被刺，回忆“雪松革命”，但阿拉法特已经是过于遥远的记忆，被他们遗忘了。毕竟这里是世界上最复杂的地区，有太多的事情发生。

由阿拉法特触发的黎巴嫩内战也被人们逐渐淡化了。

这场内战曾经被认为是世界上最复杂的内战，结束不过20年，在黎巴嫩许多地方还都带着战争的痕迹。但是人们已经将它淡化了，虽然还不至于遗忘，但是已经逐渐走出了人们的话题。老年人不愿回忆，年轻人当时还太小。于是，即便是最复杂的内战，也迟早会被遗忘。

在一场战争中，往往只有两种势力相互攻击，然而在黎巴嫩内战中，却有着许多势力进行角逐。掌控政府的是基督教马龙派，而伊斯兰教势力又分成三派，分别是逊尼派、什叶派、德鲁兹派，基督教还包括亚美尼亚派和希腊东正教派，他们都拥有各自的武装力量。除了这些国内的派系之外，直接参与战争的外国势力还有三方，它们是巴解组织、以色列和叙利亚。打代理人战争的至少还有两方——伊朗和伊拉克。埃及、利比亚也都参与了各种各样的阴谋。联合国的维和部队也出动了。更可怕的是，每一股势力都可能拥有不止一支武装，它们根据世俗派还是宗教派，偏伊拉克还是偏叙利亚、伊朗或者埃及，又分成不同的支派，这些支派有时候也打得热火朝天。

当各种势力如此复杂时，这些势力之间的合纵连横自然时时刻刻都在变化。这一刻，叙利亚军队可能支持基督教政府军势力，下一刻又支持巴解组织和逊尼派武装，而以色列作为犹太人势力，在战争中竟然拉拢伊斯兰教什叶派参加南黎巴嫩军，但随后，什叶派组织的真主党武装又成了以色列的心腹大患。

一切都在变化，唯一不变的是遍地的战争碎片和残缺的城市。黎巴嫩这个中东最小的国家之一，曾经也是中东最发达的国家，被撕扯成一片战争废墟，直到如今仍然没有复原。

不管我走到哪里，都能和内战相关联。当我去一个叫扎赫勒（Zahle）的小城时（这是一座位于贝鲁特和叙利亚首都大马士革之间的城市），会立刻想到，就是在这儿，叙利亚的军队和黎巴嫩的军队发生过激战，那是在叙利亚和黎巴嫩政府关系破裂之后。去南方时，看到舒夫山（Chouf），我会想到那是德鲁兹派和马龙派进行山区战争的地方。泰尔和西顿则被以色列入侵，在这之前，这里的什叶派曾经大规模逃亡，因为无法忍受阿拉法特和以色列的骚扰。在贝卡谷地，则是伊朗为什叶派训练武装部队的地方，那儿曾走出了大名鼎鼎的真主党。

这个复杂的国家国土面积只有1万平方公里，却有数不尽的战争血泪。那些指挥战争的人或者像巴什尔·杰马耶勒（Bashir Gemayel）

一样被刺杀，或者像阿拉法特一样死于囚禁，或者像阿里埃勒·沙龙（Ariel Sharon）那样处于中风之中，但他们都被尊为英雄，只是那些默默无闻死去的人再也没有人纪念他们。中东总是用一种荒谬的逻辑对待人类，让人欲说还休。

黎巴嫩冲突的起因可以追溯到黎巴嫩建国之时。

在19世纪，黎巴嫩曾经有过激烈的教派冲突，之后建立了由基督徒（主要是马龙派）和伊斯兰教（主要是德鲁兹派）组成委员会联合执政的模式，这种模式形成了较稳定的结构，直到法国托管时期。

法国占领了叙利亚和黎巴嫩之后，对两国的领土进行了调整，将叙利亚一部分属于逊尼派和什叶派穆斯林的地方划入了黎巴嫩，于是，黎巴嫩的教派结构变得更加复杂，主要包括基督教马龙派、基督教东正派、伊斯兰教逊尼派、伊斯兰教德鲁兹派和伊斯兰教什叶派这五大势力。

为了分配议会中的议席，1934年，黎巴嫩进行了唯一的一次人口普查，得出的结论是：基督教人口与伊斯兰人口的比例为6∶5。从此以后，在议会中基督教和伊斯兰教的席位分配始终保持在6∶5的比例。担任该国总统的是基督教马龙派，担任总理的则是伊斯兰教逊尼派，担任议长的是伊斯兰教什叶派。

以1952年的选举法为例，当年议院中的宗教组成是：基督教马龙派占据13席，伊斯兰教逊尼派占据9席，伊斯兰教什叶派占8席，基督教希腊东正教派占5席，伊斯兰教德鲁兹派占3席，基督教希腊天主教派占3席，基督教亚美尼亚东正教派占2席，还有1席则由基督教新教徒、犹太教徒和基督教罗马天主教徒等小团体联合推选。总计基督教徒 24 席，穆斯林 20 席。以后，黎巴嫩议会的议席数出现变化，也都是以 11 的倍数来增加，以便在基督教徒和穆斯林中形成平衡。

然而，这种依托于人口数量的微弱平衡却很难保持。1934 年之后，黎巴嫩再也不进行人口普查，原因就在于基督教徒主导的政府意识到，伊斯兰教出生率很高，而基督教徒的出生率偏低，所以只要再进行普查，伊斯兰人口肯定超过基督教徒，影响到政治权力的分配。

基督教徒拒绝改变，而穆斯林则改变无门，各种势力的争斗仍然被隐藏在地下。这时，第一波外国势力来到了，他们是巴勒斯坦难民。

1948 年，以色列的建国和随即爆发的战争将数十万难民丢给了黎巴嫩，在黎巴嫩的南部充斥着伊斯兰教难民。为了维持黎巴嫩的政治稳定，黎巴嫩拒绝这些难民变成黎巴嫩公民，致使这些难民的后代持续生活在贫困之中，无法融入当地社会。黎巴嫩政府的做法引起了国内穆斯林的不满，但政府仍然控制着局势。

这时，第二波外国势力又来到了。这次是叙利亚和埃及。

埃及总统纳赛尔致力于建立一个世俗化的统一穆斯林政权。1958 年，叙利亚宣布和埃及合并，成立阿拉伯联合共和国。纳赛尔想到，黎巴嫩在历史上曾经是叙利亚的一部分，因此有意把黎巴嫩也合并进去。

埃及和叙利亚的想法引起了许多逊尼派穆斯林的共鸣。埃及资助的各种反对派力量也在黎巴嫩活动。黎巴嫩政府的军队一直不够强大，并受到各种势力竞争兵源。马龙派主导的政府意识到，必须组建一支基于教派的武装，一旦政府军无法维持局面，就只有依靠这支教派武装了。他们扶持一支由长枪党（Kataeb Party，也称为 Phalange）领导的部队。这支长枪党部队由马龙派民兵组成，逐渐成长为马龙派政府可以依靠的力量。

当叙利亚和埃及的合并失败后，黎巴嫩再次躲过一劫。但这时，第三波也是最致命的一波外国势力又来到了，他们是阿拉法特的巴解组织。

经过约旦的“黑色九月”，被侯赛因国王赶走的巴解组织盯上了黎巴嫩。由于黎巴嫩已经存在着许多巴勒斯坦难民营，巴解组织到来后，这里成了他们天然的栖息地和巨大的兵营。生活在极端艰苦条件下的青年难民不需要任何煽动，就纷纷加入了巴解武装。这个曾经在约旦差点儿灭亡的组织，迅速发展成了黎巴嫩最大最复杂的政治势力。

巴解组织不仅在难民营有影响力，还从外部引入了许多关系，埃及、利比亚都把这儿当作插足黎巴嫩、颠覆基督教的机会，大批的武器从中东各地运往这个小小的海滨地区。到最后，黎巴嫩政府已经彻底失去了对南方的控制权，它微不足道的军队根本没有办法守卫国土。虽然它的面积只有 1 万平方公里，但处处是崎岖的海岸和山地，被分割成一个个小块，不易于统一。

巴解组织不仅以黎巴嫩为基地打击以色列，还在该国国内煽动革命。它联合各方面的伊斯兰教势力，到最后，几乎所有的伊斯兰教势力都是反政府的。在其他国家，伊斯兰教革命派（要求建立世俗政府）和保守派（要求建立伊斯兰教法政府）是格格不入的两派，但在黎巴嫩却能和谐共处，因为他们有共同的目标——颠覆基督教政府。

巴解组织不仅占领了南方，还占领了首都贝鲁特的整个西部，逐渐在贝鲁特形成了一条明显的界线——绿线。绿线的西部是穆斯林居住区，绿线的东部则是基督教徒区域。穆斯林区域内又包括逊尼派和什叶派居住区。如今贝鲁特的国家博物馆就正好坐落在绿线上，博物馆旁的道路上仍然有不少士兵把守。

到这时，伊斯兰教和基督教的冲突已经越来越频繁，战争一触即发。

1975 年，内战终于爆发。

这一年的 4 月 13 日，不明枪手向贝鲁特东区的一座基督教堂开火，打死了 4 个人。随后，基督教长枪党人干掉了 30 名巴勒斯坦人作为报复。

最初，双方以袭击对方的私家车、公交车为主，接着开始攻打对方的居住区。由于历史原因，有的穆斯林居住区被包围在基督教区域之中，这些地方首先成了双方攻守的对象。

到了年底，双方开始设置路障，枪杀路人。冲突越来越大，出现了屠杀。

1976 年年初，发生了著名的“卡朗迪纳大屠杀”（Karantina massacre）。在贝鲁特的卡朗迪纳区，黎巴嫩的右翼势力（包括长枪党人）对巴解组织控制的区域实施了进攻，在夺取卡朗迪纳区之后，屠杀了上千名平民。卡朗迪纳区就属于包围在基督教区域中的伊斯兰飞地，在这里，巴解组织进行了有力的渗透，迫使长枪党人认为有必要拔掉它。在进攻中，由于巴解组织进行了顽强的抵抗，到最后演变成进攻者的疯狂报复。

这次屠杀让舆论哗然，很快，巴解组织开始策划报复行动。在贝鲁特南方的达摩小镇（Damour），巴解组织等武装分子袭击了这个小镇，抓到20名长枪党分子。他们首先处决了这些长枪党人，接着把当地的居民集中起来，沿墙站好，用机枪进行扫射。

这次屠杀事件造成数百名黎巴嫩人死亡。死亡的人中，包括一位名叫埃利·胡贝卡（Elie Hobeika）的青年的家人，他的未婚妻也死在这次屠杀之中。后来，这位青年成为长枪党人的领袖，组织了另一次更大规模的屠杀，以纪念他的未婚妻。

随着战争的继续和恐怖的蔓延，黎巴嫩出现了全国性的逃难，大量难民向国外拥去。他们乘船去中东、欧洲甚至美洲，哪里收留他们，他们就在哪里扎根。如今黎巴嫩人遍布全世界。当黎巴嫩恢复平静之后，这些移民带回的资金成了黎巴嫩和平建设的关键资金。

在国内逃难的人则根据自己所属的派别选择方向，贝鲁特的穆斯林往西跑，基督教徒往东跑，什叶派教徒则从南方的泰尔、西顿向北逃……

随着战争的进行，事实证明，由于巴解组织获得了埃及、利比亚等国家的支持，武器和战斗力也更强，最先支撑不住的是黎巴嫩的政府军和马龙派武装。

这时，基督教政府做了一个意想不到的决定：向信仰伊斯兰教的叙利亚求助，让叙利亚帮忙打伊斯兰联盟，而信仰伊斯兰教的叙利亚竟然同意了。

叙利亚执政者是总统阿萨德。在约旦驱逐阿拉法特的过程中，叙利亚总统曾试图出兵帮助阿拉法特，但现在，他却同意帮助阿拉法特的对手。

阿萨德转变态度的原因在于，叙利亚首都大马士革进出口货物大都要经过黎巴嫩的首都贝鲁特，叙利亚希望和黎巴嫩政府维持好关系。另外，阿萨德敏锐地认识到，这是干涉黎巴嫩的好时机，既然对方政府邀请自己，就没有不去的道理。

大批的叙利亚军队跨越边境，占领了黎巴嫩北部和东部地区。黎巴嫩人想不到的是，请神容易送神难，只有到30年后，经过了多次抗议，他们才能让叙利亚人再次离开这个国家。

叙利亚人不仅出兵，还四处搞暗杀活动，使得伊斯兰联盟的攻势渐弱，基督徒们恢复了元气。看上去，局势逐渐从失控中脱离出来。

然而，就在人们松一口气时，另一个更加强大的外国势力却决定参与游戏——以色列人来了。

以色列国防军之所以也来凑热闹，是因为巴解组织以黎巴嫩南方为基地，不断地攻击以色列，造成了大量人员伤亡。

1978年3月，巴勒斯坦武装分子再次在以色列沿海公路制造屠杀，杀死了37人。这个事件成了最后一根稻草，以色列总理梅纳赫姆·贝京（Menachem Begin）和国防部部长沙龙下令国防军进攻黎巴嫩，并在黎巴嫩南部制造了一个缓冲区。

为了维持缓冲区的秩序，以色列人组织了一支由黎巴嫩人组成的军队——南黎巴嫩军。这支军队主要由基督教马龙派和伊斯兰教什叶派组成，帮助犹太人打仗，成为当时乱局中的一个异数。

基督教马龙派之所以帮助以色列，是因为他们希望借助以色列赶走巴解组织和伊斯兰极端派。而什叶派之所以加入，是因为在整个南部，什叶派是受压迫最深的派别，他们只求依附一个势力获得平安。黎巴嫩南部的泰尔和西顿本来是什叶派的聚居区，但由于和以色列接壤，所以这里聚集了大量的逊尼派巴勒斯坦难民，随后巴解组织也来到这里，以难民营为掩护，不断地袭击以色列。以色列如果报复，倒霉的往往是这里的什叶派居民。当冲突最剧烈时，什叶派居民大量地逃往贝鲁特，在贝鲁特南部形成了大片贫民区。

以色列人到来后，什叶派中有许多人出于薪水和安全的考虑，加入了以色列组织的南黎巴嫩军。

当以色列人和巴解组织在南方打仗时，北方基督徒的军队却屡次分裂，全国的军事武装越来越碎片化。德鲁兹人组织了军队，亚美尼亚教徒也有武装，每一个派别都各占山头，互相防备。

就在以色列人进攻时，叙利亚人又突然转换了角色。阿萨德总统仿佛突然回忆起了民族身份，又决定支持穆斯林，反对基督徒了。于是，黎巴嫩的政治势力再次重组。

这个小小的国家在周围国家的操纵下，一次次地适应着，带着逆来顺受的无奈，又带着弱者的诅咒和怨恨。

贝鲁特：华尔兹与大屠杀

当战争远去时，黎巴嫩首都贝鲁特显得那么美丽。

从贝鲁特的中心区向东走两三公里，到达地中海边，就来到了著名的鸽子岩。这是一块水中的白色礁石，岩石上犹如年轮一般的痕迹，记录着岁月的沧桑。前来休闲的人们在岸边坐下，来上一杯茶水，悠然地望着地中海湛蓝的海水，在水中漂浮的小船穿过鸽子岩中空的岩洞，临水的人们在海边垂钓，微风吹来，水波拂岸。在这儿，很容易就忘记了世界上还有战乱。

三十几年前，一位以色列士兵也来过贝鲁特的海边，他奉命入侵了这个国家，却对他的使命懵懵懂懂。几十年后，他回忆那段从军的时光，自问道："我到底干过什么？"

以色列导演阿里·福尔曼（Ari Folman）的那部杰作《与巴什尔共跳华尔兹》（*Waltz with Bashir*），就是在这个问题下诞生的。

1982 年，阿里·福尔曼只有 19 岁，是以色列国防军的一名士兵，那时，以色列介入了黎巴嫩内战，在国防部部长沙龙的领导下，进入了这个战乱的国家。二十几年过去后，2006 年，福尔曼见到了一位前战友，那人告诉他，在做噩梦时仍然会回到黎巴嫩的战场上。福尔曼却惊奇地发现，他对于那段经历的记忆早已经模糊了，依稀记得他在夜里海边的难民营外围，看见了一场大火。

带着这个疑问，他走访了几个当年的士兵，才将自己在黎巴嫩的经历还原出来。他回忆，在大屠杀的那天晚上，他并没有进入现场，只是在外围负责警戒工作。他和战友们只是点起火把为人照明。以色列人认为这样就可以逃避指责，因为他们没有直接参与。

但他们逃不脱帮凶的指控，因为在他们的警戒圈之内，黎巴嫩的长枪党人正在对巴勒斯坦难民进行一场大屠杀。

福尔曼把他和朋友的回忆用动画的形式反映出来，就有了那部惊世骇俗的电影《与巴什尔共跳华尔兹》。整部电影用粗糙的动画表现，讲述几位以色列士兵回忆他们在黎巴嫩的遭遇。直到影片的最后，士兵们的回忆指向了那场大屠杀。最后的镜头中，动画消失了，代之以真实的巴勒斯坦难民。他们在屠杀过后，有的人哭天抢地，有的人泪水已干……

1982年，由于巴解组织以黎巴嫩为基地对以色列不断进行攻击，以色列再次入侵了黎巴嫩的领土。巴解组织连连败退，以色列军队长驱直入，直达贝鲁特。

这时联合国制定了一个和平协议。根据协议，以色列停止进攻，而巴解组织再次踏上背井离乡之路，离开黎巴嫩。为了执行停火协议，联合国组织了由美国、法国、英国、意大利等国组成的多国部队，来安排停火事宜。

当时的贝鲁特如同一个巨大的火药库，驻扎着各种各样的军队，除了多国部队、以色列国防军、巴解组织部队之外，还包括黎巴嫩本土马龙派的长枪党，以及以色列支持的南黎巴嫩军。

在多国部队的监督下，巴解组织完成了撤军工作，从属于伊斯兰控制区的黎巴嫩西区撤出。但当巴解组织撤离后，谁也没有预料到其中的危险，因为贝鲁特的军事平衡已经失去了。在东区，以色列国防军、长枪党等亲以色列武装可以维持秩序，而西区已经没有了可以维持秩序的武装。的确，多国部队还在西区，但他们缺乏经验，也没有决心去保卫一个和他们本没有利益关系的民族。一旦西区陷入混乱，就没有人能够维持秩序，而这也是以色列担心的，害怕西区的失控会给残余的极端分子留下机会。以色列命令东区的武装做好准备，虎视眈眈地盯着西区的一举一动，一旦出事，就迅速反应。

根据墨菲法则，只要存在更糟糕的可能性，这个可能性就一定会实现。这一次也不例外。9月14日，黎巴嫩当选不到一个月的总统杰马耶勒被刺杀。杰马耶勒是黎巴嫩马龙派人士，得到了以色列的信任，而《与巴什尔共跳华尔兹》的片名就取自这位任时短暂的黎巴嫩总统。

后来，人们知道，杰马耶勒的死亡与巴解组织和西区穆斯林没有关系，但在当时，总统的死亡立即成了失控的标志。以色列立即决定打破与联合国的协定，侵占贝鲁特西区，他们宁肯相信杰马耶勒总统的死亡与巴勒斯坦人有关，并担心西区的巴勒斯坦人如果清剿不干净，会给未来造成隐患。

多国部队虽然挂着联合国的名头，但是束手无策，眼看着以色列军队的到来。与以色列国防军一同推进的，还有黎巴嫩的长枪党人，可能还有一部分南黎巴嫩军。

指挥长枪党的是一位名叫埃利·胡贝卡的马龙派黎巴嫩人。在黎巴嫩战争的冤冤相报中，胡贝卡也是受害者，他的未婚妻就是 1976 年达摩屠杀的受害者。

此时，已经是长枪党领导层的胡贝卡被以色列人选了出来。根据以色列的部署，以色列军队负责占领西部，将残余的巴解组织赶走。但是，以色列军队不能进入难民营，因为巴解组织喜欢藏在难民营。进去打巷战，一是损失大，二是容易带来舆论灾难。

进入难民营的责任交给了黎巴嫩的长枪党，由他们负责盘查难民，找出武装人员。

在夏蒂拉难民营（Shatila refugee camp）外，以色列军队把守好通道，防止难民营有人逃出来，再点上火堆，帮助长枪党照明。这就有了导演福尔曼回忆中的那一幕，作为士兵，他的职责就是在外围守好通道，并负责照明。至于难民营内部的事情，以色列人都可以推说不知晓，但是他们肯定听到了难民营里的枪声。

胡贝卡指挥的长枪党大开杀戒，震惊了世界。事后，没有人知道准确的死亡人数，有人说只有 400 人，有人则宣称有 3500 人。福尔曼也不知道人数，他只能用影片结尾那哭泣的老人和儿童告诉我们，这就是屠杀后的景象。

不管是以色列国防部部长沙龙，还是长枪党的胡贝卡，在他们的一生中都无法洗去这个污迹。

2002 年，胡贝卡被刺杀。这时黎巴嫩已经恢复了和平，黎巴嫩人致力于将留在国内的最后一支外国军队——叙利亚人——赶走。刺杀者宣称，胡贝卡是叙利亚的工具。还有人认为，叙利亚可能参与了当年的屠杀，胡贝卡的死亡能够让许多人摆脱责任。到死他也逃不脱那次屠杀的阴影。

屠杀之后，由于巴解组织已经离开了贝鲁特，以色列也撤退了。但黎巴嫩的内战又颠簸了足足 8 年之久才结束。8 年的时间，中国完成了一次艰难的抗战。但对于黎巴嫩来说，如何跟那些大大小小的武装派别进行谈判，显然比打仗更加困难。

以色列撤离后，什叶派的军事组织阿迈勒运动（Amal Movement，“希望”运动）突然火了起来。阿迈勒运动组织诞生于 1975 年，在很长时间里一直默默无闻，处于巴解组织、长枪党等强势组织的阴影之下，什叶派也成了黎巴嫩最弱势的派别。

但是阿迈勒运动在默默地积蓄着力量。当大量的什叶派成员从南方逃到贝鲁特，他们也跟着来到了贝鲁特南方的贫民窟，并在那儿扎下了根。当巴解组织主力撤退后，贝鲁特的难民营突然间进入真空状态，最能打仗的人都撤走了，而巴解组织的残余力量虽然还在，但是已经弱小不堪。阿迈勒运动看到了这个机会，决定填补这个空缺。

这时叙利亚又一次转向，抛弃了其他穆斯林伙伴，转而支持阿迈勒运动，因为叙利亚总统也属于什叶派中的阿拉维派，认为阿迈勒运动比巴解组织更好控制。反对阿迈勒运动的则是巴解组织的残余力量以及德鲁兹派，德鲁兹派也属于伊斯兰教，他们的势力在山区，控制不到难民营，却又很想分一杯羹，因此也成了阿迈勒运动的对手。

这场发生在难民营的争夺战日后被称为难民营战争（The War of the Camps），断断续续打了好几年，将每一个难民营都打得稀巴烂。到最后，阿迈勒运动在和其他力量的对抗中胜出，却又差点儿被一股新兴的什叶派武装消灭。这股新兴的武装是真主党。

难民营战争进行时，打累了的各方举行了谈判，内战也到了尾声。

内战结束后，黎巴嫩人还要面临如何请走外国军队的问题。叙利亚人显然想一辈子驻扎下去，而以色列人也坚持只有叙利亚离开，才会将南方缓冲区完全交付给黎巴嫩人。

2005 年，倾向于逊尼派和沙特的黎巴嫩前总理哈里里遇刺，由于叙利亚有搞阴谋的传统，人们迅速认定这是叙利亚干的。事件最终发展成一次大规模的聚集，在黎巴嫩被称作“雪松革命”。这次，叙利亚终于被迫撤离。

不过黎巴嫩的国内政治仍然处于分裂之中，最主要有两派：一派以基督徒和逊尼派为主，反对叙利亚；另一派以什叶派以及其他世俗性社会主义党派为主，支持叙利亚，在这一派内部，当年的对头阿迈勒运动和真主党也已经成了合作的好伙伴。

但两派之间泾渭分明，在叙利亚战争期间，各自派武装人员过境打仗。在黎巴嫩国内，新的不稳定也在积累，到底未来走向何方，没有人能说得出来。

中东：充满了阴谋的世界

中东由于有着太多的冲突和刺杀，也是一个最容易相信阴谋的地方。

在中东的茶馆里，随便找一个人聊天，只要谈到政治，他都能给你讲出一串阴谋。

比如在埃及，一位开罗居民在和我喝茶时，曾经神秘兮兮地问我："在开罗的街头，我经常看到中国女人在卖手机，这其中有没有什么秘密？"

我感到很惊讶，想不出卖手机怎么和秘密沾边。于是这位老兄继续娓娓道来："我们这儿很多人说，这些卖手机的女人在中国都是杀人犯……靠行贿让中国政府把她们放出来，跑得满非洲都是。"

他的话让我感到大吃一惊。中国商人在国外受到歧视我早有耳闻。阿拉伯人的性格都是大大咧咧的，在生活上很容易交往，而中国人由于受到的苦难太多，骨子里对陌生人首先是防范，不轻易敞开心扉。加之语言障碍，就算是生意成功的中国人，也很难融入当地人的圈子。在我走过的国家里，感觉大部分中国人都有些怪异和神秘，不愿意和当地人打交道。这就不奇怪，针对中国人，当地人会有各种各样天方夜谭般的猜测。这位老兄谈到的就属于这样的猜测之一。

在整个非洲，中国女人卖手机已经成了都市里的一道风景。那些漂洋过海背井离乡的女子为了挣命，带着国内批发的山寨机，挨个儿兜售。我在埃及就碰到过几次。她们大都在家乡找不到好的工作，希望能在海外挣点儿小钱回家养老。她们的工作比国内的人辛苦得多，还要忍受当地人的歧视，甚至侵犯。

我赶紧告诉那位埃及人，这些女人在国内都是好人，她们和埃及普通人一样，只是为了找口饭吃，才跑到天涯海角来。并请他一定转告其他有怀疑的人，千万改变这个错误的观念。

那位老兄半信半疑地听完，换了话题，给我讲别的秘密和阴谋，关于沙特、阿联酋和约旦如何密谋支持现在的总统塞西，对付埃及穷人的。

在约旦，又有人抽着水烟告诉我关于埃及的阴谋——埃及的穆斯林兄弟会曾经要联合土耳其、卡塔尔和美国帮助以色列颠覆中东的其他国家，当然也包括约旦。说得有声有色，仿佛亲眼所见。

不过，最完整的阴谋故事，仍然是我在黎巴嫩听到的。

在黎巴嫩北部有一座城市叫的黎波里，与利比亚首都同名。在一条小巷的边上，一位去过周边几个国家、见多识广、英语流利的胖子拿了一听可乐递给我，拉我坐下，望着近在咫尺的装甲车，给我讲解了中东世界的来龙去脉，让我大开眼界。

日后，我才发现，他所讲的话竟然代表了中东阿拉伯世界的普遍认知，或者说，大部分人的确是按照他的思路去看待世界的。

他先对的黎波里发了一通牢骚，“看，”他指着装甲车说，“这就是黎巴嫩，这就是的黎波里，我们整天生活在恐惧之中，不知道什么时候就有人把你干掉。我们为什么要留在这个糟糕的地方？”

当我表示同情，他转而说道：“这都是以色列的阴谋……黎巴嫩已经被他们搞垮了，现在轮到叙利亚了，还有伊拉克，你看着吧，接下来就是土耳其啦。所有的国家都跑不了。”

那么以色列是怎么搞阴谋诡计的？胖子是这么告诉我的。请记住，下面的逻辑中不是一点事实都没有，而是他把事实用一套阴谋论的逻辑又串了一下。

以色列有两个目的：第一，让犹太人强大；第二，让周边国家都完蛋。

对于第一个目的，体现在石油上。与沙特、伊拉克等产油国不同，以色列是一个石油不能自给自足的国家，必须向外购买。但是，还有一个办法，如果周边国家有足够的石油，那么以色列也可以抢占过去。他认为，这就是以色列对叙利亚、黎巴嫩等地发动进攻的原因。

以色列曾经在1967年占领了叙利亚的戈兰高地，并对当地进行了勘探，结果发现没有石油，接着入侵了黎巴嫩，还是没有发现多少石油资源。

接下去该轮到谁了？又回到了叙利亚。除了戈兰高地之外，叙利亚在中部的确有油田。但叙利亚是一个大国，以色列不容易吞并它，于是就依靠土耳其和库尔德人做帮手，对叙利亚进行瓜分。

另外，伊拉克境内的库尔德人也是以色列的帮手，伊拉克的库尔德控制区域有石油资源，以色列通过土耳其做中转，可以使用库尔德的石油资源。

不过，土耳其作为以色列的帮手别高兴太早，因为它也是一个中东国家，而且也信伊斯兰教。在以色列的名单上，在叙利亚之后，下一个受害者就是土耳其。

胖子告诉我，土耳其在库尔德人区域可能发现了大量石油（我没有看到类似的报道），所以以色列在拼命煽动库尔德独立，从中获取利益。土耳其的库尔德人问题早晚会爆发，那时就是它乱套的时候。

当然，在寻找石油利益的过程中，以色列已经把周围的国家都搞乱套了。除了提到的黎巴嫩、叙利亚、土耳其、伊拉克之外，以色列还在埃及、利比亚等国制造所谓的“阿拉伯之春”，结果这些国家也瘫痪了，并威胁到了更多的国家。

在中东地区，参与以色列阴谋的主要有美国和西方，另外，土耳其、卡塔尔、库尔德人也是美国的跟班，一直针对其他国家制造阴谋。总之，所有中东的不稳定，都和他们的阴谋有关。

请不要着急嘲笑这个阴谋论。当一个阴谋论被广泛地接受时，它就有了自我实现的力量。这位胖子所讲的石油故事不是每个人都能接受，因为它需要很强的专业知识。之所以在黎巴嫩出现，是因为真主党在和以色列争夺一个新发现的海上气田，让人们对石油、天然气的认知提高了不少。

但是，他讲的关于以色列的阴谋论，几乎在各地都能碰到赞同者。特别是将“阿拉伯之春”和以色列阴谋联系起来，几乎是每个政治家的第一反应。

2011 年，一股民主风潮从突尼斯出发，席卷整个阿拉伯世界。这股风潮是如此强烈，导致许多政府倒了台。但是到了 2014 年，随着“阿拉伯之春”成为过去，另一股反风潮愈演愈烈，那就是将这次民主运动仅仅当作一个阴谋，贬低它，诋毁它，消灭它。

在埃及，随着政治旧势力重新上台，报纸上天天在鼓吹阴谋论，人们都已经耳熟能详。当保守派将军塞西竞选总统时，一位穆斯林政党领袖如此解释为什么要支持塞西，而在这之前，他也支持过穆斯林兄弟会的穆罕默德·穆尔西（Mohamed Morsi）总统（被塞西推翻的前任总统），所以被称为墙头草。他辩解说：“我之所以决定号召我的支持者投塞西的票，是因为如果我不投他的票，就中了以色列和美国人的圈套，他们正是要让我们埃及乱套，好从中渔利！”

当然，在这些国家中也不乏冷静的人，我的一位朋友艾哈迈德（Ahamed）就曾对我评价过这种阴谋论，将其称为“弱者的武器”。

所谓“弱者的武器”，指的是在真刀真枪的战争中，战败的一方不能直接承认失败了，他们需要一个借口，最好的借口就是：对方之所以战胜，不是因为实力强，而是使用了阴谋。

由于阿拉伯人把以色列当作头号敌人，所有的阴谋论最终都指向了以色列。

只是，在阴谋论过后，人们还得继续面对现实。巴勒斯坦的难民们仍然住在狭小的铁皮屋里，等待着正义归来的那一天；各个国家仍然在幻想着重新夺回圣地的日子；以色列仍然一方面遭到各种武装分子的威胁，另一方面继续对难民施暴。他们都没有找出解决办法，只能顺着惯性思维，做出应激性反应。僵局何时能破，仍然是个未知数……

第五章

逊尼派与什叶派：流血的兄弟

从贝卡谷地看到的黎巴嫩山。这里是什叶派真主党的据点之一。伊朗在这里秘密训练真主党武装

贝鲁特市中心夜景。当年贝鲁特是以色列、巴解组织、长枪党、真主党等多支武装力量的战场

的黎波里杂乱无章的建筑。与首都贝鲁特不同，这座城市仍然没有完全从内战中恢复过来

海上渔夫。打鱼的地点在泰尔，距离以色列边境不远

杰拉什曾经是中东古代著名城市之一，如今则在连接叙利亚和约旦的交通要道上

杰拉什，修复的城门。约旦、巴解组织、以色列和叙利亚都能影响到该地区

埃及达哈布亚喀巴湾的红海。对面就是沙特阿拉伯。由于沙特没有旅游签证，许多人只能远远地望一望它，却无法接近

بسم الله توكلت على الله

内波山顶的摩西教堂。摩西就是在这里发现了“奶与蜜”的地方，即耶路撒冷

标志牌上标明了从内波山到各地的方位和距离

象岛的废墟。这里曾经发现了古埃及最南端的犹太人居住区

死海，对岸就是以色列

黎巴嫩教派的多样性。穆斯林女孩和基督教徒女孩一起上学，合影

西顿的古城区。泰尔和西顿都曾经是巴解组织盘踞的地方

一条孤独的道路通往死海和以色列

黎巴嫩是世界上人口最稠密的地区之一，从海上看陆地，楼房林立，平地稀缺

贝鲁特市中心的罗马时期遗迹

比布鲁斯的港口。这里在古代曾经是前往埃及的重要港口，从波斯，甚至沿丝绸之路从中国过来的物品由此被装上船运往埃及

的黎波里的城市和街道。十字军东征时期，以的黎波里为中心成立了一个著名的十字军国家

塞尔丘克。夜间的废墟

的黎波里依山而建的楼房

泰尔巨大的体育场遗址

海边的罗马遗址

泰尔基督教区一景，地中海灯塔

泰尔的港口。这里曾是什叶派聚居的地方，也是受巴解组织和以色列影响最大的地方

十字军城堡全景

十字军城堡博物馆。由于战乱的影响，博物馆内的展品已经被清扫一空

探险沙漠

沙漠上逐渐变成废墟的金字塔群。旅游作为埃及的支柱产业，在最近的革命中几乎被完全摧毁

埃及的地中海景色

一座充满了墓穴的山丘，几乎所有的墓穴都已经被挖空

弯曲金字塔。埃及的土地大都是沙漠，距离首都开罗不远，已经完全沙化

阶梯金字塔

夜晚的白沙漠

埃及的黑沙漠

埃及，开罗的集市。虽然中部挂着塞西元帅（后为总统）的像，但在近处的门框上还贴着穆斯林兄弟会的竞选海报。穆斯林兄弟会就是在这样的伊斯兰区域内落地生根的

埃及军事博物馆内的穆巴拉克像。革命后，穆巴拉克像大都被摧毁，只有博物馆里的这一幅成了漏网之鱼

穿国旗装的埃及老人，鼓励人们前往投票点

卡尔纳克的方尖碑

埃及，开斋节的街道狂欢。只有男人参加的狂欢节

埃及开罗，科普特区的主教堂。科普特基督徒也支持军方执政

埃及亚历山大，塞西的竞选海报与其他的商业条幅掺杂在一起

懒洋洋的骆驼，空荡荡的景点

巴尔贝克。贝卡谷地是叙利亚难民重要的落脚地

神庙上雕刻的战争奴隶

锡瓦城堡遗址

吸过大麻后，扑向水中的努比亚老人

尼罗河上的努比亚儿童

亚历山大大帝来过的阿蒙神庙。为了寻求阿蒙神的神谕，亚历山大穿越了整个沙漠，才到达锡瓦绿洲

亚历山大的城堡。这里曾经是古代世界七大奇迹之一亚历山大灯塔的所在地

一个清真寺院子装饰。伊斯兰装饰不准使用人的形象，只准用几何图像。这个装饰打了擦边球，虽然仍然是几何图像，但是在墙角恰好形成了一个戴头盔的人的形象

易卜拉欣帕夏。他是穆罕默德·阿里帕夏的儿子，19 世纪著名的穆斯林将领

的黎波里全景。远处是地中海

的黎波里做水烟的老人。在他的头旁，悬挂着自己年轻时的照片

黎巴嫩的孩子

黎巴嫩。叙利亚人萨义德的家人都在黎巴嫩，他却必须去苏丹打拼挣钱

萨义德从叙利亚逃难到土耳其、黎巴嫩、埃及，最后到了苏丹

在去苏丹的轮船上

土耳其的内姆鲁特山。底格里斯河和幼发拉底河就发源于土耳其东部的山地

底格里斯河和幼发拉底河从这里的山区流出，进入了世事纷争的美索不达米亚。中东的未来依然晦暗不明

“什叶派与逊尼派的真正区别是什么？”

当一位穆斯林成为我的朋友时，不管他是什叶派还是逊尼派，我总是会用这个问题来折磨他们，并且告诉他们，先不要互相指责说对方是叛教者，而是说一下具体的、能够观察的区别。

大部分时间里，他们会对我的问题感到吃惊，接着显得支支吾吾，回答凌乱。当然这并不是说他们不知道区别，而是他们在想怎么向我这个外人解释，才能让我明白两者不仅是有区别的，而且区别很大。

逊尼派教徒典型的答案是这样的：逊尼派认为穆罕默德是安拉（真主）的先知，而什叶派则否定穆罕默德，他们信奉穆罕默德的堂弟阿里。当然，答案是不正确的，因为正统的什叶派虽然尊奉阿里，但并没有否定穆罕默德。的确有一小部分否定穆罕默德的人，但他们只是少数派，就像在逊尼派里也有异端一样。他们这样说，显然是对什叶派有偏见。

一位埃及卢克索的逊尼派则告诉我，在卢克索也有什叶派。在古埃及时代，卢克索的法老每年都会组织狂欢活动，在卢克索神庙和卡尔纳克神庙之间游行，而现在，类似的游行每年斋月之前还是会有，不过搞游行的人大都是什叶派。在他看来，什叶派与古埃及的多神教类似，有偶像崇拜的嫌疑。

一位在贝鲁特的什叶派年轻人又给出了一个答案。他并没有直接回答，而是让我跟着他朗诵证词（Shahada）：“万物非主，唯有真主；穆罕默德是主使者。阿里是真主的友人。（La ilaha illa–llah, Muhammadun rasulu–llah. Wa aliyyun waliyyu–llah.）”一遍又一遍，直到他满意，才对我说，什叶派和逊尼派都需要朗诵证词，但他们的区别就在于要不要说最后一句话，逊尼派只说前面两句，而什叶派要说所有三句。

这个证词是伊斯兰教的五功之一，也就是这里的人们一生必做的五件事。五功中最简单却最有用的一项，就是背诵这句话。伊斯兰教讲求心口一致，信什么就必须说什么、做什么，所以，将信仰讲出来，对他们具有重要的意义。

逊尼派只说前面一句，即“万物非主，唯有真主；穆罕默德是主使者”。而什叶派在背诵时还会加上后一句“阿里是真主的友人”。在年轻人看来，朗诵证词不同，就是什叶派和逊尼派的最大区别。

也许作为非穆斯林很难理解这句证词的威力，也更不理解其中的区别。但这句话对穆斯林十分重要。

与大多数人竭力想向我表明两者区别很大不同，我在贝鲁特碰到的那两位要参加叙利亚战争的青年——土耳其马麦德和巴基斯坦马麦德——却都认为，两者的区别并不大。他们在不同的场合和我谈过这个问题，出乎意料的是，如果抛开各自的派别，两位要参加战争的人对这个问题的见解惊人的一致。

带我在夜间探访贝鲁特的什叶派居住区时，土耳其马麦德边走边对我讲解，什叶派在礼拜上和逊尼派的区别只是：逊尼派习惯于带一块毯子，在毯子上礼拜；而什叶派则主张在自然状态下礼拜，如果没有毯子，就直接在地上礼拜，如果有毯子，也要随身带一块泥土置于毯子上面，礼拜时额头不是贴在毯子上，而是挨着那块泥土。

他并不认为这是很大的区别，也不认为证词的不同就很重要。其实，什叶派和逊尼派在信仰上并没有太多的差异，他们都信奉唯一的安拉和先知穆罕默德，信奉《古兰经》。当这些最大的信条一致，其余的不一致都是小事。

与土耳其马麦德观点类似，巴基斯坦马麦德认为，如果要追求各种细节，从宗教仪式，到法律体系，再到学问和生活习惯，都可以找到许许多多不同的细节，但在信仰的基本面上，什叶派和逊尼派的区别很小。与基督教和犹太教相比，什叶派和逊尼派大部分信仰都是相似的。

可是在承认区别不大的同时，两个人又都认为，什叶派和逊尼派的对立和冲突是无法避免的。

土耳其马麦德认为，什叶派和逊尼派真正的不同是因为他们宁肯选择不同，是政治上的而不是宗教上的，这是伊斯兰教的悲剧，却没有一个人能够结束对抗。

不过，他们仍然相互指责对方的教派。作为什叶派，土耳其马麦德认为："就算是什叶派希望和平，逊尼派也不会放过。在叙利亚就是个典型的例子，逊尼派宁肯和'其他组织（基地组织）'联手，也要对付什叶派的总统。"

而巴基斯坦马麦德强调："不管是什叶派久已掌权的国家伊朗和叙利亚，还是什叶派新掌权的国家伊拉克，都存在着大量针对逊尼派的迫害事件，它们甚至帮助别国的什叶派对付逊尼派，让逊尼派不反击都不行。"

他们的说辞让我想到了当年的基督教分裂，人们甚至只为对一个词的解释不同，就可以大打出手，并利用政权的力量向对方展开无情迫害。从基督教成为罗马国教的第一天起，它内部的分裂就已经发端。而伊斯兰教的分裂，则是从他们公认的领袖、先知穆罕默德去世的那一天起。

本是同根生

在中东，什叶派人口占了总人口的30%多，这个古老的教派可以追溯到先知穆罕默德逝世的那一刻。

先知穆罕默德去世后，关于谁能继承他的领袖地位，这个新生的宗教就产生了分歧。他是安拉派来的最后一位先知，虽然他的继任者不可能继承先知的身份，可在俗世间，庞大的宗教总需要有一个管理人，这个管理人就是哈里发——先知的继位者。

觊觎这个俗世位置的人大致分成了四派：

先知最早传教时的皈依者为一派。那时候大部分人还都不相信他，把他视为疯子，麦加人甚至迫害先知，逼得他离开了麦加。只有少数人跟着先知逃离，这一部分人资格最老，也最有希望。

到了麦地那，皈依先知的人越来越多，这些人跟随先知南征北战，建功无数。这是第二派。

先知征服麦加之后，麦加原来的大户虽然曾经参与过对先知的迫害，现在却纷纷改信伊斯兰教，由于他们财力充足，家族势力大，逐渐成为伊斯兰教的中坚力量，也希望能够在宗教内部获得更多的利益。这是第三派。

第四派则属于先知的亲属，特别是那位叫作阿里的人。

在很多人眼里，阿里最有资格成为先知的继任者，他是穆罕默德的堂弟兼女婿。阿里的父亲和穆罕默德的父亲是同父同母的兄弟，都属于哈希姆族。而穆罕默德作为遗腹子，也是由阿里的父亲养大，穆罕默德的女儿法蒂玛（他其余的女儿有可能是收养的，只有这一个确定是他亲生的）又嫁给了阿里，更增加了两人的亲密关系。

但是，根据当时的阿拉伯传统，领袖并不是传位给亲戚，而是要从德高望重的人中选出。在第一次选举中，人们没有选择阿里，而是选择了艾布·伯克尔（Abu Bakr）。艾布·伯克尔是先知近亲以外的第一位皈依者，又是先知的密友，他的当选获得了普遍的认同，阿里也接受了选举结果。

艾布·伯克尔死后，人们再次选择了他的副手欧麦尔（Umar ibn Al-Khattab），还是没有选择阿里。前两任哈里发指挥阿拉伯的军队南征北战，为阿拉伯帝国的形成打下了牢固的基础。这时的哈里发帝国已经成了一个跨越亚非的大帝国，伊斯兰阿拉伯人在军事上正在向巅峰期逼近。

欧麦尔被一位与其有私人恩怨的奴隶刺杀后，倭马亚家族（Umayyad）的奥斯曼（Uthman ibn Affan）被选为第三代哈里发，阿里再次被绕开了。

奥斯曼在担任哈里发期间，大力提拔亲戚，占据了帝国各个辖区的高位，其中包括叙利亚总督，后来倭马亚王朝的开创者穆阿维叶（Muawiyah）。

奥斯曼的做法代表着一个特殊的阶段：哈里发的家族势力正在侵

蚀早期的选举传统，如果这种势头继续下去，那么倭马亚家族的势力将超出部落民主之上，并在未来获得世袭的权力。这也意味着阿里将永远失去继位哈里发的希望。

阿里的支持者极为不满，于是，哈希姆家族和倭马亚家族的对立越来越明显。最后，阿里的支持者包围了奥斯曼的住宅，围困数月后，杀死了哈里发。

这一次，阿里如愿以偿，终于被选为第四代哈里发。这就是伊斯兰教早期四大哈里发的来历。

不过，随着阿里的继位，倭马亚家族与哈希姆家族的支持者也随即步入了战争，导致伊斯兰世界的第一场内战。在叙利亚的穆阿维叶已经成了阿里的劲敌，他羽翼丰满，支持他的人更加坚决果断，与阿里支持者的优柔寡断形成对比。

在战争没有分出胜负时，阿里被叛离的士兵刺死。他的儿子哈桑·本·阿里（Hasan ibn Ali）被匆忙宣布为哈里发，与此同时，穆阿维叶也在叙利亚自认哈里发，伊斯兰教正式分裂。

几个月后，在对手大军的压迫下，阿里的儿子哈桑经过与穆阿维叶的协商，做出决定，让出哈里发之位，由穆阿维叶独揽哈里发的权力。但是，穆阿维叶与哈桑立有协议，其中最重要的一条是，穆阿维叶不能将哈里发之位传给子嗣。

哈桑认为这条协议可以防止穆阿维叶和他的后裔垄断哈里发的职位，他希望仍然可以遵循以前的传统，通过选举产生新的哈里发。但他没有看透的是，阿拉伯的传统已经起了变化，公认的选举已经变成了军事实力的较量，在这时，即便人们想保持传统，也已经不可能了。

穆阿维叶临死前果然将职位传给了儿子，并建立了阿拉伯历史上第一个王朝——倭马亚王朝（Umayyad Dynasty）。据说，在他决定传位给儿子时，为了避免哈桑的反对，勾结哈桑的妻子，将哈桑毒死了。

然而哈桑的弟弟——阿里的次子侯赛因（Husayn ibn Ali）立即拉起反叛的大旗，向倭马亚王朝宣战。这次反叛，标志着什叶派的出现。所谓什叶派，就是追随阿里的派别之意。以后不管出现多少支派，他们共同的特征就是尊奉阿里为穆罕默德的继承人。在这个基础上，什叶派加入了各种神秘主义，用来论证阿里比其他哈里发更有资格继承先知。在被迫害的漫漫长夜中，他们就靠这些论证活着，产生凝聚力和幸福感。这也是为什么什叶派比逊尼派更加具有思辨性、更抽象神秘的原因。

但侯赛因的反叛是一次灾难，此次战役以侯赛因的阵亡而告终。侯赛因的3个儿子和哥哥哈桑的2个儿子，连同其家族共18位男性一并战死。其后，倭马亚王朝对阿里的追随者展开了残酷的杀戮。

侯赛因唯一没有死难的儿子阿里·伊本·侯赛因（Ali ibn Husayn Zayn al-Abidin）为了躲避风险，从此潜心学术，避开了险恶的政治江湖。

但是，一部分阿里的支持者并不死心，他们选择了侯赛因的异母兄弟穆罕默德·伊本·哈乃斐叶（Muhammad ibn al-Hanafiyya）作为新的领袖。哈乃斐叶去世后，这些支持者为了避免领袖的消失，开始利用神秘主义来做文章，他们宣称，哈乃斐叶并没有死，而是隐遁（Occultation）了，将来需要他主持正义时，他会重新作为救世主（Mahdi，马赫迪）出现在人间。

这是隐遁的思想第一次出现在新兴的什叶派之中，并将在未来构成其理论的重要部分。由于隐遁牵扯到让人在世间暂时消失，在未来又重返人间，围绕着这种超自然的体验，人们展开了各种各样的联想，什叶派更加神秘化了。

虽然发明了隐遁的观点，但那些支持哈乃斐叶一系的人还是消失了。更多的人选择追随侯赛因的直系后裔阿里·伊本·侯赛因。

此时，什叶派的第二个传统正在形成，即伊玛目（Imam）的传统。他们宣称先知穆罕默德将所有的知识都传给了阿里，再由阿里传给了他的儿子，并世代相传。他们称阿里为第一代伊玛目，也就是教师、首领，阿里的儿子哈桑为第二代伊玛目，哈桑的弟弟侯赛因为第三代伊玛目。潜心学术的阿里·伊本·侯赛因为第四代伊玛目，并一直向下传。就这样，伊玛目取代了哈里发，成为什叶派的宗教领袖。

哈里发被认为是穆罕默德在俗世上的继承人，他的权威最初来自大家的推举，后来则是靠世袭和武力。而伊玛目则是靠知识来凝聚大家，他的权威来自知识，因为他从先知手中获得了完全的知识，所以大家信任他。从这里可以看出，虽然最终都是世袭的，但逊尼派和什叶派解释的方式是不同的，逊尼派更加世俗化和强力，而什叶派由于没有武力做支撑，更加容易分裂，也更加利用抽象化的理由来解释正统性。

接下来，什叶派开始出现大分裂。由于一个伊玛目不止一个儿子，在争论谁有资格继承伊玛目时，各个追随者又出现了分歧，于是就产生了什叶派的各个流派。

第一个有影响力的分裂派别是宰德派（Zaidiyyah）。阿里·伊本·侯赛因有两个儿子，分别是穆罕默德·巴基尔（Muhammad al-

Baqir）和扎伊德·伊本·阿里（Zayd ibn Ali），主流的什叶派尊奉前者为下一任伊玛目，而宰德派则认定后者为下一任伊玛目，并从这个支系顺延下去，与主流彻底分家了。这次分道扬镳一直持续到今天，如今，在也门有 30% 以上的穆斯林仍然信奉宰德派。

到了第六任伊玛目贾法尔·萨迪克（Ja'far al-Sadiq）时期，又有了另一次大分裂。萨迪克的 3 个儿子都被卷入其中，被正统所推崇的是穆萨·卡齐姆（Musa al-Kadhim），他后来被公认为主流的第七任伊玛目。另一个儿子阿卜杜拉·法塔赫（Abdullah al-Aftah）也有很多追随者，但是，这一支的分裂没有持续太久，阿卜杜拉死得太早且没有子嗣，他的追随者又回到了主流之中。对什叶派分裂造成永久性伤害的，是那个名叫伊斯玛仪（Isma'il ibn Ja'far）的儿子，追随伊斯玛仪的人们也延续到了今天，成为什叶派的第二大支派，叫伊斯玛仪派，这个流派还有另一个名字，叫作七伊玛目派。在伊斯玛仪派中又有无数的分支，其中一个分支叫作德鲁兹派，居住在黎巴嫩、叙利亚的山区，是黎巴嫩政治中一个重要的角色。而另一个流派，就是让人谈之色变的刺客派（阿萨辛派，Hassassin，也叫 Assassin），这个派别以组织暗杀闻名，成为现代恐怖主义的先驱。

穆萨·卡齐姆的追随者则构成了什叶派的最主流派别，人们称之为十二伊玛目派（Twelver）。由于后期所有的伊玛目都死于毒杀，第十任和第十一任已经很少抛头露面，他们过着隐居的生活，与外界的联系只是靠一两个传信人通报。第十一任伊玛目死后可能没有儿子，传信人为了对抗外界的猜疑和争斗，宣称他有一个儿子，但这个儿子隐遁了。

在这个伊玛目隐遁之初，代理人还宣布他们可以与隐遁的伊玛目取得联系，代传旨意，这个时期称为小隐遁时期。可是代理人也传了几代之后，终于宣布伊玛目彻底隐遁，不再与人交流，这就进入了大隐遁时期。于是伊玛目的数字就停留在“12”上。这就是十二伊玛目派的来历。

另外，在第十一代伊玛目死亡后，由于他可能无子，许多人并不相信所谓的隐遁理论，于是又出现了各种各样的争执，在这些争执中诞生了许多小派别，而其中一个特殊的派别保持到了今天，它就是阿拉维派。阿拉维派居住在叙利亚的北部沿海，目前的叙利亚总统阿萨德就出自这一派。

虽然派别众多，还经常互相争吵，但是，什叶派各分支在有些方面是共同的。

第一，他们都信奉阿里的权威。先知穆罕默德是安拉的使者，但阿里是先知的继承人，阿里的后代则继承了阿里的知识。人们争论的只是阿里的哪一个后裔应该继承伊玛目，却并不否认阿里本人的权威。

第二，与一直在权力场中的逊尼派相比，什叶派长时间处于地下活动状态，这也养成了什叶派的许多特点。比如，当倭马亚的哈里发们享受着大马士革的醇酒妇人、听着诗人们的恭维时，什叶派的学究们却躲在波斯的山洞里默默思考着如何编造理论，才能让阿里显得更加神圣一点。

在什叶派的极端理论中，阿里的地位甚至超过了穆罕默德。这也是逊尼派对什叶派进行攻击的口实之一，认为什叶派背叛了真主。

什叶派还从伊朗的拜火教中吸取养分，在伊斯兰教传统中加入了许多思辨和神秘的成分。在伊斯兰教里，逊尼派是一个世俗、不讲究理论的派别，而什叶派则是伊斯兰教的毕达哥拉斯主义者，对数字、宇宙等玄之又玄的东西都进行过研究，直到后来更加神秘主义的苏菲派诞生后，对玄学的兴趣才超越了什叶派。

第三，什叶派也更具有革命倾向和反叛传统。如前面谈到的刺客派，就以反抗和不服从著称，直到被蒙古大军消灭为止。

另外，什叶派也并非一直处于地下状态。在埃及历史上，有名的法蒂玛王朝就是一个什叶派的王朝。而现在的伊朗也是一个什叶派的国家。

开罗著名的侯赛因清真寺就是在法蒂玛王朝建立的，这座清真寺埋着阿里的儿子侯赛因的人头。据说，法蒂玛王朝的哈里发亲自从伊拉克的侯赛因墓中找到了人头，带到了开罗，重新埋葬，这里也成为埃及最神圣的处所之一。

人们在埃及古代首都卢克索旅行时，最易到达的神庙就是卢克索神庙。这座神庙虽然建于古埃及的新王国时期，但在它的围墙范围内包含了多种宗教成分的建筑。不仅有埃及时期的，到了希腊罗马时期，还被当作希腊教和罗马教的神殿使用。到了中世纪，神庙本身已经被淤泥覆盖，形成一个土丘，埃及的法蒂玛王朝在土丘上修建了一座什叶派的清真寺，向人们诉说着埃及存在的什叶派时期。至今，这里的人们在斋月之前半个月，还会组织类似于古埃及的游行，不过这个游行是伊斯兰教的。逊尼派也认为这是什叶派向埃及多神教迷信妥协的证据。

在什叶派历史上，最重要的地区是伊朗和伊拉克。

在阿拉伯帝国的征服中，主要是针对两个对手：东部的萨珊波斯帝国和西部的东罗马帝国。萨珊波斯就在如今的伊朗境内，包括伊拉克、阿富汗的一部分。

萨珊波斯虽然被阿拉伯人征服，但由于阿拉伯人口太少，无法完全同化对方。这就像清军入关之后一样，虽然大清成了统治者，但文化受中原的影响甚大。波斯人由于具有高度文明，将阿拉伯人的生活、文化，甚至一部分宗教都波斯化了。

到了倭马亚王朝时期，王朝的首都设在如今叙利亚境内的大马士革，波斯的山区成了帝国的边疆地带，更加难以控制。什叶派阿里的支持者在这里获得了大发展。阿里派有着搞个人崇拜的传统，这和波斯的拜火教一拍即合，结果什叶派就融入了许多拜火教的神秘元素。又由于波斯有着发达的思辨文明，结果什叶派中研究思辨哲学的人也更多，学问也更高深。什叶派与当地结合，主宰了波斯十几个世纪。

到了阿拔斯王朝时代，首都迁往了伊拉克境内的巴格达，对于波斯的控制相对容易了。哈里发们对什叶派进行残酷的镇压，使得这个教派经历了一段时间的艰难时期。

但这时，阿拔斯朝的王室内部出现了争位，一位名叫马蒙（al-Mamun）的哈里发依靠伊朗地区势力的支持，在争夺中胜出，伊朗人在王朝中的地位迅速上升，什叶派又起死回生了。

到了后期，哈里发的职位逐渐被他的禁卫军剥夺，成为傀儡，而禁卫军多为突厥人，这些突厥人大都占据了伊朗的土地，遥控哈里发，呼风唤雨。伊朗作为什叶派堡垒的名声越来越显赫，一直维持到现在。与伊朗相邻的伊拉克也由此成了什叶派占主导的国家。而与伊拉克相邻的叙利亚、黎巴嫩，也有不少什叶派在活动。

真主党：来自阿亚图拉的帮助

什叶派和逊尼派的分野除了宗教之外，还包括政治上和经济上的。

在历史上，逊尼派是主要的执政派别，积累了大量的财富和政治资本。许多地方的什叶派大都是穷人，而逊尼派里则出现了许多富商大贾，他们同时还拥有地方最有权势的政治地位。逊尼派对什叶派的态度与其说是仇恨，不如说是轻视。

以黎巴嫩为例，在黎巴嫩建国前，主要的政治势力是基督教马龙派和伊斯兰教德鲁兹派，建国后则是基督教马龙派和伊斯兰教逊尼派。马龙派把持了总统职位，逊尼派则把持了总理职位。虽然给什叶派分配了议会议长的职位，但这个职位的影响力无法和前两者相比。如果计算社会的贤达贵人，什叶派更是微不足道。1946 年黎巴嫩刚建国时，马龙派占据了社会贤达的 40%，逊尼派占据了 27%，什叶派只有 3.2%。如果按照人口算，在建国时，什叶派人口就与逊尼派不相上下，40 年后，由于什叶派超高的人口出生率，根据估算，它的人口已经接近逊尼派的两倍，也接近于逊尼派和马龙派的总和。

在财富上，什叶派更是相形见绌，它几乎牢牢地占据了黎巴嫩最贫穷人口的称号。由于国家内部社群固化，什叶派也很难积累财富和政治资本。到 20 世纪 70 年代末，什叶派在武装上还基本上是白板一块。而马龙派从一开始就知道这一点，早就组建了实力强悍的长枪党；逊尼派在阿拉法特的巴解组织到来后，也日益强大，势头甚至超过了马龙派。

结果，不管是和平时代，还是战争时代，什叶派在黎巴嫩都是最受欺负的小角色。

类似的情况还发生在伊拉克。在那儿，什叶派人口比逊尼派多，但是在萨达姆倒台之前，统治者一直是逊尼派。

但就在中东阿拉伯什叶派普遍感到无望时，他们却时来运转，地位迅速增强。

最初，一个名叫阿萨德的总统在叙利亚上台了。阿萨德是阿拉维派，是什叶派的一个分支。他依靠军队的支持上台，之后大肆提拔同族和亲信，阿拉维派也从弱势的小派别成长为统治派别。

叙利亚只是一个小国家，即便在中东，也属于无足轻重。而中东其他什叶派力量的崛起，大都和另一个中东豪强——伊朗——有关。恰好在 20 世纪 70 年代末，伊朗的什叶派经过革命后信心大增，决心对外输出革命。

在中东的历史上，只有伊朗长期是什叶派国家。

它的人种是波斯人（属于与欧洲同源的雅利安人种），不是阿拉伯人，在被阿拉伯征服之后，也并没有完全被巴格达的中央政府驯服，是帝国的边角地区，控制并不严密。由于哈里发鞭长莫及，什叶派可以利用这里的山区和高原作为基地，保持了信仰。到波斯独立后，它的王族也信奉什叶派，更加强了什叶派的力量。

当奥斯曼帝国横扫中东，波斯（伊朗）并没有被奥斯曼人征服，一直卓然独立于阿拉伯事务之外。

1979 年，伊朗的革命派推翻了巴列维王朝（Pahlavi dynasty）的统治，建立了一个穆斯林共和国。如果不是因为伊朗是什叶派，那么这个共和国就是许多中东阿拉伯世俗派心目中的榜样。它既维持了教义的重要性，又实行了民主选举，在两者中间找到了一个折中点，这正是许多人梦寐以求的。但由于它是什叶派，所以就成了许多逊尼派国家的敌人，甚至是心腹大患。

伊朗如今被美国等西方国家认定为邪恶国家。但伊朗的政权虽然保守，却又带着许多进步性。

在第二次世界大战前，伊朗处于巴列维王朝治下。这里发现了石油，成为世界上最重要的产油国之一。然而，由于政治、经济和军事各方面的不成熟，石油并没有成为福音，反而成了诅咒。

由于信息的不对称，伊朗国王不知道石油的价值，与英国签订了极不合理的石油合同，伊朗石油利润的绝大部分都没有惠及伊朗，而是进了少数英国人的腰包。英国人可以享受超低价格，伊朗国内反而无法享受到。

这些合同让伊朗国内抱怨不已，社会出现了动荡。但是，如果国王毁约重订合同，就意味着国家信用的破产，国王本人从外界再也借不到钱了。结果，石油让王室成了众矢之的。

在这个问题没有解决时，伊朗被时光之轮带入了第二次世界大战。由于对英国人完全没有好感，伊朗选择了中立，在经济上甚至更偏向于德国。

伊朗人的态度再次让他们遭殃。德国离伊朗太远，无法保护他们。而英国殖民地（印度和中东地区）和苏联反而就在身边。英国和苏联要使用伊朗作为中亚的物资基地，不允许它中立，联合入侵了伊朗，更换了国王，建立了一个偏向盟国的政府。

二战后，英国从伊朗撤军，而苏联人赖着不走。伊朗当时的总理艾哈迈德·盖瓦姆（Ahmad Qavam）以名誉甚至身家性命为赌注，施展了一切手段，将苏联人骗出了境。他的手段高明到完全可以作为传奇的主角。

战后，伊朗和英国关于石油的风波再起，伊朗重新坠入了两难选择：是违约，还是吃亏？随着反英情绪的高涨，伊朗迅速社会主义化了。它并不倾向于苏联，但国内的政党信奉只有社会主义和国有化才能救伊朗。最终，伊朗宣布石油国有化。英国立即宣布对伊朗石油进行经济封锁。

这次双方的经济对峙令伊朗的经济大幅度下滑，国王的信誉也破了产。伊朗人越来越认定，他们的国王不能管好伊朗。

与中东许多国家的选择一样，伊朗最终滑向了宗教主义和社会主义。社会大众越来越保守，认为人们需要回归宗教生活，知识分子越来越极端，希望在经济上走社会主义道路，由政府接管经济的管理工作。

伊朗的国王被认为是一切贪污腐化的大本营，他提倡西方式的世俗生活，可是最终无法管理好政府，只做到了本人生活的奢侈。于是，人们在反王室、反西方、反世俗化上达成了共识。

阿亚图拉·霍梅尼（Ayatollah Khomeini）正是利用了这一点，在伊朗成功地发动了伊斯兰革命，赶走了王室，建立了伊斯兰共和国。

平心而论，伊朗的共和国比中东绝大多数政府都有效率得多，特别是霍梅尼死后，伊朗领导人民建立起一套民选总统的同时又保留宗教监督权的双重制度，形成了一种有效平衡。虽然带着很强的伊斯兰色彩，却是中东伊斯兰世界除土耳其之外最接近西方民主的制度。与之相比，沙特还是一个绝对君主制国家，而伊拉克和叙利亚在 1980 年左右都还是军事独裁制国家。

但伊朗人把事情做过了头。在革命中，激情有余的革命者把美国使馆人员抓作人质，彻底得罪了美国人。随后，伊拉克的萨达姆开始进行投机的两伊战争，作为吃亏和受害者一方的伊朗却无法获得世界的同情，伊拉克反而得到了大多数国家的支持。

世界对伊朗的孤立，也使得这个古老的国家变得越来越特立独行。它决定要寻找盟友，也要输出革命。所谓盟友，就是那些同样面临被孤立的国家，而输出革命则首先选在什叶派内部。伊朗认为，什叶派已经受过世界上太多的欺压，不管是基督徒、犹太人，还是逊尼派，都在欺负什叶派。它要帮助什叶派摆脱这种窘境。

输出革命思想的最杰出成果，就是黎巴嫩的真主党。真主党的成立让什叶派从黎巴嫩最微不足道的角色一跃成为最有话语权的势力，这一点伊朗功不可没。

2014 年，我在贝鲁特市中心的豪华商业区碰到了两位住在真主党控制区的青年人。其中一位青年人的生活是这样的：白天他在商业区的超市里打工，晚上则和朋友们组织了一个小乐队，他是一名鼓手，梦想是当一名歌唱家。另外一位年轻人则梦想当一名真主党战士。

为什么要当真主党战士？

回答是："真主党的人在社区里是最受尊敬的，而在黎巴嫩其他派别眼里，真主党也是最让人害怕的。"

在黎巴嫩恢复和平后，各派曾经有过协议将自己控制的军队交出来，统一编入国家军队之中。只有真主党毫不犹豫地拒绝了。在他们看来，什叶派有今天的地位，都是因为有了武装，放弃武装就等同于自杀。

真主党也是最敢和以色列打仗的武装。以色列很善于对付埃及、约旦的军队，对哈马斯也是随时都可以动手，只有真主党让以色列难堪过，无法取得全胜。2006年，以色列曾经动用大量的飞机导弹试图摧毁真主党的导弹发射系统，从数量上与当年的“六日战争”不相上下。“六日战争”中，埃及、叙利亚、约旦的飞机导弹系统几乎被完全摧毁，可是2006年打击过后，真主党仍然可以组织起有效的反击，仿佛是打不死的。正是这种天不怕地不怕的精神，让以色列和黎巴嫩之间形成了一种新的平衡，维持了黎巴嫩南部的平静。真主党也在黎巴嫩各派中受到了尊重，在不解除武装的情况下，仍然被允许加入政府。

2014年，真主党在国内招兵买马，输送了许多青年人到叙利亚参与内战，这些什叶派的士兵与叙利亚政府武装一起，扭转了叙利亚的战局。曾经摇摇欲坠的政府重新获得了对南部的控制权，也令北方的温和派反对势力越来越难受。

那位梦想当真主党战士的青年告诉我，再过两年，他就可以参加部队了。两年很快，但他有些等不及了。

他的话让我再次对真主党建立前后做了一个对比，不得不承认，中东的任何一个政治派别之所以出现，都是形势的产物。甚至以色列人都承认，如果以色列不入侵黎巴嫩，或许真主党就不会出现。它之所以出现，是什叶派为了应对危机做出的必然选择。

在真主党成立之前，马龙派的长枪党可以欺负什叶派，逊尼派和巴解组织也看不起什叶派，认为它们是没有战斗力的一盘散沙，以色列人受到巴解组织的攻击后，报复也往往落到什叶派的头上。

所有的武装组织都设立关卡，干预社会，俨然成了统治者，而什叶派除了缴税养活士兵之外，没有别的权力。痛定思痛之后，黎巴嫩的什叶派意识到，他们之所以如此无足轻重，是因为没有控制武装力量。

不过黎巴嫩什叶派第一个成立的武装并不是真主党，而是阿迈勒运动。阿迈勒运动如今仍然存在，在政治上的影响力与真主党不相上下，但在军事上则因为交出了武装，与真主党相差甚远。

在 1982 年以色列入侵黎巴嫩时，阿迈勒运动虽已经成立，影响力却非常有限。而四处可见的暴力却要求有强有力的组织来保护什叶派的安全。

这时，伊朗已经完成了伊斯兰革命，决定进行革命输出。他们派出了 1500 名革命卫队的战士，在叙利亚的默许下进入了黎巴嫩的贝卡谷地地区。贝卡谷地靠近叙利亚边界，生活着不少什叶派人民。

就在这里，真主党诞生了。从诞生之日起，真主党就承认伊朗的领导地位，从伊朗获得资金、武器和训练，也正因为有着足够的训练量，也有正规的组织结构，所以真主党脱颖而出，成为内战中不可忽视的力量。

内战总是变幻莫测。当以色列人撤退后，为了争夺西贝鲁特的控制权，伊斯兰各个教派之间大打出手，逐渐壮大的阿迈勒运动击败了德鲁兹派和逊尼派，在难民营中成了老大。就在这时，真主党参与进来，两个什叶派组织再次大打出手，这次获胜的是后起之秀真主党。

由于叙利亚支持阿迈勒运动，真主党也和叙利亚分道扬镳。

内战持续到 20 世纪 90 年代和平恢复。但即便到这时，在黎巴嫩的南部，还有一支以色列的部队驻扎，以色列人还利用黎巴嫩人组建了南黎巴嫩军，试图建立一条由以色列控制的缓冲带，让武装分子无法对以色列进行打击。

这时真主党出风头的时机到了，由于南方什叶派占多数，是真主党的主要基地之一，真主党持续不断地对以色列进行骚扰，直到最后，以色列同意撤出南部。

就算同意撤出，以色列仍然想依靠南黎巴嫩军作为代理，来维持影响力。但是，他们小看了真主党。在以色列还没有完全撤退的情况下，真主党就利用暗杀等手段，定点清除南黎巴嫩军的达官贵人。南黎巴嫩军崩溃了，整支军队瞬间就不存在了，士兵们逃窜回家，军官们受到报复，曾经显得如此强大的武装最后连一点儿痕迹都没有剩下。以色列为恶化的安全形势所累，提前撤离。

这是真主党威望最高的时刻。整个阿拉伯世界都被它的成就所鼓舞。埃及、沙特投来妒忌的眼光，它们都有意争夺阿拉伯霸主的地位，努力了半天，却没有一个小小的什叶派武装做得成功。

这也是伊朗的高光时刻，它在黎巴嫩的努力带来了丰厚的回报，在中东，什叶派的地位大大提高了。

伊拉克与叙利亚：两个邻居的不同境遇

1982 年，两伊战争进行得最激烈时，伊朗恰好发动了几次大反攻，伊拉克被打得落花流水，组织不起有效的进攻。这也是伊拉克最缺乏武器和外部援助之时，人们甚至以为这个国家已经战败了。

就在这时，伊拉克的邻国、曾经的好兄弟叙利亚做了一件让人大跌眼镜的事。它把叙利亚和伊拉克之间的输油管道直接关闭，致使伊拉克没有办法把石油送到地中海沿岸。这一下，伊拉克的石油收入大幅度减少，财政崩溃迫在眉睫，总统萨达姆·侯赛因暴跳如雷却又无可奈何，暗自吞下被兄弟黑一把的苦果。

这次事件也反映了中东这两个最奇特国家的关系。在 20 年前，两国关系火热，差一点儿就合并成一个国家。就算到了 1982 年，两国执政党都是一样的名字，都叫作阿拉伯复兴社会党，实际上，这两党本来就是一个，只是在不同国家建立的不同分支而已。两个国家还都由军事强人实施准独裁统治。

但是，两个国家又总是互相使绊儿，你看我不顺眼，我看你不顺眼。除了切断伊拉克的石油输送之外，叙利亚还在海湾战争中出卖了伊拉克一把，派兵支持多国部队对付总统萨达姆，并不断向西方出卖伊拉克的情报。而伊拉克也没有闲着，只要有机会，就鼓动叙利亚内部的反对派反对总统阿萨德，他们互相支持对方境内的库尔德人独立，又不断打击国内的库尔德人。

两国如同在经历一场持久的恶性竞争，争相把对方推向火坑，随时准备好出卖对方。结果到了 2014 年，两个国家都倒了霉。伊拉克总统萨达姆被美国推翻后，国内一直无法建立有效的民主制度，而叙利亚则经历着残酷的内战，整个社会处于撕裂状态。更可悲的是，一股叫作“伊斯兰国”的极端武装势力在两个国家上蹿下跳，它们试图取代两个国家政府，利用两国的土地建立一个新的国家，更增加了这个地区的混乱。

这两个“兄弟”国家显得如此与众不同，其根本的原因除了“越近的邻居越知道对方的丑”之外，最重要的则是两个国家奇特的宗派关系。在叙利亚，逊尼派占了人口的大多数，但是掌权的是什叶派的总统；在伊拉克，什叶派占人口大多数，却由一个逊尼派总统统治。这种结构不仅撕裂了国内的社会，还使两个国家之间的关系变得错综复杂。

叙利亚和伊拉克在历史上就曾有过宗派对立。在七八世纪的倭马亚王朝时代（逊尼派的起源），王朝的首任哈里发穆阿维叶由于曾经担任叙利亚总督，所以选择了大马士革作为首都。而当时的伊拉克境内是阿里派（什叶派的起源）的大本营，倭马亚王朝之前，阿里派曾经短暂地占据了哈里发的职位，首都在巴格达南方的库法。

倭马亚王朝灭亡后，阿拔斯王朝建立，这时叙利亚的地位下降，阿拉伯人的首都也永远地迁到了伊拉克的巴格达，伊拉克在地区的竞争中获得了暂时的胜利。

随后，阿拔斯王朝逐渐散落成地方性小政权，奥斯曼人崛起。奥斯曼人将伊拉克和叙利亚都并入了奥斯曼帝国。在奥斯曼帝国治下，人口可以比较自由地流动，叙利亚和伊拉克不同教派之间的摩擦并没有激化，并逐渐形成了现在的格局——伊拉克是什叶派占多数，而叙利亚是逊尼派占多数。

然而，随着叙利亚和伊拉克的分别建国，两国的政治版图也发生了变化。

首先变化的是伊拉克。伊拉克的什叶派主要分布在南部，逊尼派居于北方，在北部的山区，还有一个库尔德人居住的地方。

统治伊拉克的是哈希姆家族的费萨尔亲王，亲王是个典型的逊尼派，这是近代中东第一个由少数教派统治多数教派的政权。

费萨尔的后裔与伊拉克国内的矛盾主要表现在两个方面：一是王室总是试图将伊拉克与约旦联合，而国内人民并不看好与一个穷国联合；二是王室的逊尼派身份带来不了太多的认同感。1958 年，伊拉克发动政变，推翻了王室，成立了共和国。

就在这时，一个叫作阿拉伯复兴社会党的政党崛起。这个政党秉持社会主义理念，试图建立一个囊括阿拉伯所有国家的世俗共和国。

这个政党是一个跨国性组织，它有两个主要分支，分别在叙利亚和伊拉克。它在其他国家也有机构，只是没有这两个分支那么显赫。1963 年，伊拉克和叙利亚的复兴党分别发动革命，取得了政权。

取得政权之后的复兴党曾经试图将两个国家合并，却没有成功，反而将各自国内的矛盾激化了。于是两党分家，伊拉克和叙利亚从此失去了合并的希望。

之后，虽然复兴党政权曾经出现短暂中断，但几十年来的大部分时间里，两国主要的执政党都是复兴党。萨达姆·侯赛因和阿萨德分别在两国夺取了政权，建立了独裁统治，并将复兴党逐渐变成了个人统治的工具。

阿萨德出身于什叶派分支阿拉维派，而萨达姆出身于逊尼派，于是，两个国家都成了少数派统治多数派的国家，特殊情况彻底成型。

两个复兴党国家本身是世俗性政权，不区分宗教派别。但在执政时，由于独裁式总统不得不大量利用亲戚朋友关系来统治，所以政权也就带上了宗教派系的特征。

人们发现，两个政权虽然都叫复兴党，且党纲和目标也大同小异，但是，两个国家在互相挖墙脚上一点儿也不含糊。

库尔德问题是两国共同的问题。在北部山区，叙利亚和伊拉克各有一块库尔德人居住地，他们不断要求独立，进行反抗，成了两国政治的疮疤。叙利亚和伊拉克不停地抠着对方的伤疤，避免愈合，支持对方境内的库尔德人，却镇压己方境内的库尔德人。

同时，叙利亚支持伊拉克境内的什叶派反对逊尼派政府，而伊拉克支持叙利亚的逊尼派反对什叶派政府，一时间好不热闹。

在黎巴嫩战争中，叙利亚选择和马龙派政府合作来对付阿拉伯人，而伊拉克也参与进去，支持叙利亚反对的那一派。

双方都怕对方的实力过强，可以称霸中东。叙利亚的主要势力在约旦北部、黎巴嫩，而伊拉克的势力在海湾地区。

在伊朗的伊斯兰革命完成后，伊拉克总统萨达姆·侯赛因为了确定伊拉克的地区霸权，决定与伊朗开战。阿拉伯大部分国家都支持属于阿拉伯人的伊拉克，反对波斯人的伊朗，只有叙利亚支持伊朗，反对伊拉克。

到了后来，萨达姆总统发动海湾战争，并受到全世界谴责，叙利亚政府就更加得意了，它终于得到世界的帮助来反对邻居。

然而，好日子也是有代价的，随着伊拉克被打得稀巴烂，叙利亚的独裁问题也逐渐进入人们的视野。在最近的阿拉伯革命中，统治了几十年的阿萨德家族终于成了众矢之的。也许老阿萨德总统在挖伊拉克的墙脚时，怎么也想不到，他自己也被人们和萨达姆等同，当作是中东准独裁者的典范。

不过就算他知道，他也没有别的选择。中东强人的一生都大同小异，他们表演，他们恣意妄为，但他们如同被绑在战车上，必须一直表演下去，直到死去或者被清除。

兄弟阋墙的两伊战争

如果说巴以之间的冲突形成了中东的第一个烂疮，那么伊朗和伊拉克的冲突则开启了中东的第二个烂疮。

第二个烂疮从两伊战争开始，一直延续到海湾战争，再进入2003年的伊拉克战争，最后是2014年的“伊斯兰国”战争。仿佛是一场多米诺骨牌游戏，当第一场战争爆发后，后面的战争就已经无法避免，每一场战争中间都只不过隔了一张牌而已。两伊战争，这场兄弟阋墙所带来的悲剧到现在仍在继续。

两伊战争也是美国深度介入海湾地区事务的起点。战争中，美国选择大力支持伊拉克，从常规武器到化学武器，从情报到直接干涉，美国为伊拉克提供了大量的援助。

然而在两伊战争结束后，萨达姆停不下军事的脚步，入侵了科威特，也导致美国更进一步卷入，不过这次是与萨达姆为敌。

西方国家的卷入引起阿拉伯人的反感，又促成了恐怖主义的进一步发展，特别是奥萨马·本·拉登的出现……

这样的恶性循环直到奥巴马总统时期才被认真考虑，并决定逐渐从中东脱身。但从现实来看，美国人想要脱身并不容易，已经被打破的平衡很难在短时间内恢复，中东的走向仍不明朗。

1979年，伊朗发生伊斯兰革命后，最感到担心的是它的邻国伊拉克。

由于伊朗是一个什叶派掌权的国家，而伊拉克的公民大部分也是什叶派，作为执政者的萨达姆·侯赛因总统立即觉察到了其中的危险：伊朗的榜样会鼓励伊拉克的什叶派造反。

这两个国家有着太多的不同：伊朗强调宗教，而伊拉克政权是世俗主义的；伊朗强调泛穆斯林主义，特别是全世界什叶派的大联合，而萨达姆强调国家主义，梦想称霸逊尼派。

萨达姆从来不掩饰要让伊拉克取代埃及，成为逊尼派首领的雄心，而现在最大的障碍就是伊朗。

于是，在两个国家的敌意下，冲突迅速出现。伊拉克国内的什叶派蠢蠢欲动，试图发起革命，而伊拉克北方的库尔德人也感受到了革命号召，加强了独立运动。作为回应，伊拉克大力支持伊朗国内的阿拉伯人造反。在伊朗靠近伊拉克的西部，有一片叫作胡齐斯坦（Khuzestan）的地方，这里居住着大量的阿拉伯人，并且是有名的产油区，萨达姆梦想着能把这里吞并，让其成为伊拉克的一部分。

另外，两国交界的阿拉伯河成了争端的焦点，这条河由著名的底格里斯河与幼发拉底河汇合形成，流入波斯湾。伊拉克和伊朗的油田都通过这条河把石油运往大海。但由于历史原因，两国边界并不是在河道的中流（河水最深处）分开，而是由伊拉克占据了大部分的河道，边界从伊朗一侧的低水位线划开。这样的情况持续到 1975 年，才在伊朗的反对下更改国界。但伊拉克对更改结果并不满意。

当两国冲突不断时，萨达姆决定用入侵来一劳永逸地解决问题。由于伊朗刚刚经过革命，军队进行了大清洗，缺乏战斗力；而萨达姆已经精心准备了好几年，部队的实力远在对手之上，对他来讲，没有比这更好的时机了。

1980 年 9 月 22 日，伊拉克的军队进入了伊朗，试图通过一场闪击战将伊朗制伏。但是谁也没有想到，这场闪击战最终会变成一场可怕的持久战。

伊拉克的空军首先出动，对伊朗的空军机场进行狂轰滥炸，试图摧毁伊朗的空军力量。但这一招失败了，伊朗的空军力量虽然受到了打击，但是大部分保留了下来。

接着，伊拉克的陆军出动，向胡齐斯坦挺进，占领了大片地区。伊朗人撤退了。

但到这时，萨达姆却发现，由于伊朗的纵深太大，人口众多，仅仅靠占领胡齐斯坦并没有办法击垮伊朗，也没有办法逼它和谈。伊朗虽然撤退了，但大部分的军事力量并没有被削弱，甚至由于军事动员加强了。

倒是萨达姆一侧高估了自己的实力。很快，他的海军被伊朗歼灭，失去了海上的主动权，伊朗的空军也比伊拉克更有攻击力，甚至一直轰炸到伊拉克和约旦的边境去打击伊拉克的机场。在陆军方面，伊朗的装备虽然不如伊拉克，但是他们用人肉攻势来做补充。伊朗人利用杂牌军打头阵，摸出伊拉克阵地的薄弱之处，再用正规军做第二波冲锋，打开缺口，最后用装甲化部队轰隆隆碾过，将伊拉克人分割包围，各个歼灭。这么做虽然让伊朗损失了更多的人，但是，他们认为相对于装备来说，人是最便宜的武器资源。

到了 1982 年，伊朗已经将大部分领土收回，并准备进入伊拉克的领土。

就在这时，伊拉克的邻国叙利亚做出了那个惊人之举：切断伊拉克通往地中海的输油管道，伊拉克因此丧失了大部分的收入。叙利亚人想通过这个办法逼迫萨达姆下台。这是萨达姆第一次感到山穷水尽的时刻。

但是，战争的趋势在悄然改变……

伊拉克之所以挺住了，在于它得到了外援。

伊朗革命的后果之一，是失去了朋友。在革命之前，美国和西方都是伊朗的好朋友，但随着革命，国王逃走，西方的盟友们也跟着一起离去。

当年，伊朗革命者在革命激情的冲动下，绑架了美国大使馆的工作人员，美国与伊朗彻底交恶，而霍梅尼输出革命的做法让逊尼派对他充满了敌视。另外，伊朗革命之前是苏联和社会主义的敌人，革命后，苏联也没有将新政权当成盟友。算下来，伊朗几乎一个朋友都没有，只有叙利亚帮助了伊朗，但这主要是出于叙利亚和伊拉克的矛盾。

当伊朗没有朋友时，伊拉克却突然走运。

在此之前，伊拉克的萨达姆政府与苏联关系深厚，他的整个军队系统都是苏联的武器装备起来的。而由于他是逊尼派，更是得到了沙特、科威特、阿联酋、埃及等几乎所有逊尼派国家的全力支持。

美国人本来对两个国家都没有好感，但由于伊朗人主动把自己塑造成美国的敌人，所以美国决定在伊拉克快失败时帮一把。谁知这一帮，就再也收不住了。

于是，战争被战场之外的实力对比决定了。

在战争中，双方的武器大量消耗，特别是飞机和装甲车的配件更为重要。有时候，几个特种螺丝就可以让一辆坦克报废。伊朗的重要武器坏一件少一件。它的战斗机除了损失在战场上，还报废在机库里，战斗打响前需要清点还有多少架能够起飞。但是，伊拉克却总是能够得到补充。伊拉克人从法国和苏联购买了大量的飞机。于是，空中的优势被扭转了。

到最后，美国、苏联及欧洲国家都竞相把武器库向伊拉克开放，而伊朗只能从朝鲜、利比亚和中国得到微不足道的援助。这是冷战中少有的景象，因为在冷战中，欧美支持一方，苏联必定支持另一方，但两伊战争打破了这个概念，也表明伊朗当时有多孤立。

不仅在出售武器上削弱了伊朗，在封锁对方的石油出口上，伊拉克也得到了大量的外国帮助。双方为了不让对方把石油卖出去，都向驶往对方港口的外国船只开火，西方国家派出了军舰保护商船。但是这些国家只保护驶往伊拉克港口的商船，不保护驶往伊朗港口的商船，没有人再敢到伊朗去购买石油。

石油出口的急剧下降，使得伊朗更没有钱去应付战争。捉襟见肘的窘境让国内通货膨胀居高不下，物品短缺，伊朗人的士气低落是造成最后崩盘的原因之一。

战争进行到最后，总是资金的比拼，与伊朗无钱可用不同，伊拉克却是要多少钱有多少钱。科威特和沙特等海湾国家是帮助萨达姆的大户，每年为萨达姆提供的资金不下 600 亿美元。萨达姆一时间成了国际债市的宠儿，人们纷纷借钱给他，西方国家、中东国家都成了他的大债主。萨达姆也许想不到，战后的巨额外债会成为伊拉克致命的死穴，但是在战时，他却拥有了巨大的支配权。

最让人感到惊讶的是，在对付伊朗的过程中，西方国家都在竞相帮助伊拉克发展大规模杀伤性武器。法国人帮助萨达姆搞核反应堆。而美国、德国、荷兰、英国、法国等几乎所有发达国家都卷入到帮助伊拉克购买或者制造化学武器和生物武器之中。

在战争的后期，伊拉克利用化学武器杀死了数万名伊朗士兵，并屡屡用来进攻伊朗平民，甚至对付国内的库尔德人，但由于帮助伊拉克已经成了世界巨大的阳谋，所有的国家都背过脸去，装作没有看见。

事后，人们会回忆起当初的举动多么荒诞，但在当时，在一窝蜂的行动中谁也没有感觉到有什么不妥。为了对付“那个国际幼儿园中被孤立的小孩”，就给另一个“孩子”手中塞满了武器。

战争到了 1988 年，已经经过了多个回合，从伊拉克进攻，变成伊朗进攻，到双方僵持中各自占有对方领土。

在强大的化学武器的进攻下，伊拉克军队在南部、中部和北部都取得了全面的主动权，也让伊朗意识到，是接受和平协议的时候了。

两伊战争结束时，全世界都认为伊朗战败了。这个封闭的国家由于石油减产、财政崩溃，已经很难恢复。而伊拉克作为战胜者，建立了世界第四的庞大陆军，成为该地区新的霸主。

但是，人们没有注意的是，伊朗的军事工业也就是在那时得到了发展。伊拉克不愁买不到武器，伊朗人却由于无处购买，只能尝试着在国内制造一些武器和零件。虽然这些工业无法帮助本国取得胜利，但在战争结束后，伊朗已经拥有了制造和输出简单武器的能力。与沙特、埃及等动辄大价钱购买先进武器不同，伊朗人的武器虽然落后，却足以武装真主党这样的派别，革命卫队输出革命更加有底气了。

另外，在战争中伊朗四处缺钱，没有人借给它，战争之后，这也成了优势。由于没有太多外债，伊朗人可以轻装上阵发展经济。它的对手伊拉克却被外债问题直接拖垮了。

从 1988 年起，伊朗在中东地区的影响力越来越大。在阿富汗战争中，伊朗支持北方联盟，而阿拉伯及西方国家则一味支持南方的抵抗者。最后，从南方抵抗者中出现了一个怪胎塔利班。2001 年，美国人不得不发动战争把塔利班干掉，重新换上以北方联盟为主导的政权。由于伊朗和北方联盟是盟友，因此伊朗在阿富汗的话语权增强了。

随着黎巴嫩战争的结束，伊朗在黎巴嫩扶持什叶派真主党也有了收获。真主党成了抗击以色列的先锋，也成了黎巴嫩政坛最举足轻重的力量。

2003 年，美国人把萨达姆政权干掉后，推行民主制，伊拉克变成了一个什叶派主导的国家，伊朗立即与伊拉克发展友好关系，两伊战争造成的隔阂消失了。

在叙利亚战争中，伊朗联合黎巴嫩真主党帮助叙利亚总统阿萨德打仗，随着战事的危急，伊朗看来要输掉这一战。但突然间转机来了：由于逊尼派武装组织“伊斯兰国”的出现，美国人骤然发现，要打击“伊斯兰国”，必须和伊朗站在一条战线上。就这样，伊朗在从地中海到帕米尔高原这条巨大的走廊上，都建立了很高的威望。

但是，谁也不知道这威望能否持续、持续多久。因为在中东，一瞬间就会天翻地覆。最典型的例子就是萨达姆，他享受了三年征服者的滋味，然后瞬间被打入地狱。

萨达姆：停不下的车轮拖垮了马

在埃及旅行时，我巧遇了一位伊拉克女士。

由于埃及革命的爆发，埃及所有的旅行景点都已经到了门可罗雀的地步。从阿斯旺开往阿布辛拜勒神庙的大巴车停开了，只能坐当地人的小巴前往。那一天，举世闻名的阿布辛拜勒只有我和那位伊拉克女士两位游客。

阿布辛拜勒是古埃及新王国时期法老拉美西斯二世建立的神庙，当纳赛尔总统修建阿斯旺高坝时，许多古代的遗迹也都将被淹没于水下。为了保存古文明的痕迹，联合国组织的专家团将阿布辛拜勒神庙切割成一块块的石头，再换到高处重新组装起来。如今的神庙在一座人工的小山内部，仍然带着切割的痕迹。这一次拯救工作不仅让神庙起死回生，还给它带去了更多的名声，成为古代和现代共同的技术奇迹。

我们参观神庙时，伊拉克女士如数家珍一般向我讲述着古埃及的历史，神庙上有着丰富的壁画，她知道每位神的名字以及每个场景的含义。

按照她的划分，世界最早的文明出现于中东的美索不达米亚和古埃及，以及（传统上认为）稍后一点儿的古印度，这可以作为第一代的文明；之后则是希腊、克里特、中国等，作为儿子辈而存在；至于其他的，则是更晚的孙子辈、重孙子辈。

古埃及还是一神教的发源地。在古埃及的新王国时期，一位名叫阿肯那顿（Akhenaten）的法老极端仇视各个神庙的祭司，这些祭司已经太富裕腐败了，成了王朝的寄生虫，整个王朝的财政已经养不起这个庞大的阶层。

阿肯那顿决定摒弃埃及的多神教，建立另一个纯洁而简单的宗教。他把都城迁到了卢克索和开罗之间的一个地方——阿玛纳

（Amarna），并在那儿创建了一种特殊的教义，这个教义只崇拜一个神——太阳神阿顿。

阿肯那顿死后，他的教派并没有流传下来，埃及又回归了多神教，祭司阶层获得了最终的胜利，继续腐败而幸福地活着。阿肯那顿的继承人就是有名的法老图坦卡蒙（Tutankhamun）。20世纪时，英国人发掘了图坦卡蒙的墓葬，当年法老的陪葬品几乎一件不少地出现在人们的面前，又成了开罗埃及博物馆的镇馆之宝。图坦卡蒙在历史上所做的事情之一，就是废除太阳神阿顿，回归埃及的主神阿蒙。

阿肯那顿创建的一神教虽然在埃及失败了，但是影响了当时在埃及的另一批人。当时，希伯来人（犹太人）正好客居埃及，他们继承了法老的一神教理论。当摩西把犹太人从埃及带走时，一神教也跟着犹太人来到了中东地区，这才有了犹太教。

从犹太教的分支又形成了基督教和伊斯兰教。至于中国，由于与中东地区相隔太远，就没有沾染上一神教的思想，至今仍然停留在多神教的状态。

这位伊拉克女士没有戴头巾，看不出她的信仰。但从她滔滔不绝的谈话和丰富的知识可以得知，伊拉克曾经有一个接受过良好教育、脱离了宗教氛围的精英阶层。她本人也是个古文明的狂热崇拜者，生在伊拉克，又去过印度、土耳其、希腊、克里特，至于埃及，她也已经来过很多次。

我对女士说，在最早一批的古文明中，我已经去过印度和埃及，只有她的家乡伊拉克没有去过。

“哦，那你在短期内是去不了了，那儿又要打仗了。”她轻声地回答。

这是她唯一一次提到家乡的情况，在其余时间里，不管我做如何的努力，她都绝口不提那个深陷战乱的国度。从我和她的对话中，我猜测她也是为了躲避战乱，才来到这里。只是，她以什么为生，又将去哪儿，是否会回伊拉克，这些问题她都不回答，保持沉默。也许沉默代表她的心已经碎了。

她在埃及游荡时，一个叫作“伊拉克与黎凡特伊斯兰国”（ISIL，后改名为“伊斯兰国”）的逊尼派极端组织正在这个国家的北部肆虐，将伊拉克进一步引向混乱。经过三十多年的战争之后，这个国家不仅没有走向稳定，反而更加接近于崩溃。

人们时常认为，伊拉克的失败是从 1991 年的海湾战争开始的。由于伊拉克入侵了邻国科威特，主持正义的多国部队将伊拉克人赶了回去，并制裁了伊拉克，这个多灾多难的国家从此进入了崩溃程序。

但是，很少有人理解，伊拉克卷入旋涡还应该再往前推十几年到两伊战争时期。从萨达姆出兵伊朗那一天，伊拉克就注定了现在的结局。

可以打个比方，在一个陡峭的下坡路上，一匹马儿拉着马车，在启动时是马儿拉着车在跑，但随后，重力的作用令马车越来越快，根本停不下来，这时，就已经是马车在推着马儿前进了。最终，这辆车会将这匹马儿累垮。

这匹可怜的马儿能够决定的，只是最初要不要启动，一旦启动起来，这辆车就失控了。

在两伊战争中，表面上伊朗是受到孤立的一方，而战争英雄萨达姆领导的伊拉克却受到了普遍的欢迎，美国人为了限制伊朗而支持他，苏联人也卖给他武器，几乎整个阿拉伯世界都作为他的后盾。一时间，他成了世界上的明星和宠儿。

但这些支持无不是短暂和不实惠的。当两伊战争结束时，伊拉克真正的情况是：

第一，虽然整个世界都贷款支持伊拉克打仗，鼓励他多借钱，但这些债务迟早是要还的。据统计，伊拉克欠下了 800 亿美元的外债。

如果萨达姆读历史，就知道借债的危险和教训。一个小国政府需要借债时，国际社会总试图把超出它财政偿还能力的钱借给它，并且不断恭维它，让它飘飘然。到这个国家出现偿还危机时，国际社会立即变脸，采用强制性手段要求赔付，并逐渐升级，直至出现社会混乱或者政府更迭。在第一次世界大战之前，甚至会直接由债权国接管一部分统治权。

第二，由于产油和运输设施的破坏，伊拉克的石油产量减少到几乎只有战前的六分之一，直到海湾战争前才恢复。在设施没有修复期间，已经严重影响了伊拉克的经济收入。

第三，由于战争，经济损失达到数千亿美元，伊拉克不仅无法还债，还进一步需要大量资金进行重建工作。

第四，由于战争的缘故，伊拉克军队人数翻了数番，加上它向东西方国家（包括中国）购买了大量的武器装备，当战争结束后，如何处理和保管这些军队和武器，一直是个令人头疼的问题。如果让他们都复员，这些军队可能会担心未来找不到工作吃不上饭而起来造反；如果保留军队编制，国家财政又受不了。这个时期是最容易失控的，除非再进行一场战争，给军队找点儿事做。

而战争期间支持伊拉克的中东国家也并没有体谅它的难处，一方面不肯减免伊拉克的债务；另一方面，又利用伊拉克的疲弱，不断地扩张石油产能，侵蚀伊拉克的石油份额。

比如，伊拉克希望石油产出国协调一致，把油价维持在 18 美元一桶，以保证足够的利润，但是它的邻国和债主科威特却偷偷扩充产量，将油价打到了 10 美元。科威特由于石油产量高，赚够了钱，而产量偏低的伊拉克成了受害者。

总之，萨达姆已经被绑上了一辆停不下来的战车，他的野心，加上整个世界如同耍猴一样支持他表演，却不肯付账，导致他只能继续用令人瞠目结舌的方式表演下去——出兵科威特。

出兵科威特，是伊拉克基于国内财政和经济危机的一种本能式反应，也的确能够缓解伊拉克国内的问题。一旦将科威特吞并，伊拉克欠科威特的大笔外债便不用还了。吞并科威特的油田，伊拉克的石油储备和出口份额也会增加。另外，大量的军队有了新的事情做，便不会危及政权了。

关于科威特的地位问题，也可以回到所谓的奥斯曼原点去考虑。当中东世界仍然是奥斯曼帝国的一部分时，科威特是奥斯曼帝国的一个特殊省份，这个省份拥有极高的自治权，却并不独立。

到奥斯曼帝国解散后，英国人主持科威特独立，但伊拉克政府并不承认。在伊拉克和其他许多国家看来，组建统一的阿拉伯国家才是正解。虽然到最后，阿拉伯世界四分五裂了，但伊拉克和科威特的矛盾却延续下来，加上个别领地、经济上的纠纷，萨达姆认为已经到了算总账的时候。

伊拉克的大军瞬间淹没了科威特。萨达姆仍然把自己想象成西方和阿拉伯世界的宠儿，他认为能够得到这些国家的体谅。毕竟科威特是一个比伊朗小得多的国家，既然大家都支持他打伊朗，也不会为了小小的科威特和他玩真的。

但这次他大错特错了。

入侵行动令世界意识到，看热闹的时机已经过去了，现在需要赤膊上阵了。但每个国家的目的又各不相同。

阿拉伯世界之所以反对伊拉克入侵，是意识到伊拉克正在走向称霸之路。特别是沙特，由于沙特的军事力量比起伊拉克处于劣势，很担心伊拉克下一个入侵目标就是自己。所有阿拉伯国家都担心，一旦伊拉克侵占了科威特和沙特，就控制了中东地区最大的石油资源，它的称霸就指日可待了。

至于西方国家，则认为这是一个在中东军事入驻的好时机。

在这之前，外来势力虽然已经深深地介入了中东，但很难形成大规模的军事存在，只能依靠卖武器、进行代理人战争、组织维和部队的方法实施背地里的控制。而伊拉克的入侵让他们意识到，可以直接在中东驻扎大量的军队，形成大规模的军事基地，这对控制中东的油气资源尤其有利。

最经受不住伊拉克威胁的是沙特，它首先向美国表示愿意提供军事基地。沙特由于是瓦哈比派国家，在中东地区一直是最保守的势力，他们善于向西方销售石油，却反对西方价值观的侵蚀。但此刻，在形势的逼迫下，沙特迅速向西方开放领土，各国则争先恐后地加入战团。萨达姆这才知道捅出了大娄子，即便想回到过去也不可能了。

战争的过程本身并不复杂，但战争结束，将伊拉克人逐回国境线之内后，其政治形势却更加变幻莫测。

如果战争结束后，世界足够明智，能够重新接纳伊拉克政权，那么这个国家或许还能保持稳定。但是，人们需要树立一个永恒的敌人，才能让其余的国家团结起来。而当初的宠儿伊拉克不幸就成了这个永恒的敌人。

战后的伊拉克政府成了世界眼中的坏孩子和软柿子，怎么看怎么不顺眼，随时想捏一下。伊拉克政府又是由国内的少数派建立的，需要一定的权威才能维持统治，一旦失去权威就会垮台，所以必须表现得对世界不妥协（实际上妥协了无数次）。

表面上看，世界是要消灭邪恶政权，保证伊拉克没有称霸能力，同时在国内实现民主，这些目标虽然高尚，但靠孤立和树敌的方式不仅无法达到，反而适得其反。

随着战争的进行，伊拉克这个依靠强力捏成的国家立即出现了内乱。在伊拉克国内，有两种反政府的势力特别强烈：一个是北方山区的库尔德人势力，另一个是南方的什叶派势力。

库尔德人在奥斯曼帝国解体时，就想建立单独的国家，但是，英法等国尊重了亚美尼亚、阿塞拜疆等国的建国意愿，却忽略了库尔德人的建国意愿，将库尔德人分在伊拉克、土耳其、叙利亚几个国家之内，这几个国家也都出现了严重的库尔德人问题，直到如今仍然不时爆发激烈的冲突。

库尔德人在萨达姆政权衰弱时，立即组织了反抗，但被镇压了下去。

而在南部的什叶派，本来在伊拉克的人口就占多数，早就不满于萨达姆的统治，也乘机起事，但同样被镇压了下去。

但这两次镇压给进一步干涉提供了借口。加上化学武器问题，伊拉克成了一波又一波审查、一波又一波制裁的对象。直到 2003 年，西方决定再次出兵伊拉克，将萨达姆政权彻底摧毁。伊拉克也迅速进入纷纭繁复的内乱时期，直到现在仍未结束。

海湾战争也成了中东另一个纪元的发端。在这之前，中东的乱局大都在阿拉伯国家内部，或者阿拉伯国家与以色列之间，但从这之后，中东问题就彻底上升为一个世界性问题了。

当初邀请美国人的沙特王室发现，美国军队已经成为一种常态，不可能赶走了。沙特王室曾经以严格的教义为标榜，现在却带头将美国大兵引入，这种宣传和做事的严重分裂，让他们不管在国内还是在阿拉伯世界都受到了严厉的批评。

许多梦想幻灭的沙特人堕入了极端主义运动，其中包括基地组织的首领奥萨马·本·拉登。还有些沙特人大量资助极端主义分子，不管是阿富汗的塔利班，还是基地组织等，都能看到沙特富豪们的支票簿的影子。

也正是从这时起，伊斯兰教的恐怖主义上升为全球性问题。

第六章

回归宗教激进

2014 年 7 月的一天，我坐在从开罗去阿斯旺的火车上。

20 世纪 90 年代，由于发生了几次令世界震惊的针对旅客的恐怖袭击，埃及政府决定，前往卢克索和阿斯旺等南部地区的外国人，只准乘坐有限的几趟列车，各个售票点不得将其余廉价列车的车票售予外国人。这几趟列车不见得更安全，却费用昂贵。

不过，在埃及，有了政策，就会有对策。为了享受便宜的交通，外国人往往采取先上车再补票的方法旅行，跳上任何一列火车，享受当地人的价格（一列普通车二等座的价格是 56 埃及镑，而准许外国人乘坐的旅客列车只有卧铺，价格却是 100 美元，折合 700 埃及镑以上）。但补票不是都有座位，遇上人多，只能站在过道里。

在我坐的那趟列车上，由于恰逢斋月期间的旅行高峰，列车上不仅没有空位，过道里也没有坐的地方。但这是和当地人攀谈的好时机，恰好有人会英语，可以在我和本地人之间做沟通。他们对有个外国人和他们一起站着也很兴奋，于是我们聊了一路。

聊到后半场，人们的话题已经从普通的好奇心转到了更加深入的政治性话题。当时恰逢以色列在 2006 年以来对加沙地带发起的第三次入侵，对控制该地的哈马斯组织进行了狂轰滥炸。埃及人不忘告诉我他们对以色列的愤恨，他们对哈马斯充满了同情，希望哈马斯挺住。

一位懂历史的埃及人告诉我，千百年来，以色列人几次在耶路撒冷立国都无法长期坚持，其原因就在于树敌太多。这个国家可以在一时显得很强大，但它总有一不留神衰弱下去的那一天，而中东的其他国家虽然目前显得无能为力，但也一定会有某一天出现一个更强大的政权，并借助机遇将以色列打败。只需要一次败仗，就到了以色列人再次背井离乡之时。

“至于这事发生在10年后，还是50年后、100年后，不敢保证。但就算是100年，也是很短暂的，不是吗？”埃及人边总结边反问。在拥有悠久历史的埃及人看来，再长的时间都只是白驹过隙而已。

我能听出他话里的危险性，也知道这是大多数阿拉伯底层民众的看法，我只能小心翼翼地显示出欣赏他的说法，却避免表示赞同。

埃及人之所以对哈马斯表现出如此的同情，还有一个重要的原因：控制加沙地带的哈马斯，实际上是出自埃及一个重要的宗教和社会团体——穆斯林兄弟会。而在火车上站着的，大多数是埃及的穷人，他们是穆斯林兄弟会的支持者。

当我们聊到埃及国内的形势时，由于恰逢埃及的民主革命结束，代表军方和强人统治的塞西总统上台，我们互相提了三个问题：1. 如何看待三年前被推翻的总统穆巴拉克？ 2. 如何看待2012年当选（2013年被推翻）的总统，也就是穆斯林兄弟会成员穆尔西？ 3. 如何看待新当选的总统塞西？正是他把前总统穆尔西赶下了台。

关于埃及最近的革命，下一章还会专门讲。这里只说埃及人的回答。

对于第一个问题，列车上的人普遍的回答是：穆巴拉克很坏，独裁，腐败，应该被赶下台。而我则附和了他们的看法。

对于第二个问题，我谨慎地认为，埃及人给穆尔西留的时间太短了，从上台到被赶下台只有一年时间，应该至少给他两年，才能做出更准确的判断。我的说法是为了避免站队，既显得同情穆尔西，又避免支持穆尔西。但是当我说完，所有的听众都把我当成了穆尔西的支持者。人群立刻热闹起来，他们带着笑容和我握手，拍我的脑袋。气氛活跃了很多。

会英语的埃及人告诉我："这儿几乎所有人都是穆尔西和穆斯林兄弟会的支持者。"当然有一个例外，我旁边一个人立即宣布他是军人（虽然他没有穿军装），支持推翻穆斯林兄弟会的塞西总统，他竖起两根手指（这个手势代表支持塞西）表明立场，并拂袖而去。仅此一人。

而此刻穆斯林兄弟会在埃及仍然被政府定性为恐怖组织，并遭受了强力的打压。塞西总统就是靠推翻穆斯林兄弟会统治起家的，他发誓他在位一天，穆斯林兄弟会就别想合法化一天。埃及彻底分裂为两个不同的派别：塞西总统的支持者们大都是埃及的中产阶级、当权派、希望稳定的人，而穆斯林兄弟会的支持者则主要是穷苦人。两派的实力相当，只是穆斯林兄弟会处于地下蛰伏状态。

关于穆斯林兄弟会的定性问题，在埃及社会也出现了大量的争论，有的人把它斥为恐怖组织，有的人则认为它是社会的救星、穷人的希望。这就像它在巴勒斯坦的支脉哈马斯一样，以色列和西方视哈马斯为恶魔，而巴勒斯坦民众却将他们当成救世主。天使和魔鬼统一在一起，显示出这个世界的分裂本性。

几天后，我出现在卢克索。这座古埃及的首都曾以旅游业为主业，可如今游客稀少，经济也遭受了致命的打击。

不管是旅馆的员工，还是商店老板、警察，无不向我诉说着三年前的游人如织，对比着今天的萧条。景色依旧，巨大的法老石像与多柱大厅仍然在等待着人们的顶礼膜拜，只是少了欣赏的人。

我认识这里的一位导游艾哈迈德（Ahamed），帮助他学习过汉语，这次回来也决定去找他。

他是一位正直的人，也是虔诚的教徒，每到祈祷时分，只要有可能，都会寻找最近的清真寺祈祷。

艾哈迈德的住处是一个普通的两室一厅，除了一台冰箱、几张床、一张桌子之外，没有别的家具。这里一共住了 4 个人，租金是 600 埃及镑一个月，每个人平均 150 埃及镑，大约折合人民币 140 元。在中国人看来，这个价格很便宜，但随着游人的减少，租金成了这位导游的一大负担。

当我进门时，发现另外几个埃及人也在。他们正在激烈地谈论着什么，眼神中带着严肃和愤怒。寒暄过后，艾哈迈德直接问我："你如何评价新上台的总统塞西？"

我回答："塞西刚上台，还无法评价，需要给他至少一年时间才能看清楚。但我个人感觉，从政策上看，与前总统穆巴拉克不会有太大的区别。"

他把我的话翻译给几位不懂英语的埃及人，随后才告诉我，他们正在谈论一桩司法审判。这次审判的主角，就是穆斯林兄弟会的大头目穆罕默德·巴迪（Mohammed Badie），他们称之为总向导。

2013 年 7 月初，当陆军元帅塞西发动政变，将出自穆斯林兄弟会的总统穆尔西推翻以来，临时政府就与穆斯林兄弟会发生了激烈的冲突，进行了一系列的镇压活动。至今，已经有数万人被送进了监狱。

进监狱的人中，既包括曾经的总统穆尔西，也包括总向导巴迪。随后，两人均被以多项罪名指控。对于穆尔西的审判屡屡延期，至今仍未结束，而对于巴迪的指控却一直在推进之中。

政府似乎铁了心要把巴迪除掉，无论如何都要给他安上罪名，指控他搞恐怖组织，策划暴力，致人死亡。审判他的第一个法官团认为做不了这事，推辞了，于是法院又组成了第二个审判团，结果第二个团又失败了，换成第三个审判团，这才给他定下了死罪。

关于他死罪的案子还在上诉之中，政府似乎还不收手，再次针对其他指控继续审判，又给他定了个无期。

关于第二次定罪，人们也有着不同的看法，有的人认为是美国国务卿约翰·F. 克里（John F. Kerry）刚刚访问埃及，恢复了一部分美国援助（塞西政变后，美国援助中断），作为回报，埃及有可能趁上诉时撤去前面的死刑判决，而维持后面的无期徒刑判决。而有的人则认为，不同的判决源于不同的罪，死刑判决并不会撤销。

当谈到巴迪的案子时，我才知道，艾哈迈德原来也是穆斯林兄弟会的追随者。巴迪被判刑让这些追随者感到愤怒。

与此同时，随着政变一周年的到来，埃及各地也出现了零星的抗议活动。在开罗的地铁站发生了数次爆炸事件，一时间风声鹤唳，警察如临大敌。随后，总统府附近也发生了爆炸。这种做法仿佛印证了塞西总统的说法——穆斯林兄弟会是恐怖组织。

但是，艾哈迈德严肃地告诉我，穆斯林兄弟会不仅不是恐怖组织，反而是慈善组织，是代表最穷苦大众利益的组织，至于发生的爆炸，不排除是穆斯林兄弟会的同情者干的，但在遭受了这么大的委屈之后，组织里一定会出现一些激进分子，把事情搅得更加复杂。

并非所有的人都认同艾哈迈德的说法，特别在以旅游服务为业的人群中，将穆斯林兄弟会看作恐怖组织的不在少数。一个人就毫不犹豫地告诉我，只有把穆斯林兄弟会镇压下去，埃及才有机会。

还有些人认为，穆斯林兄弟会出身的穆尔西总统不是坏人，但问题在于，他只是穆斯林兄弟会的一个傀儡，被后面的巴迪等人操纵着，又如何能够治理国家？

穆斯林兄弟会众说纷纭的背后，是这个已经有 90 年历史的老组织与各种各样伊斯兰激进组织的特殊传承关系，从中也可以了解中东地区百年宗教激进主义的流变。

到底穆斯林兄弟会是一个恐怖组织，还是一个天使？到底镇压穆斯林兄弟会是对了，还是错了？那些新旧极端主义组织又和穆斯林兄弟会有什么关系？

如果要解开这些疑问，就必须讨论穆斯林兄弟会的来历，以及它到底做了些什么，和哈马斯、基地组织、“伊斯兰国”等更激进的组织的关系又如何，以及在几十年里它们是如何起起落落的。

刺客信条：来自中世纪的宗教激进传统

在伊斯兰教，自古以来并不缺乏武装斗争的传统。

先知穆罕默德被麦加人赶出麦加之后，就在麦地那开展起武装斗争，最终打败了敌视他的麦加，获得了阿拉伯人的领导权。之后，阿拉伯人对外扩张，建立了哈里发国家，将亚欧非大陆的大片土地纳入掌握之下。

在哈里发的统治下，阿拉伯人的政策相对开明，对犹太教和基督徒采取了宽容态度，并不要求他们改信伊斯兰教，只要纳一定的税，就允许他们在帝国内继续信奉自己的宗教。甚至一度发生因为帝国担心税收减少，害怕基督徒改宗伊斯兰教的事情。

但是，从阿拉伯帝国开始，伊斯兰教内部就有着反抗的传统，自先知穆罕默德去世，伊斯兰的异端派别就举起了斗争的武器。

最早的异端派别是什叶派，穆罕默德女婿阿里的后裔一直宣称他本人才有资格继承穆罕默德的统治地位。但是，继承哈里发职位的先是倭马亚家族，后是阿拔斯家族，阿里家族反而越来越受迫害，因此经常采用暴力来反抗。

在什叶派中，反抗最激烈、最具有传奇色彩的是一个叫作阿萨辛派的派别，人们也经常根据他们的特点称他们为刺客派。英语Assassin（刺客）一词就来源于此。

阿萨辛派是一个企图用武力来对付异派（包括逊尼派）的什叶派别，他们占据了中东许多高山上的城堡，并培养了许多战士。这些战士在刺杀行动之前会服用大量的大麻精（Hashish）来增强战斗力，他们的名称也可能来自“大麻”这个词。

在中东，服用大麻是一种传统。比如，我在尼罗河游览时，会遇到当地的努比亚老者在河边围成一圈吸食大麻精。他们都是村中德高望重的人，将大麻当成生活的一部分，就如同中国人喝酒那样正常。这些老者在大麻的烟雾中变得逐渐兴奋起来，穿着衣服，张开双臂，慢慢地走入尼罗河，当河水没过了腰部，就身体前倾扑入水中。上岸后，他们把下身的湿裤子脱掉，只穿上身的长袍，但神情自若，仿佛在进行一种神圣的仪式。

在埃及火车上的吸烟区域，也会看到有人拿出一段大麻精，用纸杯做一个简易的装置，点着大麻精，所有的人（认识的和不认识的）每人吸一口，提一提精神。这种状态在中东已经存在了上千年，自从阿萨辛时代起就一直如此。

还有传说，刺客派的首领们为了让成员不怕死，平常让他们花天酒地，享受极乐生活，直到有一天突然把所有的一切都撤掉，告诉他们，如果想继续享受这一切，就只有去完成杀人目标。

这个说法因为马可·波罗的转述而更加流行。在那本著名的游记中，马可·波罗记载了一个名叫山中老人的阿萨辛派首领。山中老人在山上建了一个美丽的花园，里面有许多妙龄女子。那些跟随他的年轻人被麻醉后，送到这个花园里，等他们醒来，“每个人都被可爱的少女包围着，既歌且舞，又用最勾魂夺魄的接吻与拥抱爱抚他们；供给他们佳肴美酒，让他们在真正的牛奶和酒的小溪中尽情享乐陶醉。此时他们相信自己的确是在极乐园中，绝对不愿意抛弃这里的欢乐”。

等少年们再次被麻醉送出花园后，就会死心塌地地帮助山中老人搞暗杀活动，以求再次进入梦想中的极乐园……

刺客派的出现可以视为伊斯兰教第一次大规模以行刺和恐怖主义作为武器，来反对不同见解者。除了针对逊尼派进行刺杀之外，刺客派可能还卷入了与基督教的冲突。刺客派与那些在战场上杀敌的人不同，他们迷信于“斩首战略”，希望通过刺杀敌人的主将来解决战争问题。这种战略可以取得一时的效果，却无法赢得战争的胜利。这个派别也始终是一个边缘性的派别。

最后，当伊斯兰教的穆斯林兄弟会在埃及出现之后，又借助了西方兄弟会的办法，于是古老的东方传统在西方转了一圈，又回到了东方。

刺客派最终在蒙古人的猛击中土崩瓦解，位于伊朗里海南岸的大本营阿拉穆特城堡（Alamut Castle）也毁于一旦，至今它的废墟仍然在山上供人凭吊，这个充满了传奇色彩的派别至今仍然吸引着大众的目光。

人们把如今的恐怖组织视为洪水猛兽，却对这个恐怖组织的鼻祖充满了好奇与憧憬，将各种各样的浪漫色彩加诸其上。比如，最近几年游戏公司育碧（Ubisoft）制作了一款非常流行的电子游戏《刺客信条》（*Assassin's Creed*），第一部就取材于那段历史。

与属于什叶派的阿萨辛派同时，逊尼派也有一种思潮为现代的穆斯林宗教激进主义提供理论支持，这就是吉哈德（“圣战”）。

对异教徒进行“圣战”的思潮来自萨拉丁（Salah ad-Din Yusuf ibn Ayyub，西方称他为 Saladin）。萨拉丁还是埃及一代王朝的建立者，他建立了阿尤布（Ayyubid）王朝，并收复了耶路撒冷。虽然萨拉丁本人是一个仁慈的统帅，在攻占耶路撒冷之后，没有杀害基督徒，甚至帮助许多人赎了身。但是，在与基督徒对决的过程中，他却提倡“圣战”，在安拉的名义下，团结一切可以团结的人，使用一切方法打击基督教在中东的势力。

“圣战”这个提法穿越了时代，特别在伊斯兰教处于衰败时，更显出了号召力。人们总是想到当年萨拉丁如何在这个旗帜下打败了基督徒，将“圣战”视为比普通战争更强大的思想武器。

比如，在第一次世界大战中，当奥斯曼帝国决定参加战争中同盟国（德国、奥匈帝国）一方时，奥斯曼帝国的苏丹（同时也有哈里发的名号）就宣布，这次战争是一次“圣战”，是一场保卫伊斯兰教的战争。

通常情况下，宣布“圣战”的大都是宗教最高首脑，比如哈里发。但是，第一次世界大战后，奥斯曼帝国瓦解了，苏丹和哈里发都成了过去，到底谁能宣布“圣战”，就成了大问题。

结果出人意料，从此以后，谁都可以宣布“圣战”。不管是哈马斯还是奥萨马·本·拉登，都认为他们的行为就是“圣战”。现代一切极端组织针对其他文明的袭击，都在“圣战”这个旗帜下统一起来。“圣战”变得越来越普及，也越来越失去了神圣性。

另外，“圣战”还带去了另一种概念：团结一切可以团结的穆斯林。没有一个“圣战”组织尊重国界的概念，在它们看来，所有的穆斯林都是一体的，都有参加“圣战”的义务。没有埃及，没有巴勒斯坦，没有沙特、科威特、叙利亚、伊拉克，只有安拉统治之下的统一国度。

当外来势力在中东的影响越来越大时，这两种思潮逐渐结出了可怕的果实。在叙述这些可怕的果实之前，先回头看一看现代伊斯兰主义的源头——穆斯林兄弟会，这个不那么极端的组织。

慈善的穆斯林兄弟会

1928 年，一位生活在埃及城市伊斯梅利亚（Ismailia）的中学教师哈桑·班纳（Hassan al-Banna），和另外六位苏伊士运河公司的工人建立了一个小小的组织——穆斯林兄弟会。

当时苏伊士运河由运河公司管理，总部就设在伊斯梅利亚这座城市，而管理权主要由英国人占据，管理公司的利润则在股东之间瓜分。埃及政府只是运河公司的持股人之一，享受分红权，却没有管辖权。

在这片运河构成的飞地里，运河公司如同一块殖民地一般，享受着高度的自治权力。这里也有许多埃及雇员，但这些人的地位在英国人之下，大都是被当作二等公民对待。

班纳的父亲是一位宗教教师，他本人则继承了父亲对伊斯兰教的虔诚，并受到早期的伊斯兰教改革理论家穆罕默德·阿布笃（Muhammad Abduh）和里达等人的影响。在伊斯梅利亚教学的过程中，班纳认识了许多运河公司的人，并深深地为公司内部的不平等以及英国人的特权感到不满。在这里，他发展出了一套理论。

和当年的中国一样，当伊斯兰世界被深深地卷入到西方浪潮之后，人们首先想到的是，西方国家太先进了，而穆斯林之所以落后，是因为由教法控制的社会太落后了。所以，如果要让穆斯林社会更强大，应该尽量让整个社会都西方化、现代化。

在所有伊斯兰国家中，最早的革命者往往都秉持类似的观点，这些人用的方法各个不同，但是打破宗教束缚、走世俗化的大方向是实实在在的。最典型的是现代土耳其的国父阿塔图尔克，为了将土耳其从传统轨道强行扭转到现代轨道，阿塔图尔克进行了一系列如同沙俄彼得大帝那样的激进化改革，男人不得戴传统的帽子，女人不得戴面纱，废除穆斯林教法体系，引入现代法系，废除一夫多妻制，强行要求女人抛头露面，采取西方人的生活方式。经过一系列改革，土耳其已经脱离了中东的穆斯林文化，成了融合东西方文化的一个样本卓然独立。

然而，伊斯兰世界转型成功的例子并不多。土耳其之所以成功，是因为这个帝国经历了重大的生死劫难，有着强烈的危机感。至于中东的阿拉伯国家，由于都是新建立或者新独立的国家，它们甚至连如何治理都没有学好，不可能有如此的紧迫感。

反而到了班纳时期，西方给伊斯兰世界带来的负面影响已经显现。虽然民主自由思潮很吸引人，但是西方人无法彻底地贯彻这些原则。他们总是偏向本民族，把穆斯林当作二等人对待，自己则变成了特权阶层的一部分。

在羡慕西方生活的同时，伊斯兰世界开始反省：第一，西方的生活真的能够移植过来吗？第二，如果能，应该怎样移植？第三，如果不能，穆斯林又该怎么做？

对于第一个问题，有的人回答：能移植。比如，推翻了埃及国王统治的埃及总统纳赛尔，就倾向于这个答案。但是既然可以，又要怎么移植呢？

纳赛尔认为，虽然最终的目标是世俗化和现代化，但是，不能依靠西方来达到这个目标，伊斯兰世界应该首先把西方特权势力赶走，取得完全的独立自主，再用自己的力量来搞建设，从而达到目标。

他采取了政府控制和社会主义的方法，把英法势力从埃及驱逐，将值钱的东西收归国有，依靠国家和政府的力量来建设大项目，发展经济。

但在埃及，并非每个人都赞同纳赛尔的看法。班纳等人经过思考，就对第一个问题给出了不同的回答。

班纳认为，伊斯兰世界不能移植西方的生活，也不应该移植西方的生活方式。穆斯林有独特的价值观，而这个价值观就是回归传统，回归穆罕默德创立时期的伊斯兰教。

他认为，穆罕默德创教时期，伊斯兰世界有许多优秀的品格，比如互相帮助、和平和宽容，等等。正是这些品格使得穆斯林的影响力横扫了全世界，成了世界上最有活力的宗教，把 7 世纪到 10 世纪变成了穆斯林的世纪。

但现在属于西方的世纪，穆斯林的生活已经太悲惨了，就算在属于自己的土地上，仍然被西方人瞧不起。

他创立穆斯林兄弟会的初衷，就是帮助穆斯林找回已经丢失的价值观，并形成互助性的组织，让人们找到生存的意义。

不过，班纳还特别强调，他创立的穆斯林兄弟会是一个非暴力的组织，它的重心不在于斗争，而在于向有需要的人们提供帮助。当人们接受了帮助、感受到穆斯林兄弟会的好处时，才能形成一条心，重新建设价值观。仅仅依靠武力，是无法真正改变人心的。

但穆斯林兄弟会同时又是政治性的，这和当时伊斯兰世界的普遍政治化倾向是合拍的，班纳希望通过大家的努力，最终回归教法时代。

所谓教法，即穆斯林相信，以《古兰经》和穆罕默德的圣训（Hadith）为依据，就可以解决所有的生活问题：如何工作？如何结婚？如何对待老人、妇女和儿童？如果和人吵架了怎么办？犯了罪怎么惩罚……

在埃及、约旦，人们无数次告诉我，伊斯兰教是一种“完整”的宗教。所谓完整，是因为它不仅是信仰，也指导生活的方方面面，让你不用跳出宗教，就可以找到一切问题的答案。

教法和现代西方的法律系统完全不同。现代西方体系采用的是世俗法，而世俗法则把宗教限定在信仰的范围内，信不信上帝归宗教管辖，而杀人之后怎么办由世俗法庭审判。所以现代的法律体系暗含的条件就是：宗教不能是完整的，它必须把世俗权让渡给政府和法庭。

而教法则意味着政教合一，并利用古代经典来进行统治，与现代法律体系直接冲突。

由于要采用教法，班纳的另一个想法是恢复古代的哈里发制度。7世纪，当先知穆罕默德死后，已经没有人能够和安拉交流，但是伊斯兰世界仍然需要一个掌舵人来继承穆罕默德的权威，于是人们选举哈里发来接替先知进行统治。

穆罕默德死后，数百年里哈里发最初只代表俗世的统治。可是后来阿拔斯王朝的哈里发们被其士兵们架空了，特别是士兵都已经不是阿拉伯人，而变成了突厥人。这时，人们对哈里发的看法变了，认为突厥的苏丹掌管俗世，而哈里发掌管和宗教有关的事务。

最后一位在巴格达统治的哈里发被蒙古人处决后，埃及的马穆鲁克王朝为了统治的需要，选择了一位阿拔斯王朝的后裔，将其立为哈里发，但是这个哈里发只有名义上的宗主权，是个傀儡。

奥斯曼人学会了这一招，等他们打败马穆鲁克，侵占埃及之后，就把傀儡哈里发带到了君士坦丁堡。之后，土耳其的苏丹干脆兼任了哈里发。

到第一次世界大战后，土耳其国父阿塔图尔克赶走了苏丹，但仍然暂时另立了一个哈里发，让他主管宗教事务。1924年，阿塔图尔克废除了哈里发制度。但随后，汉志国王侯赛因·本·阿里宣布他本人是哈里发。等他被沙特家族赶走后，哈里发就消失了。

哈里发的消失带来一个问题：人们遇到纠纷时，到底由谁来裁决？古代伊斯兰世界里，出现官司时，首先寻找当地德高望重的人进行裁决；如果不行，就寻找本地的宗教法官，由宗教法官查阅《古兰经》和圣训进行判决；再不行就继续上诉，而最终可以上诉到哈里发，由他（以及他博学的副手们根据教义）做最终的裁决。哈里发的存在起到了主心骨的作用，让人们知道有一条路是可以通向正义的。

当哈里发消失之后，由于失去了最终的判决人，各地的宗教权威们纷纷宣称自己更懂得教法，吵成一团。在有分歧的问题上，到底谁更代表了正义，就无人可以说清楚了。

所以，当哈里发消失之后，一个潜在的威胁就是统一的教法体系解体了。如果要恢复古代的教法体系，势必重新恢复哈里发制度。

也正是从哈里发消失不久，班纳等人就在寻求教法统治，希望在阿拉伯的土地上，恢复哈里发制度。他们把这个制度当成一种标志，表明伊斯兰世界又回到了古代的黄金时期。

在未来，人们还会看到，恢复哈里发成了伊斯兰主义者的普遍目标，不管是穆斯林兄弟会，还是“伊斯兰国”，都把这当作一件大事来对待。而背后的理论意义则来自班纳。

不过，抛去这些复杂的理论不谈，穆斯林兄弟会在民间却有着不同的声誉。在民间看来，穆斯林兄弟会就是最有效的慈善机构。也正是因为这一点，穆斯林兄弟会在创建之初甚至得到了运河公司的帮助。

运河公司的管理者看到，穆斯林兄弟会在当地帮助穷人、建设医院、发展教育，这一切对当地社会是有利的，而对社会有利的事情，最终也会对运河公司产生帮助。

运河公司甚至为穆斯林兄弟会建设了清真寺，供他们集会使用。穆斯林兄弟会也在缓慢地发展，在1928年成立之初只有7个人，到1936年也只有数百人。

不过，不要小看了穆斯林兄弟会最初10年的缓慢发展，正是因为发展慢，所以让他们潜下心来，贴近群众，做了很多实事。穷人的孩子上不起学，穆斯林兄弟会教他们读书识字，背诵《古兰经》；生病时又是穆斯林兄弟会送来药品，甚至有免费的医生自告奋勇来提供诊治。

以后穆斯林兄弟会对外扩张时，不管走到哪儿，都把这些看家的本领带过去，首先和穷人打成一片，让他们在无须知道理论的情况下就接受了兄弟会。所以，不管外界如何抹黑、镇压他们，宣布他们非法甚至是恐怖组织，穷人们却一直认为穆斯林兄弟会才是真正的朋友。

从1936年起，穆斯林兄弟会突然卷入一场冲突，并导致它的迅速扩张。这件事就是巴勒斯坦反英起义。在巴勒斯坦，由于犹太移民不断移入，与阿拉伯人争夺生存资源，作为托管国的英国人在处理这个问题时屡屡失当，阿拉伯人最终采取了暴力的做法，试图驱逐英国统治，并阻止犹太移民。

穆斯林兄弟会为了支援巴勒斯坦的同胞，不仅把组织发展过去，还成为引人注目的焦点。由于之前打下的群众基础，加上突然间到来的高曝光度，穆斯林兄弟会突然间从地下走到地上，成了人人谈论的话题。到了1938年，会员人数迅速达到20万人，10年后已经突破

50 万。

二战后，英国人逐渐撤出埃及。英国人撤离后，埃及政府突然发现，穆斯林兄弟会已经成长为一股不容小觑的政治力量，于是决心防备这个在穷人中很受欢迎的组织。

从这时起，即便它想和政权和平共处，坚持非暴力，也已经很难做到了。

穆斯林兄弟会：走向地下，走向暴力

1948 年，巴勒斯坦和以色列的分治导致了第一场巴以战争，埃及政府在这次战争中表现积极。然而，所有的阿拉伯参与方都带有很强的利益倾向，在试图将犹太人驱逐出巴勒斯坦的同时，还希望扩大国土。比如，埃及瞄准了巴勒斯坦的加沙地带，而约旦则瞄准了巴勒斯坦的约旦河西岸地区。

在这场战争中，反对锡安主义的穆斯林兄弟会也表现积极，动员了大批会员参与对以色列的行动。然而，他们的活动引起了一个人的担心，这个人就是埃及国王法鲁克一世（Farouk I，1936—1952 年在位）。

埃及的国王和政府认为，穆斯林兄弟会已经发展过大了，这个拥有 50 万信徒的群体甚至威胁到了王权。当时的埃及政府以世俗化和宪政主义为标榜，这与穆斯林兄弟会实现教法主义的宗旨是相悖的。另外，法鲁克国王由于生活奢侈，私生活混乱，加之贪得无厌的食欲，一直是全世界的笑柄，穆斯林兄弟会尊崇符合教义的生活，自然也看不惯国王的行为。虽然穆斯林兄弟会号称要用和平的手段来实现目标，但随着树大招风，已经有人在传说穆斯林兄弟会试图发动政变或者策划暴力。

而随着穆斯林兄弟会的信徒越来越多，各色人等的加入也让组织更加复杂化。虽然领导人仍然坚持非暴力，但中下层的许多人开始谈论如果要实现目标，必须采用暴力，越来越复杂的人员结构导致组织有失控的危险。

12 月，埃及政府终于下令禁止穆斯林兄弟会的活动，逮捕了 32 名表现激进的领导人。双方的对抗令暴力自我实现了。次月，埃及总理马哈茂德·诺克拉希·帕夏（Mahmoud an-Nukrashi Pasha）被一位年轻的穆斯林兄弟会成员杀害。

总理被刺杀不仅向世人表明穆斯林兄弟会是一个危险的组织，也将穆斯林兄弟会的内部失控暴露在公众的面前。不管穆斯林兄弟会上层如何辩解，事实已经向人们做出了否定的回答。

班纳第一时间发表了声明，谴责这次暴力事件，但这并没有让事情好转，埃及政府已经决定要除掉他。

2 月 12 日，埃及政府邀请班纳谈判解决问题，但是政府方面的代表并没有出现，班纳离开会场后，在大街上遭到了枪杀。穆斯林兄弟会第一任领袖以被刺杀作为结局，或许预示了这个组织未来的走向。

班纳在死之前，已经将穆斯林兄弟会建设成一个庞大的组织，完全可以脱离具体的人运行。在中央层面，最高层人士组成中央指导委员会负责做决策，而下面又设有执行委员会。

由于班纳自建立之初就认为穆斯林的事业不仅仅是埃及一家，所以它的架构在一开始就是可以扩展的。组织每发展到一个国家，就可以在该国设立一个分会。每个分会的领袖称为向导（Guide，Masul），而最高首领称为总向导。

为了便于各地兄弟会的灵活行动，这个组织是松散的，当兄弟会在一国站稳脚跟后，可以选择以什么形式存在，可以是一个政党，也可以是一个宗教组织，在行动纲领大体相同的情况下，具体目标可以不同。

在执行层面的差异之下，则是高效的财政系统。每个分会都有义务为整个组织筹集经费，富裕地区的分会有义务为穷困地区的分会提供资金。这项财政策略使得穆斯林兄弟会经过众多的起起落落，哪怕在一个地方变成非法组织，也总可以从外界获得收入来保证运行。

班纳死后，穆斯林兄弟会在埃及被迫转入地下。但这个已经成为非法的组织不仅没有灭亡，反而立即显示出了它强大的生命力。当大量的穆斯林兄弟会成员被迫离开埃及后，他们选择了沙特等逊尼派保守国家作为落脚地，开始了新生。

穆斯林兄弟会为什么选择沙特作为避难地？其中的原因，在于沙特与穆斯林兄弟会有相互利用的价值。

首先，沙特是一个坚持瓦哈比主义的国家。18 世纪时，瓦哈卜创立学说，主张恢复穆罕默德时期的伊斯兰价值观，排斥世俗化的倾向，实行严格的宗教生活。沙特王室采纳了瓦哈比主义，并着手在全球推广。

瓦哈比主义在恢复伊斯兰教法这一点上与穆斯林兄弟会的观点比较接近，但两者又有不同。穆斯林兄弟会是在现代框架中产生的，其主流仍然坚持使用非暴力，利用现有体系上台，再推行教法，并且它是反对君主制的；而瓦哈比主义是在部落首长制（后来发展为君主制）的环境中产生的，将君主制看成是天经地义的制度，主张由君主来推行教法统治。

到后来，由于穆斯林兄弟会一直处于在野的地位，为了对抗掌权者，在组织内部发展出一批自由派，他们呼吁民主和自由选举，这就和沙特的价值观更加相悖了。不过在最初时，这个矛盾并没有显现出来，沙特仍然把穆斯林兄弟会当作保守力量予以接纳。

其次，沙特的政治形态是极端落后的，从最原始的部落制发展而来，随着石油让沙特人暴富，他们有文明化的倾向。而穆斯林兄弟会的成员中有许多知识分子，沙特发现，这些知识分子进入国内对沙特的文化发展很有帮助。

在这两点的作用下，从埃及逃亡的穆斯林兄弟会成员暂时在沙特找到了保护伞。这次从埃及的出逃不仅没有影响他们的地位，反而让他们的影响力日益增大，并且借助沙特丰裕的资金，将穆斯林兄弟会的分支扩展到了伊斯兰世界的各个角落。

除了沙特之外，叙利亚、耶路撒冷、约旦、伊拉克、巴林、科威特、也门、摩洛哥、索马里、苏丹、阿尔及利亚、突尼斯、利比亚、毛里塔尼亚，甚至伊朗，都有他们的活动。

随着穆斯林兄弟会活动的扩大，它的和平主义宪章和现实之间的矛盾也逐渐显示出来。特别是在叙利亚的遭遇，让人们怀疑，采用和平的手段真的能够实现教法的统治吗？这就为穆斯林兄弟会下一步的暴力转型打下了基础。

由于埃及在 1958 年曾经与叙利亚合并成阿拉伯联合共和国，穆斯林兄弟会在叙利亚的活动非常普遍。叙利亚是一个逊尼派为主的国家，政局非常不稳定，一次次的军事政变如同家常便饭一般。人们在渴望稳定和繁荣的同时，更容易接受穆斯林兄弟会的观点。

穆斯林兄弟会在叙利亚也曾有过合法的时期，它甚至组织了政党参加叙利亚的选举。然而，随着阿拉伯复兴党的崛起，穆斯林兄弟会很快陷入了两难的境地。

阿拉伯复兴党是一个世俗性的政党，宗旨和穆斯林兄弟会有相似之处，又有很大的不同。它们都主张建立统一的阿拉伯国家，让阿拉伯独立自主，这一点是一致的，但在方法上有着极大的不同。阿拉伯复兴党的方法和埃及的纳赛尔类似，认为必须在政治上学习欧洲，特别是苏联一系的社会主义国家，实行世俗化政策，才能摆脱现在的贫穷和落后。而穆斯林兄弟会则认为恰好相反，必须坚持穆斯林传统和信仰才能恢复昔日的荣光。

当两者在吸引群众中产生越来越多的冲突时，在台上的阿拉伯复兴党决定对穆斯林兄弟会动手。1964 年，在刚刚上台一年之后，叙利亚的阿拉伯复兴党政府重兵对穆斯林兄弟会控制的重镇哈马（Hama）进行镇压，造成了近百人死亡。穆斯林兄弟会在叙利亚被宣布为非法组织，转入地下。

穆斯林兄弟会面临困境。如果要达到目标，面对政变的军人去谈论和平改变政权，是没有意义的，除了暴力之外，似乎很难找到其他有效的途径。

从这时起，叙利亚的穆斯林兄弟会被迫变得更加激进和反政府，他们的根系渗透进叙利亚的逊尼派泥土之中，不断地发展组织，壮大力量。

1976 年，当叙利亚阿萨德总统执政时，叙利亚的逊尼派暴动席卷了全国。这是一次囊括了暗杀、游击战和围攻等所有手段的军事行动，持续了整整 6 年时间才被政府镇压下去。

在这次暴动中，穆斯林兄弟会成为主要力量之一。到最后，叙利亚政府意识到，如果不把穆斯林兄弟会的力量彻底击溃，就无法获得叙利亚的控制权。

政府军集中兵力再次对穆斯林兄弟会所控制的哈马进行清剿，这次的战争进行得更加残酷，整个哈马城几乎都被摧毁，才将穆斯林兄弟会从城里逐出。战役之后，政府再次控制了局势，穆斯林兄弟会再次转入地下。

穆斯林兄弟会的遭遇反映了新一代宗教民族主义者的困惑，他们试图利用非暴力手段来达到目的，甚至力图融入现有的政治体系之中，然而，这样的做法并不容于现有的体系，政府也不惜利用暴力来清除他们的影响。在政府的咄咄逼迫之下，兄弟会中强调暴力反抗的一派逐渐占了上风，活动越来越带上了“圣战”的性质。

然而，这只是整个伊斯兰世界极端组织演化的开端而已……

“伊扎布特”的全球化扩张

1966 年 8 月 29 日，一位名叫萨义德·库特布（Sayyid Qutb）的人被埃及政府绞死，其罪状是企图暗杀埃及总统纳赛尔。

然而，在十几年前，埃及刚刚发生自由军官革命，推翻了法鲁克国王的统治，库特布却是纳赛尔最尊重的座上宾。他们经常热烈地谈论到深夜方才罢休，对埃及的前景充满了憧憬。他们都深深地爱着这个国家，希望通过努力将埃及建设得更好。

库特布，埃及最好的政治和宗教理论家之一，也是穆斯林兄弟会的领导人之一。他曾经在美国做过访问学者，并在访美期间，通过对美国社会的观察，得出了结论：美国的物质生活虽然发达，但是过于物质主义、暴力主义和性开放，导致美国已经成了一个罪恶的地方，而伊斯兰世界必须建立一个基于伊斯兰精神的政府，才是正道。

革命之后的纳赛尔正是出于对库特布理论修养的敬重，才邀请他一同谋划埃及的未来。

但是很快，库特布和纳赛尔就发生了分歧，分道扬镳了。事实证明，纳赛尔并非赞同库特布的看法，而只是希望借助穆斯林兄弟会的影响力来巩固政权。两者在政治上的目标是完全不同的。随后，纳赛尔建立了一个世俗政权，并迅速向社会主义靠拢。

库特布和他的朋友们组织了一次刺杀总统的活动作为回应，失败后锒铛入狱。没有证据表明库特布是主谋，但是纳赛尔认定不能让这个人继续保持自由，那样的话，他会继续利用自己的号召力来反对政府。

在监狱中，库特布受到酷刑的折磨，他的遭遇终于让他蜕变成一个坚定的伊斯兰主义者。在此之前，他并没有完全否定世俗政府的价值，但在监狱的遭遇让他认定，世俗政府就是罪恶，而要想回归伊斯兰教法，就必须打破世俗政府这个枷锁。另外，他从古代的武器库中找到了一把利器："圣战"。最初他认为利用"圣战"来抵御西方思潮的入侵，对于穆斯林来说是合法的。到后来又认定被动的防御是无法抵御西方的，要想真正建立伊斯兰国家，就必须利用“圣战”去主动进攻。

他写了一本系统阐述如何建立一个基于伊斯兰精神的国家的著作（他的 24 本著作之一），名叫《路标》（*Ma'alim fi al-Tariq*），这本书成了后来伊斯兰主义者的必读书籍。

库特布的思想此刻已经全面超越了穆斯林兄弟会的宗旨，穆斯林兄弟会仍然在暴力和非暴力间苦苦挣扎。他们无法放弃非暴力，却在现实中遇到过无数次必须使用暴力解决问题的情况。库特布却认为，只要是为了“圣战”，暴力就是合法的，而且是必须的。

这一个小小的理论突破看似不起眼，却让全世界的伊斯兰运动进入了一个新的时期。穆斯林兄弟会的第一代突然间痛苦地发现自己已经过时了。在库特布思想的鼓舞下，突然间出现了许多更年轻的人和更新的组织，带着更加激进的色彩。而那些世俗政府也发现，与更加激进的组织比起来，穆斯林兄弟会真的算不了什么，也不够危险。在对付穆斯林兄弟会时，世俗政府还充满了信心，但对新的组织却束手无策了。

伴随着外部出现的这些激进组织，穆斯林兄弟会内部也出现了分化，从中分裂出一些更加极端的派别。其中最典型的，是被我国称为“伊扎布特”的伊斯兰解放党（Hizb ut-Tahrir），以及更加著名的哈马斯。

准确地说，“伊扎布特”并不是穆斯林兄弟会的一部分，只是它的创始人塔居丁・纳卜哈尼（Taqiuddin al-Nabhani）曾经是穆斯林兄弟会成员，而它的创建思想也与穆斯林兄弟会类似，只是更加全球化。

1953年，当这个组织在耶路撒冷建立时，创始人认为，穆斯林兄弟会是一个过于依靠埃及的机构，向境外的扩张速度太慢，而“伊扎布特”从一开始的定位就是在全球发展伊斯兰势力。它不仅要在伊斯兰国家建立教法统治，在非伊斯兰国家也要发展伊斯兰。他们最终要以1000多年前的哈里发国为样本，建立一个统一的哈里发国家。

与穆斯林兄弟会比起来，“伊扎布特”有着更加完整的执政方针，从政治到宗教、文化、经济，无所不包。

“伊扎布特”领导人认为，在他们要建立的哈里发国家之内，伊斯兰男人有足够的权力参与政治，但总的来说，他们遵循的是伊斯兰的教法体系，伊斯兰女人们繁衍生息，受到男人的保护。而根据伊斯兰宽容的传统，异教徒也是可以存在的，但是会在政治上丧失一定的权利，在经济上会得到一定的补偿。

在经济上，这个国家的人们使用金子作为货币，可以抵消美元优势，并保证美国无法称霸并与之对抗。

但是，在实现这个哈里发国家的途径上，“伊扎布特”的领导人遇到了障碍。

最初，他们也否认使用暴力，而是试图使用渗透和政变的做法。于是，“伊扎布特”在进入约旦、叙利亚、埃及、伊拉克等国家时，进行了政变尝试。

它的第一次政变企图发生在约旦，随后，在周围的国家也频频发生，但都没有成功。

在中东地区，当时的氛围仍然不适应这种过于极端的思想，大多数国家仍然在世俗主义上寻找出路，而“伊扎布特”又缺乏穆斯林兄弟会那样的慈善基础。穆斯林兄弟会虽然最终的目的是政治，却一直在默默地为社会做事情，做慈善，搞教育。“伊扎布特”对这些并不感兴趣，它只想从各个社会的权贵入手，走高层路线，结果反而丧失了社会支持。

随后，“伊扎布特”放弃了政变的想法，以机构扩张为主，等待机会。这段时间，它的组织进入了许多非阿拉伯国家和地区，土耳其、东南亚的印尼、北非、巴基斯坦等都被渗透进去。更重要的是，这个组织进入西方国家寻求发展，美国、欧洲等地都有了“伊扎布特”的组织。

由于“伊扎布特”自称是非暴力的，所以在西方并不被视为非法机构，可以公开设立办事处。它在这些国家也以宣传思想和理念为主，不从事暴力活动。

或者这么说，它的理论可以让人们推断出暴力的倾向，但它从不主动去实施暴力，而是把这个权利留给了信徒们。即便信徒们使用了暴力，它也立即与之撇清关系。

在组织上，它的方法大致也是从读书人入手，在大学和机构里发展铁杆成员，利用达官贵人和知识分子来巩固阵地。

“伊扎布特”的做法令下属分支也产生了疑惑，和平的做法到底能不能奏效？加之在中东地区被禁，许多信徒认为，除非使用暴力，否则不可能建立哈里发国家。

20 世纪 90 年代，就在“伊扎布特”经历波折时，苏联社会的逐渐解体给了“伊扎布特”一个绝好的时机。苏联的加盟共和国中，中亚的几个共和国都是突厥人种，宗教却是伊斯兰教，当共产主义信仰崩溃后，中亚各共和国的人民急需新的思想食品输入。“伊扎布特”决定填补这里的思想真空。

“伊扎布特”在中亚的迅猛扩张不仅得到组织内部的一致支持，还得到中东和西方国家的支持。中东之所以支持它，是为了扩大伊斯兰教的影响力，而西方国家则把这看作是削弱苏联的好方法。

在中亚，它的方法仍然是在读书人中发展势力，通过读书人向全社会扩散影响力，并不主动参与暴力。当这些读书人再把思想二次转授给下层人民时，自然而然也就过渡到了暴力的阶段。

苏联解体后，各中亚共和国终于将“伊扎布特”看成一大威胁，禁止它的活动。中亚政府的禁止命令受到了西方社会的指责，认为这是干涉言论自由。对于西方更加透明的制度、更加文明的社会而言，“伊扎布特”的宣传的确暂时不会带来太大的危害。大部分西方人看见“伊扎布特”的宣传，顶多是看热闹而已。

但对于中世纪式的中亚国家则不然，它的人民缺乏足够的判断力，把这种外来思想当作最先进的科学来对待，接受鼓动后会立即暴力反政府，令政府头疼不已。

“九一一”事件后，“伊扎布特”遇到了麻烦，随着西方社会对穆斯林偏见的加剧，它在西方终于受到了影响。不过即便如此，它仍然迅速声明谴责暴力，试图与更加极端的基地组织撇清关系。

“伊扎布特”可以说是一个介于穆斯林兄弟会和基地组织之间的中间势力，它在理论上更加为暴力打开了大门，但又故意与暴力保持距离。这种方法固然有助于它的存活，但也让它无法更深入地参与进“圣战”之中。

哈马斯和穆斯林兄弟会

在埃及，最不缺乏的就是哈马斯的支持者。

就在我写下这段文字的当天，我和一位埃及的老者谈话时，他突然谈到了一个让我感到吃惊的人物：谢赫·艾哈迈德·伊斯梅尔·哈桑·亚辛（Sheikh Ahmed Ismail Hassan Yassin）。

我们的谈话从巴勒斯坦最近发生的事件开始。

2014年6月，当3名以色列青年在加沙附近被绑架和杀害后，1位巴勒斯坦青年也被报复性地折磨和杀害。控制了加沙的哈马斯和以色列政府互相指责，直到发生了战争。

以色列人从空中轰炸、从陆上入侵加沙地带，哈马斯则不断地发射火箭弹袭击以色列领土。这场入侵共造成2000多名巴勒斯坦人死亡，其中大部分是平民，有许多孩子和女人中弹身亡。

以色列的入侵在埃及引起了广泛的反响。那位老者不断地告诉我，那可是孩子和女人，他们犯了什么错要被杀害？

接着，他给我诉说以色列历史上的种种暴行，在他看来，每一次以色列的入侵，都造成了大量的平民死亡，而世界不仅不谴责，反而指责弱者不遵守规矩。他继续谈道，以色列还搞了很多暗杀活动，我想他大概表达的是所谓的定点清除行动（Targeted Killing）。就在这时，他提到了亚辛。

“谢赫就是被以色列的直升机发射导弹杀死的，”他比画着突然说，“谢赫是个老人，连走路都不会，坐在轮椅上，以色列人却朝他发射导弹。”

直到他把话说完，我才意识到他讲的是那宗发生在2004年的公案。那时恰逢巴勒斯坦人第二次起义（The Second Intifada）期间，以色列则将这次起义称为骚乱。在起义中，巴勒斯坦利用人体炸弹造成了不少以色列平民的死伤，而以色列则用军事打击夺走了大量巴勒斯坦人的生命。除了普通军事打击之外，以色列最令人争议的行动就是定点清除。短短两三年时间里，哈马斯的高官基本上被杀了个遍，而哈马斯的创始人、精神领袖亚辛，也就是被称为谢赫的这个人，也在这时被以色列清除了。

亚辛的死亡曾经让人们担心，哈马斯这个他亲手创建的组织会走向衰落，但事后，人们发现亚辛把哈马斯建设得多么健壮——这个组织离开了谁都可以照样运转，唯一不变的，是对以色列的刻骨仇恨。

亚辛被刺前后，哈马斯的高层几乎被斩尽杀绝，死者中不仅有亚辛这样的精神领袖，还包括哈马斯武装卡桑旅（Al-Qassam Brigades）的高级指挥官。但亚辛在建设组织的过程中，早已预料到这一点，将每个人的继任者规定得明明白白，一个人死了，另一个人会立即顶上。

结果到2006年，哈马斯没有衰落，影响力反而超过了被视为正统的法塔赫组织，在议会选举中大获全胜。几乎所有加沙地带的阿拉伯人都愿意为哈马斯献身。

而哈马斯也善于利用一切机会，比如2012年埃及的穆斯林兄弟会上台后，哈马斯立即意识到这是一个千载难逢的机会，大量的武器从埃及过境进入哈马斯手中。叙利亚的战争又为哈马斯增加了另一批武器装备。导致以色列的这次入侵遭到了更强的抵抗。

基于前面的经验，老人认为，以色列最新的打击也不会对哈马斯造成严重的伤害，灾难过后，这个组织仍然是最具有活力、最坚决的“圣战”者。

埃及之所以有这么多哈马斯的同情者，在于人们将哈马斯看成是穆斯林兄弟会的一部分，它直接脱胎于兄弟会。

埃及总统塞西上台后，宣布穆斯林兄弟会为非法恐怖组织，其依据之一，就是穆斯林兄弟会和哈马斯的关系。他在不同的场合不断强调，在加沙地带和埃及的西奈半岛之间有无数的地道，这些地道就是哈马斯等恐怖分子运送武器和士兵的通道，并在埃及制造恐怖活动。

在埃及，即便是反对者也很少相信穆斯林兄弟会是恐怖组织，但塞西的说法至少有一点是正确的：埃及的穆斯林兄弟会与哈马斯之间的联系，比人们想象的要密切得多。

穆斯林兄弟会在巴勒斯坦的存在可以追溯到1935年，那时候以色列还不存在。1948年以色列建国后，穆斯林兄弟会积极地参与了巴勒斯坦阿拉伯人的社会活动。

不过，巴勒斯坦的穆斯林兄弟会也秉承了非暴力原则，将更多的精力放在建设医院、药店、发展教育等方面。他们的做法使当时许多激进的人感到不满，从而分离出了“伊扎布特”等组织，可是另一方面，也让它比其他组织更深入基层，了解巴勒斯坦人的痛苦。

在巴勒斯坦，存在着两种组织，一种是抵抗以色列的世俗组织巴解组织，其主要成员是法塔赫，这个组织的领导人是阿拉法特，主张与以色列进行战争；另一种是穆斯林兄弟会这样的宗教组织，他们主张和平，关注慈善。

在当时人们的印象中，以阿拉法特为代表的巴解组织虽然不断地强调斗争，可是巴解组织又是一个腐败和低效的机构，他们不断地制造麻烦，引起以色列人的疯狂报复，这些报复又导致了巴勒斯坦平民的大量伤亡。

巴勒斯坦人因为亲戚的死亡而悲痛欲绝，巴解组织的人除了发表声明指责以色列之外，什么也不做，反而是穆斯林兄弟会的人默默地送来慰问金，并承担起孤儿寡母的养育工作。

这种行为上的差别，让后来脱胎于穆斯林兄弟会的哈马斯受到了穷人们的欢迎，而哈马斯也知道慈善的意义，从来没有放弃过对穷人的帮助。

对巴勒斯坦特别是加沙地带的人来说，阿拉法特只是一面旗帜，是高高在上的人，巴解组织依靠这面旗帜获得巴勒斯坦人的尊重，可是等阿拉法特一死，这面旗帜没有了，人们就立即抛弃了巴解组织，向更加平易近人的哈马斯靠拢。

最初，穆斯林兄弟会的工作甚至得到了以色列人的赞赏。以色列自从占领巴勒斯坦的约旦河西岸和加沙地带后，对巴解组织一直心存戒备，乐于培养另一种势力来和巴解组织对抗。穆斯林兄弟会只要愿意维持和平，以色列就默认它的存在，甚至为它的工作大开绿灯。

穆斯林兄弟会默默地耕耘，直到 20 世纪 80 年代，在它的首领亚辛的领导下越来越繁荣。然而，也是从这时起，亚辛和阿拉法特互换了角色。

与以色列人斗了一辈子的阿拉法特感觉到以色列已经是一个既成

事实的存在，越来越意识到无力驱逐犹太人。更重要的是，他领导的法塔赫和巴解组织由于过于腐败和无能，已经失去了对局势的控制，法塔赫过早地进入了守成阶段。阿拉法特不得不谋求与以色列的和平，从而腾出手来处理内部问题。

而做了半辈子和平事业的亚辛却意识到，不管穆斯林兄弟会如何做慈善，都无法消弭巴勒斯坦人的贫穷和无助，只有一种办法：消灭以色列，建立穆斯林兄弟会一直向往的那种伊斯兰国度。

1987 年，巴勒斯坦爆发了一次对以色列占领的反抗活动，有的人称之为巴勒斯坦第一次大起义（The First Intifada）。在这次起义中，亚辛建立了伊斯兰抵抗运动，即人们所说的哈马斯。

1991 年，哈马斯下属的军事机构卡桑旅建立，哈马斯正式装上了牙齿。此刻，以色列人突然发现，老一代的抵抗组织巴解组织已经衰老了，好对付了，原本和平的穆斯林兄弟会（哈马斯）却成了最难对付的机构。

哈马斯之所以难对付，是因为创始人亚辛的高瞻远瞩，将整个组织机构建设得健壮无比。它的所有职位都有“冗余备份”，一个人死去，另一个人会自动继承职位继续工作，并且早已经是熟手。给人的印象是哈马斯是杀不绝的。

而更加重要的是，亚辛只是在穆斯林兄弟会的基础上改造了哈马斯，并没有抛弃穆斯林兄弟会时期的慈善事业。虽然谈到这个组织时，大部分人首先想到的是恐怖组织，但它 90% 以上的工作仍然是慈善性质的，它仍然从全世界寻找捐款（这已经变得越来越难），抚养战争中的孤儿，抚恤家属。

亚辛只是给穆斯林兄弟会增加了武装的一翼而已，这个武装就是卡桑旅。作为武装的一翼，它与慈善的另一翼是完全脱钩的。这保证了卡桑旅变得越来越专注，也越来越专业化，而慈善组织也越来越完善，赢得了民心。

不过，哈马斯的成立也意味着穆斯林兄弟会的彻底转向。当班纳创建这个组织时，也许永远想不到，这个世界会变得如此充满敌意，致使暴力成了反抗的手段，并最终又伤害了反抗者本身。

当阿拉法特的巴解组织逐渐衰老时，哈马斯成了加沙地带的主宰。2006 年，这种此消彼长的变化终于显露出结果。在当年的巴勒斯坦立法机构选举中，哈马斯在一共 132 席中赢得了 74 席，形成了绝对多数，直接将法塔赫取代了。

这个结果不仅法塔赫不愿看到，就连以色列和西方国家也不愿看到。由于指责阿拉法特领导下的权力机构太独裁，不够民主，加上腐败等问题困扰，西方国家一直推动巴勒斯坦权力机构的民主化。而巴勒斯坦立法机构的选举就被认为是民主进程的巨大成就之一。但就在这次选举中，以色列和西方却看到了巴勒斯坦人可怕的民意：他们用选票表明，他们热衷于更加强硬的派别，表现出了对以色列的仇恨。这种仇恨已经根植在每一个巴勒斯坦人的心中。

美国和其他西方国家立即行动，正式宣布哈马斯为恐怖组织，试图限制它、隔离它，并最终削弱它。但是，它们无法理解哈马斯在巴勒斯坦民众中聚集的巨大威望，这威望是靠实实在在的慈善事业累积出来的，也是哈马斯强硬不妥协的姿态号召出来的。

随着哈马斯的执政，不情愿居于人下的法塔赫立即与之出现摩擦，这个事件导致法塔赫被逐出加沙地带，而哈马斯则被逐出法塔赫控制的约旦河西岸地带。于是，巴勒斯坦分裂了。这种分裂到底会持续多久，会不会带来永久的伤痕，让这个本来就支离破碎的国家最终变得更加碎片化，一切都是不确定的。

唯一确定的是，哈马斯在加沙地带的执政仍然不会顺利。

哈马斯可以作为极端组织的第二代代表。第一代的穆斯林兄弟会不希望采用暴力，却常常受困于非暴力的软弱无力。“非暴力不合作”这种运动由印度的甘地倡导而来，并在印度取得了成功。但印度面对的是英国，双方的互相尊重与配合才导致一个最优的结果。可是在中东的土地上，仇恨和偏见远大于互相尊重，任何非暴力行为不仅不会带来积极的结果，还会让本方被当作弱者欺负。

到了第二代时，哈马斯已经放弃了和平原则，主动选择了暴力。第一代伊斯兰主义者大都是学者出身，都是通过学术的探讨和实际结合，主动选择了这条路。而到了第二代，创建人亚辛仍然不失学者风范，但之后的领导人就越来越武人化了。这其中的原因，除了形势越来越恶劣，不适合文人之外，另一个原因在于冲突地区青年受教育机会的减少。以色列解决了犹太人的教育问题，却无法解决占领区和难民营中的阿拉伯儿童教育问题，这些地方成了极端主义的高发地区。当这些人逐渐长大并掌握组织权力后，变得更加勇猛和无畏，也让和平解决地区问题的希望变得越来越渺茫。

但第二代的暴力还是有针对性的，只针对以色列，不涉及更广泛的世界。这种暴力更大程度上是摩擦式和防御式的，而到了第三代极端组织，就已经变成了主动出击，与全世界为敌。

奥萨马·本·拉登的炼成

当哈马斯脱胎于穆斯林兄弟会内部时，在穆斯林兄弟会外部，已经有更加激进的组织接棒了，他们继承了穆斯林兄弟会建设伊斯兰国家甚至复活哈里发的理想，却又继承了库特布的暴力主义倾向。他们指责穆斯林兄弟会的软弱，并用实际行动来履行“圣战”思想。库特布的思想结出了可怕的果实……

从各个角度来看，沙特人奥萨马·本·拉登建立的基地组织都是一个博采众长的集大成者。

本·拉登的思想和行动源头是多样化的。除了穆斯林兄弟会和库特布之外，沙特的瓦哈比主义以及在阿富汗战争中形成的“圣战者”运动（Mujahideen），都在本·拉登的组织中产生了巨大的影响力，它们的综合就是基地组织。

在中东，沙特属于另一个穆斯林保守主义重镇，与穆斯林兄弟会建设带有原始民主色彩的哈里发国家不同，沙特的保守主义是围绕在王室的周围，用瓦哈比主义做思想武器，要求建立国王率领的伊斯兰教法国家。

在石油美元的支持下，瓦哈比主义在全世界都得到了较大的发展。

1978 年，苏联入侵阿富汗，成为穆斯林极端主义历史上的一个新篇章。

在战争中，西方政府、伊斯兰国家都对阿富汗进行了大力支持，其中就有瓦哈比主义的沙特。这种合力最终驱逐了苏联，但在对抗苏联的过程中，形成了一股巨大的保守主义浪潮。这股保守主义浪潮以军事组织的形式反映出来，就是一群以“圣战”之名聚合在一起的“圣战者”。阿富汗本地的“圣战者”文化程度不高，理论水平差，却有着极强的实战经验。

苏联撤军后，阿富汗也失去了其冷战前沿的重要性，重建工作长期得不到落实，而在“圣战者”之中爆发的内部争执，致使这个国家长期处于四分五裂的局面。

这时，从阿富汗的难民中走出来一股力量，他们大都是没有经过良好教育的学生，却又受到一定的宗教极端思想影响，正是这些人构成了塔利班的主体。

塔利班代表着极端主义中最落后的一端，产生于难民营，由处于人生最残忍期的青年人领导，与穆斯林兄弟会的学者领导人形成了鲜明的对比。塔利班的出现也预示着在世界其他地方，比如巴勒斯坦或者非洲，一个地区长期处于战乱，青少年得不到好的教育，就必然走向排外、保守，陷入恶性循环。

奥萨马·本·拉登出生于沙特的富商家庭，青年时深受瓦哈比主义的影响，参加了阿富汗的“圣战”，由于他信仰坚定，加上有足够的资本，在“圣战者”中积累了很高的声望。日后，正是这种声望让他可以回到该地继续斗争。

不过与塔利班不同，奥萨马本人接受过良好的教育，他是主动选择了宗教极端主义。所以，即便他以后回到阿富汗，也只是将之看成一个实现平生目标的寄居之地，与塔利班本身是有所区别的。

大约在 1986 年，对于还没有成立的基地组织而言，发生了一件重要的事情。这件事把库特布的思想和埃及经验带给了奥萨马·本·拉登，他的思想彻底走向了成熟。在沙特的城市吉达（Jeddah），未来基地组织的第一号和第二号人物相遇了。这位二号人物叫作艾曼·扎瓦西里（Ayman al-Zawahiri），谈到对基地组织的贡献，扎瓦西里或许并不比奥萨马小。

扎瓦西里出生自埃及首都开罗附近的一个中上阶层世家，他本人则是一名医生。在年轻时，扎瓦西里参加了穆斯林兄弟会，当时正是库特布被埃及处死，而库特布主义广泛流传的时代。

在穆斯林兄弟会的经历，加上库特布主义的暴力思想，结合起来，促使了一个新的组织诞生——“埃及伊斯兰圣战组织”（Egyptian Islamic Jihad，EIJ）。扎瓦西里就是这个组织的早期成员。

1981 年，埃及总统安瓦尔·萨达特（Anwar Sadat）遇刺身亡，其中参与者就有 EIJ。随后，埃及政府展开了大规模的逮捕行动，EIJ 成员被捕者有数百人，扎瓦西里也被判刑三年。

等他出狱后，由于 EIJ 的首领（EIJ 的首领称为埃米尔，Emir）被判终身监禁，扎瓦西里就继承了首领的职位。在他的领导下，EIJ 变得更加极端，在埃及和世界各地都制造了越来越多的恐怖事件，也正是扎瓦西里，将自杀式袭击引入“圣战”之中，并越来越被滥用。

另外，EIJ 也介入了阿富汗战争，成了“圣战者”的一个组成部分。EIJ 本身就可以被认为是一个第三代极端组织的早期代表，但由于它和基地组织的密切联系，又可以认为它是基地组织的发端之一。

1985 年，扎瓦西里前往沙特进行朝觐，并在距离麦加不远的城市吉达居留了一年，从事医生工作。在这里，他遇到了奥萨马·本·拉登，并开始了两人 20 多年的联系。

从扎瓦西里身上，奥萨马·本·拉登接触到穆斯林兄弟会的“建国”理论，以及库特布的暴力主义。同时，他又受到沙特的瓦哈比主义影响，积累了阿富汗战争的经验。这些影响综合起来，就形成了他独特的实践活动，并着手将这种思想付诸实现。

在中东的伊斯兰极端主义历史上，还有一件事情加速了第三代极端主义组织的扩散，这件事就是 1991 年的海湾战争。

在伊拉克入侵科威特之前，西方国家在阿拉伯国家内部的军事存在并不强大。美国和欧洲虽然在约旦、黎巴嫩出过兵，但都是以维和为主，一旦任务结束就必须撤离。土耳其和伊拉克曾经牵头搞过一个向西方靠拢的《巴格达条约》，人们认为这个条约很像中东的北约，有限制苏联和社会主义势力在中东发展的意图，但条约本身发挥的作用有限，而西方国家仍然缺乏有效的武装驻扎。

但是 1991 年的海湾战争给了西方国家巨大的机会，它们立刻欣然拉起一大帮盟友，派重兵进入了海湾国家。

在这些盟友中，沙特参与之深，让人感到惊讶。在这之前，沙特一直以保守主义示人，对西方社会充满了警惕，更拒绝它们的军事入驻。但是，伊拉克萨达姆政权吞并了科威特之后，沙特突然意识到自己的军事力量也不足以抵抗伊拉克，于是立即来了个大转向，不惜向美国人开放军事基地，授予西方极大的特权。

在奥萨马·本·拉登看来，沙特的做法无异于引狼入室，不仅使西方物质主义进入了纯洁的中东，还意味着沙特放弃了纯正的瓦哈比主义，变成了异教徒的走狗。他持续地批评沙特政府。当美国从科威特赶走伊拉克 5 年后，按照协定，美军本应该撤离，但实际上美军完全没有撤离的迹象。

沙特的保守主义者突然意识到，美军永远不会走了。在巨大的利益面前，美军表现得和当年的苏联军队一样，除非用暴力赶走，否则会一直赖在这里。从这时起，美国成了奥萨马·本·拉登和其他极端主义者的头号敌人。从对抗苏联和伊朗的盟友到头号敌人，这个转变只用了几年时间而已。

在美国人看来，这些制造爆炸的宗教激进主义者是恐怖分子，但是在宗教激进主义者自己看来，他们做的跟在阿富汗战争中做的没有两样，都是要用一切手段来把侵略者赶走，只是侵略者换了个人而已。

由于奥萨马·本·拉登不断地批评沙特王室背离了瓦哈卜的初衷，并制造了大量的事端，沙特政府最终忍无可忍，剥夺了他的国籍。

沙特政府对奥萨马·本·拉登的驱逐让他失去了所谓的祖国，也彻底割断了他与从前的联系，这个时间点也可以看成是第三代极端组织最终成型的标志。

当沙特驱逐了他之后，却有人欢迎他的到来。在埃及的南面，有一个贫穷保守的国家苏丹，与沙特之间只隔了一条红海。奥萨马·本·拉登被驱逐时，苏丹恰好建立了一个保守政府，政府为了伊斯兰革命的需要，招纳了不少极端分子。

奥萨马·本·拉登也前往苏丹，并受到了热烈欢迎。他拥有大量的财富，又舍得花钱帮助苏丹搞建设，作为交换，苏丹政府就容忍他在国内设立基地，训练武装分子。

苏丹在历史上长期是埃及的属地，直到英国人撤出后，才获得了完全独立。这里也是埃及各种极端思想的大后院。在这里，本·拉登与扎瓦西里的关系更加密切，两股势力从合作走向了合流，人们已经分不清哪儿是基地组织，哪儿是“埃及伊斯兰圣战组织”了。

自从他驻扎苏丹之后，埃及的极端组织也变得更加激进。这些机构和奥萨马·本·拉登的基地组织联合在一起，使埃及在20世纪90年代进入了一个不稳定时期。针对外国人的刺杀事件屡屡发生，形成了一股浪潮。

也是从这时起，奥萨马·本·拉登彻底超越了瓦哈比主义和库特布主义。之前的他是被别人影响，而此后的他则利用自己的影响力指导别人的行动。

基地组织到底是一个什么样的组织？

按照本·拉登的定位，它是一个革命技术的输出机构，输出从思想到斗争经验，以及武器使用等各种技术，凡是能够用于“圣战”的技能都可以在这里学到。或者说，这是一个培养“圣战”战士的巨大学校，源源不断地为各个国家培养极端势力。

从第一代的穆斯林兄弟会到第三代的基地组织，已经出现了质的跨越。如果没有穆斯林兄弟会最初做思想上的准备工作，就没有伊斯兰主义在整个中东的大肆传播。虽然穆斯林兄弟会一直坚持非暴力主义，但是，那些接受了伊斯兰主义的人一旦学会独立思考，就会发现，穆斯林兄弟会的教义再往前走一小步，就不可避免地达到暴力的结果。

穆斯林兄弟会一直不肯跨出这一步，他们的思想中还残存着“西方的毒害”，带有一定的理性，但是其余更加年轻的人并没有思想包袱，他们毫不犹豫地把穆斯林兄弟会甩在身后。

不仅仅是穆斯林兄弟会落后了，其实更加激进的组织也在不断地更新换代。老一代的组织经过若干年，就变得迟钝，新一代从老一代的组织中脱颖而出，用更加激进的行动对抗着世界。

与第二代相比，第三代的基地组织也不再崇尚防御，而是强调主动进攻，只有出击，造成敌人足够大的伤亡，才能让他们感到得不偿失进而撤出中东。第三代也更加不在意平民的伤亡，只要这些平民不是伊斯兰教徒即可。

在苏丹的基地组织制造了一系列针对美国的恐怖袭击，例如1992 年索马里针对美军的爆炸，1993 年世贸中心爆炸，1995 年沙特利雅得美军军营爆炸，等等。这些袭击事件也让奥萨马·本·拉登成了美国的头号敌人。在美国等国的施压下，苏丹最终驱逐了他。他回到了曾经战斗过的阿富汗，寄居在塔利班门下。

2001 年的“九一一”事件再次改变了中东的政治版图，美国人对阿富汗发起进攻，并借机消灭了伊拉克的萨达姆政权。美国的进攻让极端主义者更加认为，美国和之前的苏联没有什么两样，甚至更加邪恶。

到这时，作为第三代组织的基地组织在国际势力的联合打击下走向没落，逐渐过时，但是新的第四代又在崛起。

“伊斯兰国”：第四代的建国梦

一个思想对社会有多大的危害，大致与这个社会的开放程度相关。

如果社会足够开放，人民拥有足够的判断力，那么所谓宗教极端思想对社会的危害是极小的。不管“圣战者”如何在美国和欧洲叫嚣，都只能找到少数的随从者，大部分人不是一笑了之，就是敬而远之。

但如果一个社会不够开放，这些思想就随时可能成为炸药。所以，极端思想的问题归根结底，还是一个社会开放程度的问题。

但是，说起来简单，真正的问题却在于：如何在一个还不开放的社会中消灭极端思想、消弭对抗？这才是一个世界性的难题。如果不消灭极端思想，这个社会就很难获得开放的机会；如果不开放，又更难处理极端思想，形成了一个“先有鸡还是先有蛋”式的死循环。

从现在的情况来看，以色列采用以暴制暴的方法不会奏效，只会将问题更加激化，将危险留给下一代。而听之任之也不是办法。西方对中东的干涉也并未奏效，只是让极端组织进化得一代比一代危险。像沙特、伊朗那样纵容甚至鼓励极端思想更不是办法，只会让社会变得更加落后，为未来埋下隐患。

穆斯林兄弟会的初衷只是一个慈善组织，虽然带着一定的极端思想，但放在一个开放的环境中，它好的一面会得到放大，而极端的一面则会随着社会溶解而逐渐消散。其实大部分的慈善机构都有着宗教背景，而宗教必然意味着一定的极端性，这是很正常的，用不着大惊小怪。

但是，一旦政权将它当作敌人，予以镇压，这些组织就会配合着政权的担忧，变得越来越极端，越来越危险。当穆斯林兄弟会被迫转入地下，班纳思想中天真的一面就注定要被放大，并诞生出越来越多的怪胎。

干涉导致极端思想失控的例子在第四代组织领导人巴格达迪（Abu Bakr al-Baghdadi）身上表现得更加突出。

在美国入侵伊拉克之前，巴格达迪有可能是一个清真寺的教职人员。2003 年，美国的入侵改变了他的命运。他号召信徒抵抗美军，2004 年曾经被美国人俘虏，然而美国人经过几个月的调查，认为他没有背景，也没有显示他参与恐怖活动的证据，于是将他释放了。

但是，这个曾经的教职人员已经在美国人的监狱里经受了足够的锻炼，结交了一大帮一同坐牢的兄弟。随后，基地组织在伊拉克的活动给了他机会，他加入了基地组织，地位也随之上升，并逐渐成了基地组织伊拉克分支的头目，成为美国人的劲敌。

如果不是美国入侵带来的混乱，这个杀人如麻的恐怖头子也许临死也只是一个乡村阿訇而已。

巴格达迪的第四代组织直接孵化于第三代之中。美国人进攻伊拉克之后，随着伊拉克的权力真空，基地组织进入了伊拉克。

当奥萨马·本·拉登被美国人在巴基斯坦杀死后，整个基地组织的行动能力已经大大减弱，而由于伊拉克乱局，这个国家成了基地组织藏身和活动的最佳地点，组织的伊拉克分支也有了极其重要的地位。

叙利亚战争爆发后，由于叙利亚与伊拉克接壤，也存在权力真空，基地组织从伊拉克向叙利亚境内蔓延。

在巴格达迪的领导下，基地组织的伊拉克分支已经有了新的名称——ISIS（“伊拉克和沙姆伊斯兰国”），并成为伊拉克和叙利亚的跨国组织。逐渐地，ISIS 的领导人发现自己的理念和基地组织出现了一定的差异。

基地组织以培训伊斯兰战士，反抗侵略为宗旨，而 ISIS 更多地接纳了穆斯林兄弟会建设哈里发国家的思想，他们认为，反抗是为了建国，只有建立了哈里发国家，让所有的穆斯林都统一在一个政权下，才更有力量去面对全世界的敌人。

作为阿訇出身的巴格达迪着手尝试按照他的理念来建设组织，他不像基地组织那样当流窜犯，而是攻克一个地方，占领一个地方，改造一个地方。在他的占领区，他负责维持社会治安，这一点在社会混乱的伊拉克和叙利亚特别难得。当 ISIS 恢复社会秩序时，居民就愿意承担一定的代价，听从 ISIS 推行他的教法。

在巴格达迪的思想中，一个国家的教法包括：严格遵循伊斯兰教义，人们必须每天祈祷五次，不得找借口不履行宗教义务；在穿着上，也必须符合穆斯林的规矩，特别是女人；人们必须遵循宗教法规，不得欺骗，不得偷窃，任何这类行为都会带来严重的后果，轻则断肢，重则处死。

这些教法在外界看来是过于严苛的，但对穆斯林来说，是《古兰经》规定的义务，并没有什么特别的。这就是在外界看来如此暴虐的组织在最初便能够获得本地人认可的原因之一。

ISIS 也比基地组织更坚决地实行宗派主义。基地组织虽然有强烈的逊尼派色彩，却也赞同穆斯林各派的联合，他们虽然在行动中屡屡针对异教的平民，但在某些时候，又强调避免平民伤亡。而 ISIS 则针对一切反对派，哪怕这些反对者同属逊尼派，但只要反对自己，就没有资格活在这个世界上。

另外，在巴格达迪的世界里，他也终于解决了伊斯兰世界一个最大的缺陷：缺乏一个统一的宗教权威来最终解释教法。当哈里发职位消失后，由于没有人对教法做最终的裁决，引起了各方的争执与教法上的混乱。从班纳起，极端主义者的理想包括重建哈里发制度，可是并没有一个组织能够做到，或者敢于去做。相对而言，基地组织只是谦逊地自我定位为一个革命输出机构，是个学校，没有涉足社会制度层面的建设。

而出身于清真寺的巴格达迪却认为时机已经成熟。在他的国家建设理念中，哈里发无疑是不可或缺的。

2014年，ISIS占据了叙利亚和伊拉克境内大片的土地，与此同时，它与基地组织不断地发生冲突，导致基地组织正式宣布不承认ISIS是它的分支。与基地组织断绝关系反而给了ISIS行动自由。巴格达迪打起了建立“伊斯兰国”的大旗，在用一系列震惊世界的军事行动确立存在后，立即自立为哈里发，宣布建设“伊斯兰国”。

在经过了一代比一代激进的组织演化后，人们从慈善走到了反抗，再到主动出击，最终走向了更加复杂的政治理想。

这四代极端组织的理论和实践活动越来越完善，却有着清晰的演化轨迹。

在未来，第四代极端组织并非终点，随着叙利亚、伊拉克、阿富汗的逐渐解体，各个教派斗争的激化，以及西方和以色列等势力造成的敌对情绪，在这片越来越碎片化的土地上，激进思想不仅不会断绝，还会继续演化下去。宗教极端思想已经和社会牢牢地捆绑在一起，这里的人民越来越没有选择机会，只能在战争和摩擦中颠簸。

也许从奥斯曼帝国解体的那一天起，命运就已经注定。这里曾经拥有和平与繁荣的伟大帝国，这里曾经有最宽容的宗教政策，这里也储藏着最丰富的石油资源，但这里也承担着最沉重的诅咒。

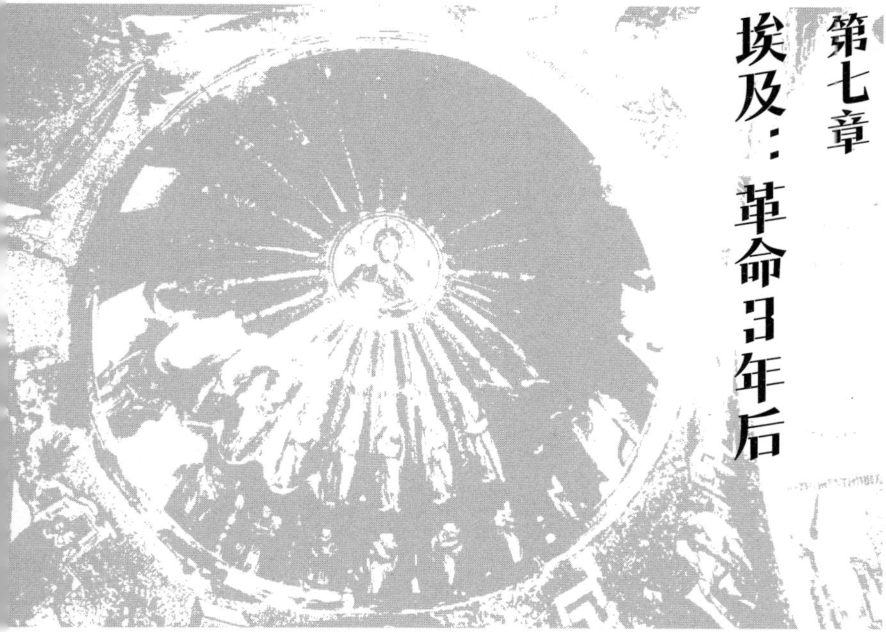

第七章

埃及：革命3年后

2014 年 5 月 26 日，埃及开罗，解放广场。

身在开罗的我在这天一早就收到了警告。在买早餐时，一位小贩抓住我的手，示意我不要出门，他用食指做了个抹脖子的动作，意思是这两天不要出来，否则有人可能要宰了我。

回到旅馆，我的房东也比比划划地警告：不要出去！他告诉我，这几天，甚至这一两个月，一定会有人制造些麻烦，例如爆炸什么的，如果我赶上就倒霉了。

但这一天我必须出去，为了见证一个时刻。这一天是选举的日子，埃及人将在接下来的两天投票选举新总统。前一年 7 月初，埃及民选合法总统穆尔西被军人组织的政变推翻，埃及步入军政时期。穆尔西本人也锒铛入狱，身负多项指控。

而 5 月 26 日的选举则意味着军人政府寻求合法性的努力。简单地说，2013 年 7 月政变的组织者、国防部部长、陆军元帅塞西摇身一变，脱去军装，成了总统候选人，并将在此次选举中加冕。选举虽然还未举行，但塞西肯定会当选，这一点埃及上下几乎没有人会怀疑。

在这个关键性的日子，做一下对比，就更能明白埃及这几年的变化：遥想 3 年前革命刚刚爆发时，人们对于当时的总统穆巴拉克和军人统治忍无可忍，愤而反抗；而 3 年后，人们又欢迎军人统治的回归。

3 年前，穆巴拉克已经做了 30 年的太平总统，并有传位给儿子的可能性。他依靠军人起家，并在军队中拥有盘根错节的势力，和一堆军队高级将领一起闷声大发财，警察对公民的暴力也让人咋舌。另一方面，埃及在穆巴拉克的统治时期却经历着经济繁荣，人口高速增长，从20世纪60年代末的3000多万增加了一倍多，达到了现在的8000多万，虽然他治下的埃及有着明显的贫富不均以及大量的贫困人口，但总的来说，那时的埃及社会仍然属于不错的时期。但即便这样，随着阿拉伯茉莉花革命的爆发，埃及人仍然对这个已达耄耋的老总统充满了怨言，进而爆发了“1·25革命”。

革命后，穆巴拉克总统被赶下权力场，送上审判台。这位患病的老人被关在铁笼子里出庭时老泪纵横的照片一度成为世界各大报纸的头条。

然而，3年后，人们反对的东西是否有了改观？

与穆巴拉克一样，陆军元帅塞西依靠政变夺权，也被看成是军人统治的代表人物。这一点和穆巴拉克没有本质的区别。

统治集团的腐败仍然在继续，政府把大笔的合同送给了军队相关方，穷人依然贫穷。不管谁掌握权力，都看不到快速改观的可能性，这一点也没有进步。

军警力量的滥权也没有改变。自从民选总统穆尔西被赶下台之后，已经有数万人被警察抓捕，军人政权对游行示威和自由表达加上了许多限制，许多革命中的积极分子被判刑入狱。可见，现在对公民权利的侵犯也和当初是一样的。

另外，现在的经济可谓是一塌糊涂。埃及的旅游业几乎被整个摧毁，由于西方政府的警告，西方游客在埃及已经到了门可罗雀的地步。唯有三三两两的亚洲游客，主要来自中国和日本两国，由于缺乏对局势的敏感性，仍然出现在街头。而埃及货币对美元、欧元的汇率屡创新低，埃及人彻底失去了对埃及镑的信心，大街小巷四处都是企图换美元的人，虽然官方汇率还在 1 : 7，但民间已经接近 1 : 7.6 了。随着经济的疲软，埃及的失业率更是居高不下，加上外汇储备的缩水，美国掐断对埃及的经济和军事援助等，埃及似乎跌入了经济黑洞，不知何时才能爬出来。

如果说，与 3 年前相比，稍微有一点进步的地方，那就是军人临时政府制定的宪法终于规定了总统的任期为 4 年，最多任两届，并且必须设立副总统。穆巴拉克时代，他为了专权，故意不要副总统。当然，这点进步是否持久，还需要看未来形势的发展。

这一点小小的进步也无法和众多的累赘和不确定性相比。军人特权依旧，腐败依旧，经济糟糕，出现了恐怖主义势力，社会更加不稳定，这一切似乎都向人们说明，革命 3 年后这个国家不仅没有更好，反而更加糟糕，向着失败滑去。

在这种情况下，军人试图再给埃及人一个几乎和以前没有本质区别的政权，人们会满意和接受吗？既然当初他们反对穆巴拉克，把他赶下了台，那么现在也一定会全力反对塞西的当选。

也正是基于这一点，那天早晨我出门时，几乎所有的人都好心好意提醒我要小心安全。因为一定会有塞西的反对者趁着选举日搞点儿恐怖活动，杀几个人，而外国人很可能成为目标。

但事实证明，那位小贩多虑了。

当我走到开罗的解放广场（Tahrir Square）时，广场四周车水马龙，一片繁忙景象，看不出任何的混乱迹象。解放广场曾经是 3 年来一切大事件的策源地，一旦有事情，人们脑子里的第一意识就是赶到广场去揭竿。但现在，这里显得过于平静了。

绕着广场走了一圈之后，我终于在广场的一个角落里发现了几个挥舞着埃及国旗的人。这是几个青年人，他们有的挥旗，有的举着陆军元帅塞西的画像，还有的举着手指头，指头上的红印显示他刚刚投过了票。与大街上匆匆而过的汽车、摩托车相比，这几个青年显得非常孤单和无助。当他们看到我时，仿佛把我当成了记者，连忙拉住我要我帮他们拍照片。

当我举起相机时，他们突然又示意我等一下。在诧异中把我带到了一位警察面前。几位年轻人立马散开，站在警察的四周，把他拱在中间，如同众星拱月一般。在拍照时，还有人谄媚地向警察投去含情脉脉的眼神，仿佛在说："我们干得不赖吧，把老外找来了。"

按下快门的那一刻，我突然明白了，这些青年并非是自发来表达对塞西总统的敬爱之情，他们是军方的人组织的，而警察就是他们的同伙和领导。

后来我才知道，在选举的这几天，埃及的主要城市都有着类似的表演。在第二大城市亚历山大，接近古代世界七大奇迹之一——亚历山大灯塔遗址——附近的一条街道上，几十个人在卖力地喊着口号，支持塞西当选。有个老人穿着全套的国旗装，挥舞着旗帜，女人们则发出埃及人特有的叫声——她们的舌头在嘴巴里有规律地抖动，发出一连串的叫声，如同胜利的号角。

与塞西相比，另一位候选人哈姆迪恩·萨巴希（Hamdeen Sabahi）则很少获得支持，他只是一个跑龙套的角色。在穆巴拉克时代，选举总统时只有一个候选人，而现在至少需要两个，以构成差额。

另外，整个埃及的大街小巷里都挂满了塞西的竞选海报，候选人塞西穿着西装，悠然地望着前方，仿佛一个充满智慧又带着些悲悯的智者，准备来拯救埃及。许多阳台也垂挂着他的大幅照片，每一幅照片都可以得到军方的补贴。比如，有人告诉我，家里如果答应悬挂塞西像，立即可以获得 400 埃及镑的补贴，对于穷人家来说，400 埃及镑不是小数字，是一个人一个月的工资，足以诱惑许多人了。

政府之所以四处张贴海报，是为了改变人们的心理，而组织人表演是提醒人们去投票，不要让投票率太低。事实证明，虽然有大规模的海报，也有人敲锣打鼓，但最后的投票率仍然不高。原本两天的投票快要结束时，选举委员会宣布投票截止时间延后几小时，随后又宣布再延长一天。即便经过延长，最后的投票率也只有 47%。

埃及的投票率向来不高，以前一年穆尔西当选总统的选举为例，那次选举经过两轮投票，第一轮的投票率超过了 50%，第二轮就跌到了 50% 以下。但塞西这次当选，则又创了新低。

但是，在所有有效选票中，塞西获得了接近 97% 的选票，可谓狂胜。

也许有人看到这里，会认为塞西那 97% 的选票一定是靠作弊获得的。但事实与之相反，埃及人已经和 3 年前不同了，3 年前的人们普遍呼吁推翻穆巴拉克的独裁统治，而现在至少一半的埃及人真心实意地支持塞西上台。

在我所遇见的人中，分成了两类。第一类包括大部分旅游行业的从业者，以及大部分的经济精英阶层，还有许多埃及的普通民众和非穆斯林，他们几乎一边倒地支持塞西。大街上常常会碰到做 V 字手势的人们，这个手势在埃及有着特殊的含义，即“支持军队，支持塞西”。我住处有两位打扫卫生的老太太，她们都七十上下，老态龙钟。在选举日，我问她们支持谁，她们纷纷伸出两个手指：“美呀美呀塞西！”

一次，当经过一排被人泼了墨的塞西画像时，一位埃及朋友气愤地对我说：“他们（反对塞西的人）就是这样偷偷摸摸做事！可不管他们做什么，塞西都会当选！”

而对普通人来说，他们只是感到累了，革命3年不仅没有效果，日子还越来越差，停电天天有，食品跟不上，还是早日恢复稳定吧。而军队的本事就是恢复稳定。

支持前总统穆尔西、反对塞西的人还有，但都转入了地下。在大街上，只有在很少的场合，才能看到有人偷偷摸摸地走上来，朝你伸四个手指，那是支持穆斯林兄弟会和前总统穆尔西的标志。

而如果和埃及人混熟了，会发现更多的穆斯林兄弟会支持者散落在民间，他们大都是穷苦人，发声无门，也害怕遭到报复，只对熟人才会说出心里话：穆尔西好，塞西坏……

关于投票率超低，也有几种说法。一种认为是反对者抵制了选举；另一种认为群众对政治失去兴趣了；还有一种则说，大家都知道塞西肯定能赢，所以懒得去投票了。

我提醒一位支持塞西的朋友：“当初你们把穆巴拉克赶下了台，也是你们选出穆尔西当总统。可后来为什么你们又这么认可推翻了穆尔西的塞西呢？更何况，塞西和穆巴拉克一样，都是军队出身。”

这位朋友似乎自己也没有想明白，他第一天回答，穆斯林兄弟会和前总统穆尔西窃取（Steal）了权力。至于如何窃取的，他没有详谈。第二天他似乎想明白了一点，补充说，埃及人最初没有看清穆尔西的真面目，加上大家都怕社会乱套，如果当初不选择穆尔西，穆斯林兄弟会就会四处组织游行，天下大乱，所以大家带着试试看加忌惮的心态选择了穆尔西。

另外，那时埃及的警察和军队都不够强，军队也只能同意让穆尔西上台。而现在军方已经有了足够的掌控力，且埃及人也看清了穆斯林兄弟会的嘴脸，就将他赶下了台。

回答并没有太大的错，却把塞西过于美化了。实际上，在把民选的穆尔西赶下台之后，埃及又滑回革命前的状态。而人们经过 3 年的革命，除了想找回当初的稳定之外，其他已经不再考虑了。塞西正是抓住了人们的这种心态。政府在不断地诉说，从巴勒斯坦到埃及的边境下面有数百条地道，恐怖分子就从这些地道抵达埃及，而背后的控制人就是穆斯林兄弟会。这样的指控不管是否属实，在特定的时期都起到了震慑人心的作用。

如果再往根子上看，3 年的革命造就的不是一个统一的埃及，而是一个分裂的埃及。另一位朋友伤心地告诉我，现在的埃及已经分裂了，支持塞西的人上了台，支持穆斯林兄弟会的人虽然减少了一些，但都变成了死忠。在国际上，一些国家支持穆尔西，另一些国家支持塞西，他们都有后台。但埃及的两派都没有学会坐在谈判桌前解决问题，只想赢者全得，或者干掉对方，埃及彻底分成了两派。他对埃及的未来感到悲观。

那么，在埃及 3 年革命的历程中，埃及人到底做对了什么？推翻了半独裁政权，又做错了什么？是导致埃及的政治重新向原点靠拢吗？

这 3 年埃及失去了什么，又得到了什么？到底如何评价埃及的革命？又应该从中学到什么教训？

马穆鲁克与革命

2011年1月25日，各地的埃及人纷纷走向街头，抗议总统穆巴拉克的政权。

也许最初他们也没有想到，这次抗议活动真的会导致穆巴拉克下台。从当时的情况来看，穆巴拉克当总统已经有30年了，他的政权看上去非常稳固，总统和埃及所有势力的关系盘根错节、根深蒂固，不可能说倒台就倒台。甚至在一个月前，人们都不敢想象自己有勇气走上街头抗议。

关于一个独裁者为什么在埃及能够持续30年掌权，还要从这个国家特有的马穆鲁克传统谈起。

在埃及中世纪史上，出现了一种全世界特有的政权组织形式，这个政权的特点是：从军队领导人中选择国家领导，而军队领导人则都是奴隶出身。

在马穆鲁克之前，埃及最后一个王朝是萨拉丁建立的阿尤布王朝。萨拉丁是伊斯兰教抗衡欧洲的大英雄，本人是库尔德人，起源于土耳其、叙利亚一带，却在埃及建立了一代王朝。他收复了耶路撒冷，又有着足够仁慈的心，善待俘虏，在基督教世界也被普遍尊重，被奉为那个时代最伟大的穆斯林统帅。

阿尤布王朝时期，由于统治者需要建立自己的精锐部队，于是从中亚等地购买了许多奴隶，身强力壮者被挑选出来，建立禁卫军，这支军队就被称为马穆鲁克。

再到后来，马穆鲁克的首领篡夺了统治者的位置，接管了权力，废除了阿尤布王朝的苏丹，埃及从此就进入了马穆鲁克时期。当蒙古人横扫天下时，蒙古汗王旭烈兀率领的蒙古军打到叙利亚境内，却在挺进埃及时被马穆鲁克击败。之后，蒙古人的势头再也没有恢复过来。马穆鲁克也成了当时伊斯兰世界最后的坚强堡垒。

马穆鲁克前期的苏丹们还尝试将统治权传给子孙后代，然而，到了后期，随着整个统治阶层的内斗不休，逐渐形成了一种颇为古怪的政治规则。与世界上大多数政权是由父亲传给儿子不同，这个政权的统治者很难将继承权传给后代。老王（苏丹）躺在床上还没有咽气，下面的军队内部已经打成一片，从中杀出一位斗争的胜利者继承王位。大多数情况下，老王还没有死去，就已经被阴谋废除了。

就连奴隶制度也完整地保存下来。每一位王为了保证统治的稳定，都需要保持军队的绝对忠诚，而那些显贵家族世袭的子弟是不可靠的，所以，每一位王都继续从海外购买大量的奴隶，选择身强力壮的编入部队。这些奴隶有的人一辈子当士兵，也有的人经过提拔成了将军，更幸运的人则变得有实力角逐王位。他们从奴隶起步到身居高位，大都已经进入老迈时期，所以，每一位王登基时都已经年纪不轻，当不了几年就病死或者在内斗中下台，给新的野心家腾出位置。

一代又一代，马穆鲁克们通过一种古怪的方式控制着整个埃及。虽然后来埃及被奥斯曼帝国征服，但奥斯曼人无力打破马穆鲁克阶层，埃及仍然有非常强的自治权力，更多时候只是在名义上从属于奥斯曼。

直到 19 世纪初，拿破仑的入侵才改变了这种状态。在对抗拿破仑的战争中，一位名叫穆罕默德·阿里帕夏（Mehmet Ali Pasha）的人崛起了，他通过阴谋杀掉了最主要的马穆鲁克首领，建立了传给子孙后代的世袭政权，这个政权一直存续到 1952 年。为了在世界潮流中站住脚跟，这个政权还引入了一定的君主立宪体系，在国王允许的范围内开展宪政改革。

但谁也不要小看了埃及的马穆鲁克传统，即便进入一百多年的世袭时期，军队也仍然保持着足够的强大，1952 年，从军中崛起的纳赛尔废除了君主制，建立了共和总统制。

但不幸的是，埃及的共和总统制仍然无法摆脱马穆鲁克的影响。埃及几乎所有的总统都出身于行伍，通过打拼身居高位，再等待权力真空的机会来接管政权。在这里，没有人能够传给子女，也没有所谓的真正民选。这是一种变相的马穆鲁克制度。

纳赛尔死后，萨达特获得了政权。当萨达特被刺杀后，穆巴拉克当仁不让地获取了政权。

穆巴拉克娴熟地操纵着政治。在他的统治下，埃及的宪法没有限定总统任期，于是，每一次穆巴拉克都能在选举中获得连任。而所谓的选举也往往只有他一个候选人唱独角戏，选民的选票上只写“你是否同意穆巴拉克连任”，“是”或者“否”。

然而，与纳赛尔和萨达特不同，穆巴拉克上任时还很年轻，能够长久地盘踞总统职位。他开始幻想传位给儿子，建立一代王朝，正是这样的幻想让埃及人感到不满意。他们能够容忍一个人的独裁统治，这是符合马穆鲁克传统的，却不能容忍这个人有世袭的想法。

为了便于统治，穆巴拉克不设副总统，因为只要有副总统，就意味着等他死后，副总统有权力接替他的职位。而总统希望这个非常有油水的职位能够在他的家族内部世袭。他认为他的儿子贾迈勒·穆巴拉克（Gamal Mubarak）比所有的埃及人都更聪明，更有资格接替他。

最初，埃及人还没有看到这个危险，但随之而来的是王朝大戏在另一个阿拉伯国家的预演。2000年，叙利亚总统哈菲兹·阿萨德死亡，他的儿子巴沙尔·阿萨德（Bashar al-Assad）继承了总统职位。

在阿拉伯国家中，叙利亚和埃及的关系并非一般。1958年，醉心于阿拉伯大联合的埃及总统纳赛尔曾经和叙利亚总统舒克里·库阿特利（Shukri al-Quwatli）宣布，将埃及和叙利亚合并起来，成立阿拉伯联合共和国。虽然这次联合试验最终失败了，但埃及和叙利亚关系之密切仍然可见一斑。

之后，埃及和叙利亚先后跌入强人统治，形成了阿萨德家族和穆巴拉克家族。当阿萨德家族完成顺利接班，埃及人在嘲笑完叙利亚后突然意识到，总统穆巴拉克也恰好是从这段时间起加强了儿子贾迈勒的出镜，原来本国的接班程序也已经悄然启动了！

从这时起，针对穆巴拉克的反对行为也越来越多样化，人们私下里流传着穆氏家族的腐败案件。除了这个家族之外，埃及在历史上就有着腐败文化，这是一个阶层共同的特征，但现在都被算在了穆巴拉克的头上。

比如，在埃及，警察通常是先锋媒体的嘲笑对象，被认为既愚蠢又腐败。在穆巴拉克当选之前，埃及的前一任总统是萨达特，萨达特被刺身亡时，埃及不得不启动全国紧急状态。根据法令，紧急状态下，反对派的活动受到限制，而警察被授予更多的权力来限制公民自由。

然而，穆巴拉克为了便于统治，却把紧急状态变成了常态，30年后仍然没有取消。这就造成了警察的滥权，他们有恃无恐地对公民进行拷问和殴打，接受贿赂。

在之前，埃及人把这些毛病通盘接受了，虽然有抱怨，但声音很小。到了2000年之后，这个声音却越来越大，并且越来越普遍。

这些声音进一步激起了年轻人的反抗欲望。年轻人受传统的影响小，却受到西方民主文化，特别是左派思想的影响，将一切不公平都视为敌人。

埃及是一个出生率非常高、人口增长迅速的国家，从1966年的3000万起步，到现在已经增加到8000多万。埃及的国土面积只有100万平方公里，要知道，埃及适合生存的国土少得可怜，除了尼罗河两岸和北方的三角洲地带，就只有零星的绿洲和海岸线可以居住。这样的人口密度对任何一个国家而言都是难以处理的，更何况它的人口如此年轻，充满了理想主义，却很少考虑实际操作。

2008年之后，最后一根稻草来到了。随着世界经济的不景气，埃及也受到了冲击。当年轻人从学校毕业后加入失业大军时，这个社会也就进入了警戒时期。

但是不管是统治者还是人民，却都仍然沉浸在30年和平的虚幻之中，丝毫没有感觉到危险。而这时，革命突然来到了！

2011年：有预谋的抗议，无预谋的革命

埃及"1·25革命"在海外得到广泛的关注。即便在遥远的中国境内，也被赋予了过多的含义，引起了激烈的讨论。但不管是赞成的，还是反对的，都戴上了有色眼镜，革命本身在遥远的数千公里外变得模糊不清了。

然而在革命爆发之初，其目的和过程却显得那么简单。它受到自突尼斯发端的阿拉伯革命的影响。一个突尼斯小贩因为受到不公正的对待，自焚而死。他的死亡引得人们纷纷上街，形成了一次席卷全突尼斯的革命。

突尼斯的革命还打开了整个阿拉伯地区对政治的不满，于是，激烈的抗议活动如同一阵旋风般掠过了中东几乎所有的阿拉伯国家。

在其他国家陷入革命风暴时，埃及人也突然意识到，突尼斯发生的事情在尼罗河边同样常见。

对于埃及来说，最能够引起人们共鸣的现象，就是警察的粗暴和不公平。在距离革命半年前，亚历山大的青年人哈立德·穆罕默德·赛义德（Khaled Mohamed Saeed）被警察殴打致死，这次事件引起了人们的普遍抗议，但和大部分的警察暴力事件一样，最终都归于不了了之。当突尼斯革命的消息传来，人们意识到这是表达对政权不满的时候了。少数人开始策划在 1 月 25 日全国警察日这一天举行抗议活动。

但谁也没有想到，借助现代通信手段，特别是推特（Twitter）和脸书（Facebook）等应用，很快，所有埃及人都知道了 1 月 25 日有抗议活动。

于是这次抗议就变成了一场公开的阴谋：人们要去抗议，政府知道人们要去抗议，人民也知道政府知道他们要去抗议……政府有警察和法律作武器，而人民什么都没有。在一个统治者已经不习惯听反对声音的社会里，抗议活动能够顺利举行吗？

只是，谁也没有想到，存在了 30 年的独裁者竟然变得这么不堪一击。1 月 25 日，政府和警察对抗议的队伍失去了控制，整个埃及也就从单纯的抗议变成了一场没有预谋的革命。革命的议题也从单一的抗议警察统治变得多样化起来，有的针对穆巴拉克家族的腐败问题，有的针对接班人问题，有的针对整个埃及社会无所不在的腐败，还有的诉求于宗教，有的对外交不满……所有这些议题虽然五花八门，但人们认为这都是那个衰老不堪的独裁者造成的，并将矛头指向了他一个人。

穆巴拉克曾经想挽救局面，他首先想到的是镇压，但这只让曾经和平的抗议中爆发了一定数量的暴力事件，令整个社会向着失控滑去。随后，为了缓和形势，他任命了新的总理，并指定了长期空缺的副总统，显现出改革的姿态。

2 月 1 日，他再次承诺进行改革，并承诺在当年 9 月的选举中不再参选。只是，他仍然决定保有权力到 9 月，以便实行和平过渡。

但独裁者的让步只会让人们意识到他的虚弱，以及争取更大胜利的可能性。穆巴拉克希望秩序好转，但好的秩序并没有到来，更多的冲突爆发了。

2 月 10 日，穆巴拉克再次让步，他表示只保留名义上的最高领导人，将权力逐渐让渡给任命不久的副总统奥玛尔·苏莱曼（Omar Suleiman）。但人们不仅对穆巴拉克表示怀疑，同时还怀疑担任过情报头子的奥玛尔·苏莱曼。

到了这个地步，不仅穆巴拉克不知道如何才能恢复秩序，就连那些反对穆巴拉克的人也在考虑如何才能在不演化成更复杂局面的情况下，过渡到下一个稳定态。革命最危险的不是与独裁者斗争的时刻，而是独裁者倒台之后的真空期。

这时，军方终于出手了。埃及的马穆鲁克传统再次发生了作用。

这时的军方将领已经不是出自奴隶，而是由埃及的平民百姓中选拔出来，他们用一生逐渐走向高位，并等待时机介入政治。

在世界历史上，军方干预政治一直是政治上的一个负面问题，但在不成熟的国家，军方有时候会代表一种稳定力量。他们往往在政治上持保守立场，并有着强烈的特权动机，却又有利于恢复秩序和发展经济。在西班牙、智利、土耳其等国家历史上，都有过军方干预政治带来良好的秩序，从而较为从容地实现变革的例子。只是这样的例子太少了，与数量庞大的反例相比，显得不值一提。

2 月 11 日，埃及军方宣布，统治了 30 年的穆巴拉克总统下台，由埃及军方组织一个委员会暂时行使政府权力。

但如果仅仅是军方接管权力，不是与所谓的革命目标相差更远吗？谁也不会怀疑，军方此刻的出现，是为了保护特权不在革命中被粉碎，军方也不愿作为老独裁者的陪葬品被一起扫地出门。可是，人们怎么可能接受军方的统治呢？

为了消除人们的敌意，恢复秩序，军方在宣布接管权力的同时，给人们吃了另一个定心丸。他们承诺接管权力只是避免过渡时期的混乱，一旦条件允许，军方立即召集社会各界人士来制定新的宪法，并选出真正的民选总统。

军方高调的表态让“1・25 革命”成为过去，人们这才意识到，自己的抗议竟然完成了不可思议的任务，那个他们曾经以为一直会“领导”他们的人已经下台了。他们必须在一个没有穆巴拉克的社会中继续生存。

只是，这个胜利来得过于容易，埃及人真的准备好了吗？革命之后怎么办，成为埃及人必须回答的首要问题。

更多的鱼

约瑟夫·海勒（Joseph Heller）的小说《第 22 条军规》（*Catch-22*）中有一个情节：

有人问一个做梦总梦到鱼的士兵："梦里的鱼让你想到了什么？"

他回答："更多的鱼。"

"可是，更多的鱼又让你想到了什么？"

"更多更多的鱼。"

这个故事可以用来形容埃及人革命后的状态。当前总统已经被推翻，需要建立一套新的政治结构时，大部分的埃及人除了停留在前期的喜悦之中外，对新形势并没有新的概念。他们只是不断地梦到鱼，却没有想到有了鱼接下去该做什么。

从穆巴拉克下台，到 2012 年 7 月穆斯林兄弟会上台的这段时间，是埃及最为可惜的一段时间。他们本应该建立起一套合理的架构，并选出胜任的领导人，然而事实证明，埃及人虽然可以革命，但是一下子学不会搞建设。

在这段时期内，不管是军队还是人民，都是善意的。无可否认，军方有私心，他们接管权力之后，希望在宪法中继续保留军队的特权地位。

而人民也有私心。在穆巴拉克时代，为了保持独裁统治，总统曾经有给人民"派糖"的习惯，埃及财政支出的三分之一是食品和能源补贴，也就是政府拿出钱来维持食品和汽油的低价，让穷人的生活成本更低一些。

这种食品和能源补贴意味着穆巴拉克不能在根本上解决埃及的经济问题，只能通过财政补贴的形式讨好最底层的民众，让他们不闹乱子。这种补贴必然是低效的，有很大一部分流入了关系企业和个人手中，腐败严重，且由于财政负担过大，不能长期维持。但是，习惯了补贴的人们希望在革命后看到立竿见影的生活改善，并单纯地希望革命对自己有利。

但在双方的私利背后，他们又的确真诚地希望埃及迎来新生。军队希望在维持国家稳定和一定特权的情况下，建立起更好的宪政结构，再通过普选选出合法的领导人，将权力让渡给民间政府。人民也希望尽快获得民主和自由，开启新的道路。

军队和人民完全可以达成一定的妥协，将双方的效益尽可能合理化，把埃及变得更好。那么，到底有什么障碍让他们的愿望无法达成呢？

答案是：他们之间缺乏有效的、成熟的政治势力进行沟通。

至今，许多政治家在反思埃及革命时，常谈到年轻人的幼稚。埃及的年轻人经过革命的洗礼后，没有办法组织政党参与到民主化进程当中，却总是在关键时刻，通过上街来表达诉求。他们可以推翻政权，却不会建设。一句话，他们太不成熟了，没有真正参与政治的能力。

任何一个经过长期专制统治后的社会，面临的最棘手的问题，就是没有成熟的反对派。执政者在台上时，往往出于自私的目的来镇压反对派，不管这些反对派是怀着善意还是恶意，均一概遭到镇压。只有一种反对派是镇压不掉的，他们是最不妥协、居于地下的极端反对派。

穆巴拉克统治30年的结果之一，就是缺乏有执政经验（哪怕仅仅是参与过执政）的反对派，在埃及，几乎所有有执政经验的人都被看成是和穆巴拉克一伙的，得不到人民的信任。

但埃及不缺乏反对派。对于穆巴拉克政权最激烈的反对者，是穆斯林兄弟会。这个组织成立于1928年，比阿拉伯地区许多极端武力组织更古老。

我们可以这样理解穆斯林兄弟会：它是近代社会出现的伊斯兰主义的鼻祖，拥有很强的反西方色彩，宣扬建立一个在穆斯林教法统治下的政权，人们不是在世俗的法律下生活，而是在《古兰经》教法的指引下过日子。

穆斯林兄弟会又不同于后来兴起的第二代、第三代伊斯兰极端组织。它的领袖大都出身于知识分子阶层，还保留了很大的宪政思想，强调非暴力运动，甚至想通过现有的政治架构和平上台，推行教法统治。

然而，穆斯林兄弟会虽然宣扬非暴力，但它的教法理论在很大程度上又可以推出暴力的结论，并被后来的极端主义势力滥用。可以说，正是穆斯林兄弟会在理论上的准备，催生了更多的暴力派别。比如，在巴勒斯坦的极端组织哈马斯，就是由穆斯林兄弟会在巴勒斯坦分支的领导人创建。虽然不能把哈马斯和穆斯林兄弟会等同，但它们之间复杂的联系成了人们攻击穆斯林兄弟会的口实之一。

而在历史上，穆斯林兄弟会由于一直是政权镇压的对象，也时常会有成员采用暗杀、武力等手段来反对现政权，并招致更严厉的报复。

在穆巴拉克政权下，穆斯林兄弟会一直处于非法状态，却有着强大的组织能力。当政府在社会管理上失序时，是穆斯林兄弟会组织的慈善事业弥补了真空，它大力发展教育、医疗等基本需求，可以说是最贴近民间的政教势力，并获得了穷人的支持，拥有着数百万的信徒。

当更加温和和世俗的反对派在埃及无法形成影响时，穆斯林兄弟会却做得风生水起。

埃及的军队接管政权后，按照最初的协议，这个军管政权的期限是 6 个月，或者维持到下一届政府形成。然而，此时的军队显然低估了事情的复杂程度。要赶在 6 个月内组织政府，是不现实的。而如果政权被随意地交给不成熟的人，或者恶意的势力，就意味着革命成果毁于一旦。军队领导人越往下走，越觉得事情艰难。

但民主化进程仍然在继续。

2011 年 3 月 19 日，在军方的主持下，埃及举行了一次全民公决，通过了对宪法的临时修正。这次宪法投票决定了几个事情：

第一，总统必须设立任期，每人最多只能担任两届 8 年总统，并将总统选举交由司法系统的监督之下，避免了再次形成 30 年不换总统的情况。

第二，总统必须指定副总统，避免总统世袭的可能性。

第三，穆巴拉克为了垄断总统，规定了很高的候选人提名条件，而这次公决降低了提名条件，便于那些没有官僚背景的人参与到总统竞选中来。

第四，规定立法机构选举完成后，将组织一个委员会来制定新的宪法，以取代这些临时性修补。

早在 2 月，军方为了平息人们的游行，已宣布军方不会推出内部候选人参与总统角逐，一切以人民的选择和人民的意愿为准。而作为社会对军方的妥协，军方也保留了若干特权。这些做法虽然显得革命不彻底，但对于埃及这样的复杂社会，已经是一个次优解，使革命能取得最大成果。

世俗化、激情和失控

不和谐的声音已经越来越大。公决之后，随着政治进程的继续，人民和军方托管政府之间的不信任扩大了。

军方越来越认定，放眼四周很难找到一个合适的可以信赖的对象，在保证稳定的前提下将政权让渡出去。而统治工作的千头万绪也让他们陷入具体事务当中，无法将精力完全放在承诺的事情上。

前面几位埃及总统虽然都是军人出身，却在坚持世俗化方向上表现坚决。他们大都带着社会主义思想成分，认定发展埃及的道路是世俗的道路，不是回归宗教。由于埃及有着很强烈的宗教色彩，政府必须足够强力和坚决，才能维持世俗化的方向。

埃及的军队是世俗化的代表，其高层军官大部分赞同在保留世俗化成果的基础上，进行民主化的改革。但埃及只有穆斯林兄弟会这一个宗教性的团体足够强势，引起了军官们普遍的担忧。

这种困境在人民的眼中却是另一番景象，随着军方的拖延，人民担心军方并不想放下权力，他们甚至担心军方会一直借口政治的不成熟而抓住权力不放。穆巴拉克将紧急状态维持了 30 年，难道军方不能再拖 30 年？

在质疑政府的同时，人民却没有足够的智慧组织起有效的世俗性政党参与到政治当中。

为了对抗军方，学生和青年组织了一个个示威机构，这些机构带着原始政党的意味，却总是以具体的对抗措施为目的，并加上一些模糊的愿景。这种组织很难纳入到民主化的实际进程当中，却总是抱怨变革的步骤进行得太慢。

当示威继续时，军方的耐心也在逐渐消磨，一方面，他们陷入了承诺的陷阱，必须尽早将政权交出；另一方面，局势的失控更让他们焦头烂额。为了对付四处出现的新示威，立法机构制定了新的法律，规定示威不得扰乱正常的社会秩序。但这样的立法只会导致人民进一步的反感，仿佛证明军方已经又回到了老路上，而曾经承诺的改革和交接都无法兑现。

当独裁者被推翻后，独裁期间毁掉的社会和政府之间的信任关系将长期处于毁坏状态，改革者和社会之间无法达成必要的相互信赖，结果是：从激进走向更加激进。

从 4 月 1 日起，埃及的革命进入了另一个阶段，这一天爆发了大规模的游行示威，许多等得不耐烦的人又走上街头，提出的口号是“拯救革命”。但也是从这时候起，革命就已经彻底走向失控，激情的成分超越了理性，被革命激起了热情的人们虽然缺乏目标，但是一次次走向广场表达他们的热情，他们每上街一次，距离妥协与和解就更加遥远。

政治家枉费心机地想将社会拉回轨道之中，不要失控，但是，已经没有人也没有任何集团有能力做到了。

在每一次的激情释放中，也越来越多地夹杂了各种宗教的成分。

埃及是一个宗教关系复杂的国家，除了伊斯兰教之外，还有属于基督教的科普特教徒（Copts，基督教的埃及支派）。

在历史上，埃及的基督徒一直以虔诚和保守著称，当基督教成为罗马的国教后，由于埃及有着数千年的宗教传统（古埃及多神教），在神学方面处于遥遥领先的地位，他们发明了各种各样的思辨体系来解释上帝和耶稣、人和神的关系，等等，对基督教的理论影响深远，甚至在一定时期内主导了基督教的发展。当然，虔诚的另一面就是残忍，埃及的基督徒以坚决地反对异教、迫害异教徒著称。《罗马帝国衰亡史》的作者吉本最惋惜的一位异教徒女哲学家希帕蒂娅，就死在基督教的愚民和暴徒之手。这些人也焚毁过无数的神庙和异教建筑。

但到了现代，作为埃及基督徒后裔的科普特教徒成了少数派，也成了伊斯兰激进分子的眼中钉。随着革命的进行，宗教冲突的发展，激进分子制造了一系列针对科普特教徒的袭击。

2014 年，我参观了埃及的科普特区。虽然当初的混乱已经成为过去，但这里仍然戒备森严，仿佛随时准备应对可能出现的骚动。

科普特教徒居住地是一片四面封闭的区域，由高墙与其他区域隔开，只有一条通道可以进入。一旦通道关闭，这里就成了一座可以固守的堡垒。在堡垒的四周，是警察拉起的钢铁挡板和水泥桩，外来的车辆很难进入。任何有嫌疑的行人都会受到搜查。在区域内，也有着无数的保安警惕地注视着人们。

只要有任何风吹草动的迹象，科普特区的戒备就会立即加强，而这，就是 2011 年革命留下的遗产。

除了针对基督教之外，以色列在开罗的大使馆也成了激进的人们攻击的对象。9 月 9 日，数千名埃及人到以色列使馆前示威，他们从一家警察局盗取了武器，最终突破封锁闯入使馆。这件事引发了严重的外交危机，以色列大使馆不得不转移办公地点，直到 2014 年，仍然缩在开罗一个狭小但戒备森严的地方办公。

乌合之众除了表达政治和宗教上的诉求之外，还夹杂着更加自私的目的。埃及各个博物馆里收藏着的数目巨大的文物，也被他们盯上了。

在开罗著名的埃及博物馆，塞满了古埃及时期的各种文物。不管是法老的雕像，还是木乃伊，每一个品类在这里都不是按件算的，而是几十件，甚至上百件，上千件。这里还展示着图坦卡蒙法老的宝藏，以及新王国时期最著名的法老木乃伊。

在摆放历代法老木乃伊的展区里，有一具儿童的皇家木乃伊。这具木乃伊在革命期间遭到盗贼的破坏，头从躯干上掉了下来，身体也分成了几部分。盗贼们趁着革命时期警力的不足，进入博物馆偷走了数十件文物。在偷盗期间，盗贼们肆意破坏了数件古代的珍品，其中就包括这具已经有 3000 多年历史的儿童木乃伊。

当混乱过后，修复好的木乃伊再次出现在参观者的眼前时，只有修复者痛心疾首的说明文字仍然记载着当初的混乱。

除了在开罗之外，在其他地方的小博物馆，偷盗更是经常发生。如今，当秩序逐渐恢复，许多被盗走的文物又从美国、欧洲国家等地陆续追回，但另一些再无下落。

当事情变得更加混乱时，军队的临时政权处于骑虎难下的状态。一方面，他们必须趁在台上时结束混乱局面，给后续的政权留下较为和平的环境；另一方面，他们多在台上一天，就可能增加混乱。即便埃及的军队，也没有能力对付越来越多的示威群众，他们必须妥协。

但可怕的是，即便临时政府放弃执政，也并不一定能够减少社会的混乱，因为埃及国内根本缺乏既与前政权没有联系又有成熟经验的人。

经过权衡，临时政府决定加速放权。于是，穆斯林兄弟会上台的时机到了。

2012年：安拉的胜利

在埃及，我经常询问的问题是："2012年，你们经过合法合宪的选举，将穆斯林兄弟会选上了台，穆尔西当选为埃及第一位真正的民选总统，这一切都是埃及人民决定的。可是，为什么到了一年后，你们就大规模集结反对穆尔西，导致他被军队政变赶下台，埃及的宪法再次遭到破坏？而再过了一年，你们又为什么欢天喜地进行投票，把搞政变的人选成了总统？"

典型的回答已经在前面提到。大多数埃及人的回答都语焉不详，仿佛他们根本没有思考过这个问题，又仿佛他们从头至尾都反对穆尔西。

一位思考过这个问题的人告诉我，在穆尔西当选的那次选举中，还有另一个人更适合当总统，但是穆斯林兄弟会胁迫了军政府，让他们明白如果不选择穆尔西，穆斯林兄弟会就会立即组织人们上街，社会立即出现乱局。

所谓的另一个更适合当选的人叫艾哈迈德·沙菲克（Ahmed Shafik）。但说这话的人似乎淡忘了，在那次选举时，沙菲克并不是一个受欢迎的候选人，因为在所有候选人中，他和前政权的联系是最密切的。

实际上，在“1·25 革命”进行中，穆巴拉克受到示威威胁的时候，曾经改组了政府，任命了新的总理，这位总理就是沙菲克。沙菲克出自空军，也曾经是现代马穆鲁克的一员。当穆巴拉克倒台后，沙菲克又留任总理一个月，才因为被人当作穆巴拉克的走狗加以嘲讽而被迫辞职。

当军政府宣布于 2012 年年中举行总统大选时，沙菲克决定参加选举。他是一个有过执政经验的人，熟悉政府的组织和运作，有可能弥补革命者不成熟和缺乏经验的软肋。但作为候选人，他一直被曾经的军方背景拖累，急欲完全摆脱穆巴拉克记忆的人们带着嘲弄的语气谈论他。

沙菲克的支持者来自科普特教徒，以及一些希望尽快恢复秩序的政治保守派人士，几乎所有的政治上层势力都钟情于他。这些人的支持保证沙菲克挺进到了第二轮选举，与穆尔西单独对决。

根据宪法规定，如果第一轮总统大选没有人取得绝对多数，就选择得票数居前两位的候选人，进行第二轮选举，得票多的当选。

在第二轮选举中，选举委员会宣布，穆尔西以微弱优势当选。事后，有些人总是相信选举委员会宣布的结果是有问题的，其实沙菲克的选票更多，但是如果宣布沙菲克当选，那么被革命激情冲昏头脑的人们在穆斯林兄弟会的组织下会立即走上街头，致使社会彻底失控。选举委员会在不得已的情况下才伪造了选举结果。

这种说法就是穆斯林兄弟会和穆尔西“窃取”了政权的原型。但这种说法的可靠性很值得怀疑，更可能的情况是：被激情冲昏头脑的人们无法容忍一个和前政权有密切联系的人当选，根本不需要穆斯林兄弟会的鼓动也会自动抵制他。

沙菲克选举失败后，为了安全起见，带领家人迅速离开了埃及。事实证明，他的做法是明智的。他离开后不久，新当选的总统就签发了对沙菲克的逮捕令，使他丧失了在穆斯林兄弟会统治下继续参与政治的机会。

穆斯林兄弟会倒台后，人们再次想起沙菲克，并后悔当初没有选择他。但埃及人一直处在激情的驱使下，他即便上台，也会成为短命的执政者，最终由于失控而被迫下台。

当埃及的军政府在人民的压力下决定加速民主化进程时，人们尴尬地发现，埃及最大的政治势力不是别家，正是穆斯林兄弟会。

在革命初期，穆斯林兄弟会并没有明显地参与组织上街，只是到了穆巴拉克铁定下台，穆斯林兄弟会的领导人意识到他们的机会来了时——此时宗教组织已经政治化了，于是他们成立了自由公正党，参与了埃及的政治进程。

此刻，埃及其他新兴的政治势力均不成熟，青年们仍然沉浸在革命的喜悦中，却没有做好摘取胜利果实的准备。

根据当时的情况，有一种诉求是希望在总统选举前制定埃及的新宪法。穆斯林兄弟会看出了其中的危险性，因为如果宪法制定过早，那么革命派的许多自由思想将在宪法中得以体现，而穆斯林兄弟会则试图在埃及国内实行符合穆斯林教义的统治。为了避免自由思想的主导，唯一的办法就是加快埃及的民主化进程，并利用民主选举上台，控制宪法的起草。

穆斯林兄弟会的参与，让埃及的政治进程更加快速发展，局势已经超出了临时政府的控制，一次次反对军队统治的游行都在撼动着他们的地位。

2012 年 11 月到次年 1 月，埃及举行了议会选举，穆斯林兄弟会大获全胜，占据了几乎一半的议席，成了遥遥领先的第一大党。由议会选出了 100 人的宪法起草委员会，此时的宪法起草工作几乎被穆斯林兄弟会所左右。

之后，埃及宪法法院作出反击，宣布议会选举中有一部分不合法，解散了第一次宪法起草委员会。但即便重组后的第二次宪法起草委员会，也已经无法消除穆斯林兄弟会的影响。

议会选举之后，总统选举也马不停蹄地展开。

总统选举最终一共有 12 名候选人，这反映了两个现实：一是可以看出埃及临时政府的诚意，他们放开了竞选条件，让更多的人参与进来；但另一方面，也显示了埃及政治势力的分散性，许多革命者不懂得联合在一起形成更大的政治势力，只能各自组党参加竞选，结果，这些人全部都被更懂得政治规则或者更有组织的人击败。

经过第一轮选举，没有人能够获得绝对多数选票，但居于前两位的候选人分别是穆巴拉克最后的总理沙菲克，以及穆斯林兄弟会的代表穆尔西。到这时，革命者已经全部出局，在第二轮选举中，选民只能在前官僚和宗教组织这两个选项中选择一个了。

埃及也正是从这时开始分裂成了截然不同的两派。支持沙菲克的大部分是经济保守主义者和富人，而支持穆斯林兄弟会的大部分是穷人和草根阶层，以及更虔诚的宗教人士。如果革命者懂得策略，能够选择一个共同的候选人，让他在选举中脱颖而出，他有可能在沙菲克和穆尔西两者中间形成一个最有建设性的中间势力。但由于革命者的出局，两派都变得更加极端。

对许多人来说，不管是宗教组织还是前官僚，都不是好选择，但这毕竟是后穆巴拉克时代第一次较为公平的大选，他们只是出于对规则的尊重而走向了投票点。他们寄希望于通过民主程序选出来的总统也能够尊重选民，不管他曾经的背景如何。

如果从执政来说，沙菲克无疑是更值得考虑的候选人，他有执政经验，这些经验能够保证他尊重秩序，又可能做出一些妥协。但是，穆斯林兄弟会成功地煽动起人们对于重归独裁的恐惧。在第二轮选举前，除了宗教人士之外，各种各样的革命者、心怀理想的人最终都选择了穆斯林兄弟会。这些人即便对宗教不感兴趣，也因为讨厌沙菲克和穆巴拉克政权的联系，而故意把票投给穆尔西。与其说他们喜欢穆斯林兄弟会，不如说他们讨厌沙菲克。

另外，穆斯林兄弟会的号召力也显现出来，随着各地抗议活动的增加，不仅是临时政府，甚至世界舆论都认为，如果穆尔西无法当选，那么埃及可能会陷入另一波严重的冲突中。这可能也部分影响了人们的投票倾向。

第二轮选举的投票率比第一轮低了不少，但整体而言仍然是有序进行的。最终选举委员会宣布，穆斯林兄弟会的候选人穆尔西以微弱优势击败了前总理沙菲克，到此时，埃及倒向了安拉而不是约翰·洛克，穆斯林兄弟会的上台已经不可避免了。

穆尔西：神权遭遇经济

穆斯林兄弟会上台还由于外国势力的参与而更加复杂。

在埃及革命如火如荼时，全世界都在观察着这个最重要的伊斯兰国家的走向。西方国家带着欣喜欢迎穆斯林革命。奥巴马总统治下的美国比他的几个前任更乐于坚持价值观，出于对民主和人权的憧憬，不惜与关系良好的穆巴拉克决裂，并全力支持埃及第一个真正的民选政府。欧洲国家也大致采取了相同的立场。

而中国、俄罗斯等国由于持有另一种政治哲学，认为社会的稳定性更加重要，只有变革尘埃落定，显示新政府能够控制局势重归稳定，才谨慎地宣布承认其改朝换代。在这个哲学的支配下，直到穆斯林兄弟会上台成为现实后，中国才开始与之交往。

针对埃及革命，伊斯兰世界也陷入了分裂。土耳其、卡塔尔、利比亚等国与西方关系密切，欢迎新的民选政府上台。在穆斯林兄弟会上台后，这些国家立即投入巨资来支持这个政权，希望它能够带领埃及经济走出泥沼，并站稳脚跟。

而其余国家则采取了较为慎重的立场，这些国家以沙特、科威特、阿联酋、约旦为首，大都属于君主色彩较为强烈的逊尼派国家。

关于对穆斯林兄弟会的解读，也存在着不同的看法。这个组织曾经被斥为恐怖组织，且由于要实现穆斯林的教法，并不受西方政府欢迎。然而，与真正的恐怖主义相比，埃及的穆斯林兄弟会一直是一个比较智识化、比较温和的组织。在穆斯林兄弟会中一直有大量的知识人才，比如，当选总统穆尔西本人就是工程师、大学教授。穆斯林兄弟会的主流也一直强调用和平的手段来改变埃及，而不是走暴力之路，只有个别的极端的分支才有更强烈的暴力倾向。

穆斯林兄弟会的非暴力化、依靠民选上台，令美国人和欧洲人对之采取了友好态度。在世界上有另一个标杆被认为是穆斯林兄弟会的榜样，那就是在土耳其执政的温和保守主义者们。在土耳其执政的是正义和发展党，他们赞同温和的穆斯林理念，同时，属于该党的总理埃尔多安又是带有一定独裁色彩的经济能手，这和穆尔西的最初定位有着很大的相似性。当然，不同之处也很明显，土耳其领导人仍然有世俗政府理念，而穆斯林兄弟会的最终目标是建立教法国家，相对更激进一些。

但随着时间的推移，当穆尔西总统表现出强烈的独裁色彩时，当埃及出现了强烈的反穆斯林兄弟会浪潮时，美国等西方国家并没有来得及转向。

按照现代欧洲传统，宪政一旦确立，就应该被各方遵守，即便要反对现任当权者，也必须在规则之内反对。这一点成为西方国家的准则，哪怕穆斯林兄弟会已经表现出明显的保守和独裁倾向，也仍然对之进行支持。这一点很像西方对伊拉克新政府的支持，当美英等国推翻了伊拉克萨达姆政权后，支持伊拉克人通过选举建立了新政府，然而新政府由于缺乏执政经验和智慧，表现得无法团结伊拉克的少数派信徒（逊尼派），令人失望，但由于这个政府是在美英的支持下建立起来的民选政府，他们不得不继续支持这个越来越失控的政府。

沙特作为严格的宗教国家，本来很喜欢支持各种宗教极端势力，在伊拉克、叙利亚这样的战乱国家，许多激进的反政府组织都受到沙特背地里的资助。甚至几十年前穆斯林兄弟会在埃及遭到迫害时，大量的成员都流亡到了沙特，并在沙特受到了友好接待，而穆斯林兄弟会历史上很大一部分政治募捐也都来自沙特。

穆斯林兄弟会作为民选势力上台，并得到西方的认可，沙特王室闻到了其中的危险性，害怕影响自己的君主统治，于是采取了反对立场。

所以，当穆斯林兄弟会执政时，国际势力和国内势力一样都是完全分裂的。它只获得了一半的选票而上台，另一半的人并不支持它。而随着穆斯林兄弟会政策的激进化，这另一半不支持它的人从观望变成了强烈反对，埃及分裂的伤口更加无法愈合，也注定了穆斯林兄弟会的结局。

在这种环境之下，缺乏执政经验的穆斯林兄弟会举步维艰，又处处犯错。在穆尔西执政之初，埃及的经济状况已经非常糟糕了，决定穆斯林兄弟会是否能够留在台上的关键，是它是否可以处理好经济问题。

埃及是个旅游大国，旅游业吸纳了埃及 10% 以上的劳动力，而随着革命的爆发和形势的不安定，外国游客们纷纷避开了埃及，旅游业大受损失。除了旅游业之外，国外对埃及的投资也在持续减少，导致原本每年 6%～7% 的经济增长陷入停滞。在埃及总人口迅速增加的情况下，经济停滞意味着更多的人跌入到贫困线之下。

随着革命的进行，埃及的失业率也居高不下，达到了 13% 以上。需要注意的是，埃及的大部分女性是不工作的，她们并没有被计算到劳动人口之中。由于埃及是一个非常年轻的国家，未成年人也比其他国家多得多。所以，一个工作的男人负担之重，是中国人无法想象的，往往一个男人的工作就要养活一家人。有人做过一个有趣的统计，埃及 60 岁以上的老人和未成年的孩子加起来，就已经超过了劳动人口。

在卢克索，我与几位旅游警察聊了起来，询问他们的收入情况。由于处于穆斯林的斋月期间，人们从凌晨 3 点半（日出之前，但在埃及则为晨礼之前，比日出时间更早）到晚上 7 点（日落）是不可以吃饭喝水的。不吃饭还容易保证，但不能喝水则要求很高。埃及夏季白天都是 40 摄氏度以上的高温，旅游警察仍然要从早晨 7 点上班到晚上 7 点，每次下班时，嗓子都要冒烟。

这份如此煎熬的工作，能给他们带来每月 500 埃及镑的收入，大约折合人民币 450 元，或者 70 美元，根本不够养活家人。不过，好在这份工作只要他们一个月工作 15 天，再放 15 天的假，他们就利用每个月 15 天的假期去干些零活。这三位旅游警察都不是本地人，所以到假期时就回到村子里。他们一个是电器修理工，一个是铺地板砖的工人，另一个则搞装修。

埃及下层人士的月收入大约在数百埃及镑，如在饭店、旅馆工作的人，每个月大约在 300 埃及镑，且非常不稳定。一旦经济有风吹草动，他们的生活就出问题了。

埃及也是个贸易赤字国，急需美元等硬通货来保证进口。但进入革命时期后，埃及的外汇储备出现大幅缩水，2011 年 1 月，外汇储备还有 360 亿美元，到了穆尔西执政时期，已经缩水到 150 亿美元。埃及镑的汇率持续下跌，为了使汇率不下跌，央行耗费了大量的外汇储备，却没有效果。

穆斯林兄弟会掌权后，美国、土耳其、利比亚、卡塔尔等国也迅速做出响应，提供了一部分资金帮助埃及支撑经济，这才让埃及能够保证外汇储备不再下跌。但是，一旦断掉这些外援，埃及的外汇储备就会像断线的风筝一样迅速跌落。

在穆巴拉克时代，为了持续掌权，政府曾经大肆采取财政补贴行为，对食品和汽油给予补助，让人们可以享受低价的基本需求，通过这种方式避免实质性的改革。在埃及旅游的中国人常常感慨埃及的油价便宜，油价大约只相当于中国油价的三分之一，坐私人长途车的价格只有每 100 公里 8—10 埃及镑，埃及镑和人民币的比价约是 1∶0.9，也就是 1 埃及镑相当于人民币 0.9 元。而中国目前的价格是每 100 公里 30 元左右，比埃及至少贵 3 倍。

财政补贴的代价是，埃及财政的三分之一强都变成了食品和能源补贴，形成了财政上沉重的包袱。政府财政预算更是连年赤字，赤字占 GDP 的比例每年都在 10% 以上，对债务的依赖性越来越重。

在这样的经济形势下，穆尔西上台后，必须迅速与各界达成谅解，创造一个和平的条件，解除管制，促进民间经济发展，以弥补逝去的时间。同时相应解决财政失衡问题。总体而言，等经济恢复，人们感受到了革命的好处时，才不需要再进行一次革命。

选错方向的执政

与复杂的经济状况相比，事实证明，穆斯林兄弟会却对经济完全缺乏经验，无法应对财政赤字、外汇储备下降、经济收缩、失业等诸多问题。

他们的执政目标甚至都没有放在经济上，而是放在了政治斗争上。当然他们也想保持稳定，但稳定是以排挤反对派、加强集权来完成的。对于新手来说，当从地下状态突然变成执政状态时，首先想到的是攫取更多的权力。

穆尔西上台伊始，想维持强力统治的决心就显露无遗。在他上台之前，埃及的军政府以陆军元帅穆罕默德·侯赛因·坦塔维（Mohamed Hussein Tantawi）为首。坦塔维在维持过渡期的稳定上厥功至伟，但在革命中被攻击得体无完肤，里外不是人。他为了维持稳定，不得不对军方和警察镇压示威群众的行为负责；虽然坚持推行民主化路线，但是民主化的结果无法让所有的人都满意，人们又批评他做得不好。

选举结束后，坦塔维立即将权柄交给了新当选的穆尔西。根据规定，国防部部长必须由军人担任，这是宪法对军人的妥协之一，以换取军人集团对民主的支持。坦塔维交出权力后，担任了新政府的国防部部长。

对于坦塔维的和平交权，穆尔西也投桃报李，将埃及最高的荣誉勋章尼罗河勋章授予他。

然而很快，当穆尔西坐稳宝座后，立即命令坦塔维辞去一切职务，也不再担任国防部部长。在视荣誉为生命的作战集团看来，这是对陆军元帅的一种人格侮辱。但是，坦塔维却谨慎地遵守了总统的命令，退出了权力场。从表面上看，新总统得胜了，可他的行为让人感到心寒，也迅速失去了军队这一重要支柱的支持。

对于穆尔西的掌权，军队一直持谨慎态度。他们在某些问题上时而联合时而对立，但总体而言，军队希望新总统维持埃及的世俗化政策，避免重新堕入宗教国家的陷阱。穆尔西在参选时也屡屡提到尊重民主政治，穆斯林兄弟会已经不是一个宗教组织，而是一个现代政党。他的表态让军队将信将疑，并顺利完成交接。从坦塔维被命令辞去职务的那一刻起，军队似乎已经闻到了不祥的气息，马穆鲁克们开始担心了。也是从这时起，当初支持沙菲克的人们认识到与穆斯林兄弟会妥协是不可能的，他们放弃了幻想，动用一切手段干扰穆斯林兄弟会的执政，穆斯林兄弟会的政策无法推行下去，更达不到效果。

接替坦塔维担任国防部部长的人就是后来的埃及总统塞西，穆尔西在逼退坦塔维之后，并没有能力限制整个马穆鲁克阶层，只是将这个马穆鲁克换成了另一个而已。

在暂时逼退军队之后，穆尔西认为已经坐稳了埃及总统的职位，着手加速宪法的制定工作。此时穆斯林兄弟会既垄断了总统权力，又获得了议会的主导权。于是，埃及的新宪法在他们的努力和各方的妥协下，获得了通过。

与此前军政府提出的临时宪法相比，埃及 2012 年的宪法出现了明显的退步，这反映在几个方面：

第一，由于宪法文本在军队掌权时期就已经进入起草阶段，许多条款并没有完全打破军队的特权。比如，国防部部长仍然要由军人担任；虽然给予公民一定的自由保证，但是仍然不能排除军队拘禁公民的借口。

第二，除了军队保留特权之外，穆斯林兄弟会又将部分穆斯林教法的内容加入进去，在法律制度和妇女地位问题上有不少退步。军队条款和宗教条款使得穆尔西丧失了部分自由主义者的支持。

第三，地方分权机制仍然很弱。虽然每个地方都有选举权力，但是，地方真正的权力来自中央任命的地方长官。

许多人认为，虽然 2012 年宪法在关于总统任期的表述上仍然坚持两届 8 年，但除此之外，与穆巴拉克时期的差别并不算太大，加上整个官僚系统仍然在按照原来的惯性运行，几乎可以确定，新的政权仍然无法保证公民权利不受侵犯。

到 2012 年年底，穆尔西试图加强总统权力，将手伸入立法系统。此举立刻引起了新一轮的抗议活动。埃及人突然发现，穆斯林兄弟会在迅速地变成另一个更加糟糕的穆巴拉克。在穆巴拉克统治下，埃及虽然经历着腐败和失衡，但经济一直处于发展之中，然而穆斯林兄弟会关注政治，却忽略了经济，导致埃及仍然在经济泥沼里挣扎。而穆尔西试图垄断绝对权力的举措也引起了新的担心。穆斯林兄弟会将教法加诸法律之上的做法更让人们担心埃及在政治上开倒车，重回教法时代。

与人们的担心不同的是，穆斯林兄弟会和穆尔西同样感到很无奈。由于缺乏执政经验，他们不知道该怎么做才能既保证埃及的繁荣，又保证埃及的和平。穆斯林兄弟会对教法的尊崇也是这个存在了几十年的组织的既定政策，很难被一两届领导人改变。他们也是在戴着镣铐跳舞，既要受到组织章程的约束，又要被政治对手制约，更受到自身经验的限制。

埃及这个庞大的政治机器只能由熟悉它的人掌握，而复杂的形势没有给政治新人留下熟悉机器的时间，就匆忙地将他们推向了岗位。

在种种冲突之后，穆斯林兄弟会也逐渐回归了独裁者的法宝——镇压反对派。穆斯林兄弟会希望通过强行镇压，让人们回归秩序。当秩序得到保证后，经济和社会才能发展。

但穆斯林兄弟会毕竟不是军方，在穆巴拉克时代和军政府时代，军方有力量动用武力维持局面。而自从穆斯林兄弟会得罪军方之后，军人和警察就不再配合政府了。官僚阶层的抵制让从来没有真正掌握军队和政权、缺乏应对经验的穆斯林兄弟会更加焦头烂额，事情迅速失控。

到了 2013 年，反对穆斯林兄弟会已经成为常态，一次新的革命已经在埃及进入酝酿阶段。但此刻，西方国家仍然将外交重心放在穆斯林兄弟会上，并寄希望于穆尔西能够控制住局面。

西方的支持让埃及社会迅速右转，不仅反对穆斯林兄弟会，还反对西方，甚至对他们坚持的民主制产生了怀疑，让局势更加复杂化。

到这时，越来越多的人开始讨论如何才能摆脱穆斯林兄弟会。他们刚刚选出了新总统不久，就已经后悔了。

2013 年：回归暴力，回归秩序

2014 年，在陆军元帅塞西决定参加竞选之后，人们迅速将这个被灌满了英雄气质的男人神化，将他塑造成击破穆斯林兄弟会的智者。

在所有的神话中，有两个流传得特别广泛。

第一个是：从穆巴拉克下台起，军队就有了一套针对穆斯林兄弟会的计划。由于穆巴拉克下台导致全国性的混乱，军队一时间没有足够的实力拿下穆斯林兄弟会，就只能佯装任其发展，甚至将政权拱手相让。直到 2013 年，军队在塞西的领导下已经积累了足够的力量，有了胜算，才在人民的要求下将穆尔西和穆斯林兄弟会赶下了台。

这个说法有意抬高了军方的判断力，但有一点是毋庸置疑的——在 2012 年，军方的确无力控制当时的社会局势，穆斯林兄弟会的上台带有一定的逼宫成分。这源于前期的革命对社会秩序的破坏，军方也不能控制局势的发展。

到了 2013 年，塞西领导下的军方已经恢复了足够的实力，同时，随着埃及革命的进行，人们也怀念起社会稳定的时期。

另一个神话则是塞西经常引用的。依靠政变获得权力的塞西丝毫不掩饰他的强硬手段，他甚至直截了当地宣称，埃及首先需要的是安全和秩序，而穆斯林兄弟会就是安全和秩序的死敌。他发誓只要在职一天，兄弟会就不可能合法化，必须把这个组织彻底摧毁。新上台的军政府也迅速宣布兄弟会是恐怖组织。塞西经常拿兄弟会和哈马斯的关系做文章，不断提醒人们兄弟会与哈马斯是一丘之貉，而从巴勒斯坦加沙地区到埃及西奈的地下有上百条地道，这就是恐怖分子从巴勒斯坦进入埃及的渠道。

虽然没有证据显示地道有这么强大，更无法证明这些地道都用于恐怖袭击，但穆斯林兄弟会下台后的数起爆炸事件的确让人们担心起埃及的安全问题来。在中东，恐怖主义永远是一张大牌，任何借口镇压恐怖主义而推行的强迫政策都被认为是合理的。塞西的合法性就在于维持社会稳定。

2013 年 6 月中旬，为了应付越来越失控的局面，穆尔西再次出招，决定新任命 17 名省长，以此来对付他的反对者。突然的任免再次让人们指责他的独裁，而此刻，距离他下台已经只有半个月了。

埃及的第二次革命又被称为“6・30 革命”。此次革命的目的在于促使穆斯林兄弟会和穆尔西下台，并提前举行大选。一年前将穆尔西选上总统的人们希望用另一场选举来弥补上次的错误。

在这次革命中，一个叫作“反叛者”（Tamarod）的草根运动组织起到了关键作用。

在 2013 年 4 月，这次民间反对穆斯林兄弟会的行动已经展开，几个青年突然走入历史舞台。4 月 28 日成立时，“反叛者”运动只有 5 个创始人，但 2 个月后，运动已经从 5 个人扩散到了数千万人。

成立之初，他们的目标就非常明确：征集签名反对穆尔西。不管是互联网上，还是真实的人际圈子，罢黜兄弟会这个议题都越来越激烈地被讨论着。

到 6 月 29 日为止，“反叛者”宣称已经收集到了 2200 万埃及人的签名，相当于埃及总人口的四分之一强。限于现有的技术条件，人们很难相信这个运动真的能够征集如此多的签名。但至少，反对穆尔西的人已经越来越有信心他们是大多数了。

此刻，穆尔西的支持者和反对者也重新上街开始了拉锯战。在开罗的解放广场，是反对派的大本营，而在另一个较小的拉拜阿・阿达维亚清真寺（Rabaa al-Adawiya）广场，则聚集着穆尔西总统的支持者们。双方隔空喊话，互相宣示着威胁和力量。

作为总统的穆尔西并没有下台的想法，他坚称自己是合法的民选总统，有权力担任总统直到任期结束。根据宪法，“反叛者”并不能将穆尔西赶走，因为宪法没有规定签名要求总统辞职这一条。但是，反对派的行动又让埃及彻底陷入混乱，穆尔西即便留在台上，也不可能进行有效的统治了。这个分裂的国家将何去何从，再次吸引了人们的注意。

当人们为国家的前途担忧时，军方再次成为焦点。那些希望废黜穆尔西的人前来寻求他们的支持。

7 月 1 日，国防部部长塞西代表军队发表讲话，军队给各方政治力量 48 小时协商解决冲突和分歧，到期如果不能达成协议，军队将暂时接管权力，制定新的路线，完成政治变革。

事后，人们意识到，早在“反叛者”运动发展之际，军方已经在评估拿下不得人心的穆尔西的可能性，直到冲突完全爆发后，军方获得了出手的机会。

军方的宣告不仅无法让各方力量达成妥协，反而激化了彼此的矛盾，埃及进一步走向混乱。7 月 2 日，穆尔西总统发表措辞强硬的讲话，表示人民在一次合法的选举中授予他行使总统权力，他将用鲜血捍卫法制。

7 月 3 日，军方的期限将到，解放广场上密集的人群翘首以盼，等待着军方宣布政变的消息。埃及的第一任民选总统穆尔西被军方软禁后，军方宣布接管了权力。埃及高院大法官阿德勒·曼苏尔（Adly Mansour）被授予临时总统的权力，直到新的宪法和选举结束。

穆斯林兄弟会在埃及历史上的第一次执政持续了不到一年时间，以混乱告终。新上台的代总统曼苏尔虽然是法官出身，但背后真正掌权的是国防部部长塞西，以及塞西背后的军队势力。另一个马穆鲁克已经上路了。

时间回到2014年6月初，在第二次总统大选后，曾经的国防部部长、陆军元帅塞西在开罗宣布就职，在人们的欢呼声中，从曼苏尔手中接过了权柄。与之前的坦塔维一样，曼苏尔也获得了新总统颁发的尼罗河勋章。

解放广场再次人山人海，欢呼着军人统治的回归。

只是，谁都看得出情况已经有了差别。3年来发生在解放广场的大部分集会都是自发的、失控的，而这一次虽然仍然带着混乱的痕迹，但周围大批的警察预示着这是一次可控的表演秀，为了证明塞西总统受到了欢迎。

当然，这并不是说塞西这次集会完全是假的，许多人带着欣喜的心情欢迎新总统就职，他们的热情也是发自肺腑的，就像每一次集会都是发自肺腑的一样。

昔日的革命成了往事，那些激进的革命者在维稳的铁腕下都已锒铛入狱，从穆尔西下台，到塞西上台，其间的10个月内有数万人被捕。这些曾经的群众领袖惊讶地发现，大多数埃及人不仅不反感他们的被捕，甚至为塞西的铁腕叫好，他们唯一希望的，是赶快恢复稳定。

不满者仍然存在，特别是文化界以及国外看不懂埃及形势的媒体，他们只能从一些小事上找乐子，比如，炒作塞西就职当天在解放广场上发生的数次性侵事件。但埃及人都不在乎这些，他们指望新总统能够给他们饭吃，至于其他的，都是小事。

2014 年：社会变了

卢克索的夏天酷热无比，这里几乎每天都在 40 摄氏度以上，即便不动都是一身汗。

然而，在人们最需要空调和电扇的时刻，也是最经常停电之时。这里每天都会停好几次电，每次持续一小时左右。

但卢克索并非一直这样。一位青年向我道出了真相：在穆巴拉克时代，卢克索几乎不停电，可是，自从革命后就变成了现在这个样子。他摇着头表达着对现状的不满。3 年前，很难想象会有青年人用缅怀的语气谈到那位前独裁者，但现在，他们已经开始怀念。

3 年革命后，埃及的社会已经变了。最大的变化，是人心从变革回归到稳定的主旋律。

革命 3 年后，埃及人的生活并没有向好的方向转变，反而越来越糟糕。3 年前的埃及充满了游客，金字塔下人头攒动，尼罗河上游船穿梭，然而 3 年后，大部分游客都撤离了。西方政府都向国民发出了旅游警报，让他们避开混乱时期，不要到埃及来。而西奈半岛由于出现过几次爆炸，更成了旅行荒漠。不止一个人告诉我，西奈其实很安全，新闻界夸大了危险，吓住了游客。旅游景点那大片已经停工的建筑工程仍然诉说着当年的繁华和如今的萧条，饭店的小哥们充满深情地回忆着 3 年前泡妞的经历，那可太容易了，而现在，十天半月碰不到一个女人，他们也纷纷进入了禁欲状态。

3 年前，埃及镑比人民币值钱，现在 1 埃及镑已经只值 9 角人民币了。银行里早已提不出美元，四处都是想把手中的钱换成美元的埃及人。

3 年前，埃及的经济增长仍然能覆盖人口增长，现在人口照增，钱却不好赚了，越来越多的人陷入了贫穷的境地。政府的财政收入也在缩水，虽然对穷人的补贴依旧，但人们担心政府也挺不住这沉重的包袱。

革命到底带来了什么样的成果？除了举行了几次选举之外，人们感觉不到太多的正向变化，反而生活越来越差。

正是在这种背景下，当塞西逐渐利用铁腕稳定住局势时，人们带着感激的心情将票投向他，把他捧上台。不要民主派，不要穆斯林兄弟会，不要生手，只需要一个能够维持住局面的人。

塞西的竞选策略与其说是竞选，不如说是恫吓。他只需告诉人们，埃及正在恐怖分子和以色列的阴谋之中，这就足够了。

与前一次选举有十几个候选人不同，这次选举只有两个候选人。塞西的竞选对手叫哈姆迪恩·萨巴希，从竞选纲领上看，两个人都提不出更有新意的政策。

萨巴希是个左派社会主义者，报人出身，擅长社会批评却不善于建设。在萨巴希的纲领中，有太多社会主义的影子，依靠政府的高投入来换取高产出，建设大项目，加强政府控制。但稍有经济学知识的人都知道，这个做法最终导致的不是经济大发展，而是经济抑制和民间经济的不活跃，根本没有办法解决埃及严重的失业问题，只会加重灾难。

所以，萨巴希如果上台，结果也是可以预见的。他会成为另一个穆尔西，为了搞大开大合的建设必须先捞到权力，但他永远捞不够足够的权力，最终出现失控。

但萨巴希至少提出了竞选纲领。与萨巴希相比，塞西连纲领都懒得提。对于经济，他并没有下太大的功夫，到了后来临近投票，才匆忙地抛出了一个经济纲领，谈到要解决失业、发展等诸多问题，却并没有提供合理的路径。

上台后，塞西再次提出了经济建设任务，但人们发现那又是萨巴希的翻版，建设大项目，加强国家控制……与此同时，军队和他的关系人从政府拿走了大量的合同。可以预计，仍然会有大量的资金被浪费，而富人仍然富有，穷人还是贫穷。

但人们之所以支持塞西，是指望他能带来稳定，一旦稳定问题得到落实，投资和游客都会回来，经济也自然会发展。人们指望的只是这个，他们早已经回到期待稳定的旧轨道上，这就是塞西能给他们提供的一切。

3 年前，埃及人以美国为第一盟友，向往自由民主，然而 3 年后风向悄然转变。或许人们可以从分析埃及人对世界各个国家的态度上，看出自由主义理论在实践时遇到的尴尬。

在 2011 年“1・25 革命”时期，受到自由激励的青年大都以美国、欧洲为榜样来树立理想的政治模式，并希望建立一套完善的民主体系。然而，由于青年只有目标，却缺乏实践的途径，所以在埃及的政治进展中逐渐被更加组织化的穆斯林兄弟会所取代。

由于穆斯林兄弟会是靠民选上台，西方国家认为这次选举符合宪政传统，从而全力支持这个民选总统和新的体制。

但穆斯林兄弟会和穆尔西缺乏治理国家的必要知识储备，加之历史传统让他们更愿意从集权和斗争的角度考虑问题，在不到一年的时间内，就已经引起了全国的失望和反感。

这时，人们不仅对穆斯林兄弟会失望，还对支持穆斯林兄弟会的西方政府感到失望。

一个说法在私下流传，并越来越普遍。在埃及，有许多人都曾经对我提到过这种说法。他们认为，穆斯林兄弟会就是美国和以色列阴谋的一部分，美国和以色列之所以欢迎穆斯林兄弟会上台，是它们希望借助这个前“恐怖组织”，把埃及彻底搞乱套。甚至埃及的事件也是更大阴谋的一部分，在整个阿拉伯世界（卡塔尔除外），都将“阿拉伯之春”看成是美国和以色列的阴谋，它们借助“阿拉伯之春”让埃及焦头烂额，让利比亚陷入混乱，让叙利亚打起了内战，当阿拉伯国家普遍陷入无政府状态时，以色列就可以坐收渔利了。

在这时，一股强烈的反西方情绪已经形成，并成为埃及意见的主流。埃及的社会也进一步陷入分裂：反美主义、反犹主义、保守主义结合在一起，占据了主流。民主派和一部分宪政主义为了对抗这些主流思潮，不得不与教权化的穆斯林兄弟会和穆尔西联合。

当塞西发动政变之后，美国认为军政府推翻民选总统是一种非民主的行为，随即切断了对埃及的军事援助。埃及曾经是美国的第四大受援助国，仅次于阿富汗、以色列和伊拉克，高于巴基斯坦和约旦，每年接近 15 亿美元。暂停援助更加促成埃及国内和美国的对立情绪。美国的行为仿佛证明了那个流行说法的合理性：美国就是为了把埃及搞乱套，切断援助是为了让埃及出现新的失控。

随着塞西指责穆斯林兄弟会对几桩暴力事件负责，并宣布穆斯林兄弟会为恐怖组织，人们更是认为美国是恐怖主义的支持者。

随着美欧势力在埃及的退潮，土耳其、卡塔尔等与美欧关系密切的伊斯兰国家也不再受宠。土耳其在埃及的失势给中国游客也带来了影响，原先土耳其签证在其他国家都不好申请，只有埃及条件比较宽，于是，许多中国游客都选择来埃及申请土耳其签证。随着两国关系的恶化，土耳其从安全角度考虑，收紧了签证条件。再来的中国人发现土耳其签证已经很难申请到了。

与美欧失势相对的，是俄罗斯、中国在埃及的暂时得势。政变后，随着美援的暂停，塞西开始寻求其他国家的赞助。此时俄罗斯立即活跃起来。

在历史上，苏联曾经和埃及有过紧密合作的时代。当埃及前总统纳赛尔推翻了君主制之后，为了发展埃及经济，宣布修建阿斯旺大坝来满足灌溉需求，由于埃及没有这么多资金，纳赛尔希望从世界银行等组织获得贷款。然而，随着联合国对阿斯旺大坝带来的环境问题、文化问题争论不休，世界银行暂停了阿斯旺贷款，纳赛尔不得不采取两个行动来挽救大坝工程：第一，将英法控制的苏伊士运河收归国有，用苏伊士运河收入来支持大坝建设；第二，从苏联获得新的贷款和技术援助，完成大坝建设。

将苏伊士运河收归国有的行为导致英法支持以色列发动了运河战争，而战争又进一步让埃及倒入了苏联的怀抱。

穆巴拉克时代，埃及政策出现转向，逐渐疏远了苏联，与西方交好。但随着穆巴拉克的下台，美欧失去了盟友。

塞西当选总统后，俄罗斯总统普京立即发去贺电，向塞西表达无条件的支持，并邀请塞西尽快访问俄罗斯。显然，普京已经为埃及准备好了大蛋糕，塞西随时可以领取。由于乌克兰局势的影响，俄罗斯陷入了西方的孤立之中，普京的外交不得不向东方倾斜。俄罗斯除了构筑俄、中、印的铁三角之外，在阿拉伯世界扩张影响力也是其主要战略之一。目前，俄罗斯在叙利亚、埃及都有了收获。

在伊斯兰世界内部，土耳其和卡塔尔疏远了埃及，沙特和阿联酋却立即跟进。当埃及经济由于援助被断处于危急时刻，沙特和阿联酋立刻提供大额援助，除了现金贷款之外，还输入大量的石油产品。这些援助支撑了埃及的外汇储备，避免了埃及镑更大规模的贬值，也避免了埃及无法弥补的巨大的贸易赤字。

沙特和阿联酋的兄弟情谊让埃及人感激涕零。塞西总统的外交政策就从穆巴拉克时代的以西方为主，变成了俄罗斯、中国、印度、阿拉伯世界、西方并重。虽然埃及永远离不开西方，但塞西显然认为，完全投入西方阵营的风险太大了，必须形成有效的制衡，才能让他更加游刃有余。

与美国奥巴马政府的理想主义相比，欧洲采取了更加务实的策略。虽然在经济上，欧洲方针与美国类似，但在政治上，与美国的不接触政策相比，欧洲的转向更加灵活。当军政府组织总统大选时，曾经邀请各个国家和地区组织派人来监督大选，以示这次选举是公平和公正的。美国政府拒绝了，只有两个民间团体参与了监督；而欧盟则直接派出了监督团，表明欧盟已经做好了接纳塞西的准备，它们意识到穆斯林兄弟会已经成为过去。

2014 年 6 月 22 日，美国态度突然出现转变。随着伊拉克国内局势的突然恶化，以及俄罗斯、伊朗等国在中东越来越受重视，美国意识到必须采取务实的行动了。在塞西总统就职半个月后，美国国务卿克里突然造访埃及，宣布美国的军事援助已经恢复。这也代表着美国最终抛弃了曾经支持的穆尔西和穆斯林兄弟会，被迫与塞西进行合作。

只是，由于美国的转向过于迅速，又伤到了它曾经支持的那些人，以及曾经满怀理想参加革命的大学生们。

回顾革命：进步？退步？

从穆巴拉克下台到塞西上台，在这整整一个循环中，埃及人经历了无数的希望和失望，那么，到最后，他们到底得到了什么？

军人马穆鲁克依旧存在。

腐败和警察国家依旧存在。

和穆巴拉克时代相比，埃及的监狱里关满了各式各样的罪犯，有的人认为他们是政治犯，政府却认为他们是制造社会混乱的刑事犯。这些人有穆巴拉克的支持者、穆斯林兄弟会的支持者、民主的支持者，他们在革命的各个阶段起过不同的作用，最终却都到监狱会合了。

2014 年 6 月 21 日，我在卢克索的客栈里酝酿这篇文字时，在埃及城市明亚（Minya）的判决恰好确认了 183 名穆斯林兄弟会支持者的死刑，他们在 2013 年 8 月 14 日的暴力冲突中杀死了警察。就在那天，埃及的首都开罗也出现了暴力事件，警察杀死了上百名穆斯林兄弟会的支持者，但是警察并没有被审判。

穆斯林兄弟会的总向导穆罕默德·巴迪也被判处了死刑，这似乎宣示着政府对穆斯林兄弟会将加大镇压力度，绝不手软。

埃及的社会裂痕也加深了。虽然目前一半人都欢迎塞西上台，但显然有不少反对者转入了地下。除了我认识的几个朋友之外，我在公开的场合也会偶尔碰到穆斯林兄弟会的支持者，他们共同的特征是朝着我偷偷摸摸地伸四根手指，这几乎成了他们唯一表达不满的方式。他们大都是穷人，而穷人最缺乏代表。

关于塞西执政能否维持稳定，也仍然带着不可知性。一位尼罗河上的船长说出了忧虑："人人都在高呼'美呀美呀塞西'，但塞西的执政还没有开始，要想看出他到底怎样，现在还太早。"但他也认为，塞西至少比穆尔西靠谱一些。

2014 年 6 月底，在埃及首都开罗接连发生爆炸事件，这些事件由穆斯林兄弟会的同情者策划。可见，虽然这个组织坚持非暴力，但当双方的冲突加剧时，一部分人仍然会选择使用暴力来报复。

一位埃及的政治家则认为，埃及革命 3 年最大的损失是政府在青年人中彻底丧失了权威性。青年们经过革命的洗礼，普遍对所有的政治家失望了。在埃及的大学里充斥着穆尔西的支持者。大学生多是理想主义者，观点也更西方化，既然穆尔西是民选的，就应该支持他。

这位政治家认为，失去了青年人特别是文化青年的心，已经是一个无法挽回的事实，政府无法后悔过去，只能争取在未来的执政过程中将他们逐渐争取回来。

但这很困难，因为政府仍然在按照过去的思路治理埃及，腐败、滥权、军人马穆鲁克都不可能克服，也就很难争取回青年人的心。

但是，埃及的革命是否就一无是处呢？

答案也是否定的。

在短短的 3 年时间里，埃及人的示威让两任总统下了台，这一点让执政者意识到如果干不好，自己的确会走人的。穆巴拉克在位 30 年，建立起了庞大的军事统治机构，以及更大的关系网，但在人民的抗议面前显得如此不堪一击，在两个星期内就怆然下台。老总统红着眼睛被关在铁笼子里受审的照片让人唏嘘不已。

穆斯林兄弟会也曾经显得那么强大，但它的倒台用的时间更加短暂。

塞西现在看上去如此稳固，但他必定心有忌惮，想避免像前任一样出事。这种忌惮的心理会让他把埃及人民的福利放在心上的。

另外，宪法对总统任期进行了明确限制，可以设想，哪怕塞西再强大，8 年后他也必须面对下台的压力。不否认他的确可以通过选择代理人来绕过这个规定，甚至修改宪法，但不管哪种做法，都意味着他必须受到多方的限制，做出更多的妥协。一句话，像穆巴拉克那样连任 30 年变得越来越难以做到了。

或者说，这 3 年革命起到的作用，是让埃及的政治天平向民主的一侧微弱倾斜而已。但人类真正的历史，就是在如此微弱的进步中逐渐前行的，任何指望一步到位的改革永远只存在于神话之中，从这个意义上说，埃及的革命并没有白费。

埃及青年在经过理想主义的狂躁之后，更应该放弃急功近利的想法，利用头脑参与到具体的政治运行之中，才更有可能改变局面。当然，这要政府足够明智、社会足够明智、人也足够明智，否则，在经历一段时间的稳定后，当问题逐渐暴露出来，就又到了另一场循环式革命的序幕。

未解之结：稳定、统一和民主

如果你将埃及革命放在更大的范围内，考察整个伊斯兰世界，就会发现2011年的“阿拉伯之春”并没有取得人们预想的效果。

除了埃及之外，发生了民主运动的国家还包括：运动的起始地突尼斯、利比亚、叙利亚、也门等。

其中突尼斯、利比亚和叙利亚是比较典型的地区。

突尼斯作为革命的始发地，由于政治上相对更加成熟，在革命后虽然经历了危机，但到现在为止，有可能已经走出了混乱。

而利比亚和叙利亚则在革命中逐渐演变成了内战和派别之争，并最终陷入解体的危机。

到底革命是否有正面效果？或者说，外界对民主运动的解读是否太片面？都是值得思考的问题。

以叙利亚为例，叙利亚也是一个依靠政治家的强力捏合的国家。在这个国家内部，占人口大多数的是逊尼派穆斯林，但统治家族出自阿拉维派。这个国家如果实行民主，必然面对的一个问题是如何协调两个派别之间的矛盾。稍微处理不慎，就有可能导致多数人对少数人的暴政。

当然我们可以说，真正的民主制度中必须有保卫自由的条款，避免多数人暴政的发生。但是，自由除了靠制度来保证之外，必须有足够的制衡因素存在，否则所谓的自由就是空谈。而在中东地区，制衡永远是不足的。

除了民主这种选择之外，像叙利亚这样从少数派中产生一个总统，并不是一个特别坏的选择，反而是一种稳定剂。少数派总统能够保护少数派的利益，同时，由于多数派的人口优势，少数派总统也不敢过于迫害多数派，这就形成了一种特殊的制衡或者微弱的平衡。

当“阿拉伯之春”发生后，叙利亚国内主流的逊尼派开始反抗阿拉维派总统阿萨德，这的确有民主的因素，但是，一旦平衡被打破，即便实现民主，也必将退化为多数人的暴政。

另外，当和平失去后，想要恢复和平的代价是巨大的，最近出现于叙利亚北部的极端派别 ISIS 就是一例。他们在混乱中崛起，并利用极端暴力来获得地盘，使叙利亚的局势陷入了更加绝望的境地。

关于平衡打破之后的多数人暴政问题，还可以从伊拉克的例子中看到。

伊拉克的人口多数是什叶派，但执政者萨达姆·侯赛因却属于少数派逊尼派。当美国推翻了萨达姆之后，在伊拉克实行民主，而民主的结果必然是什叶派上台。但是，什叶派并不愿意与逊尼派分享政权，这使得逊尼派有了越来越强的分裂意识。而更加极端的“圣战”组织 ISIS 就是利用了这种分裂心理，从叙利亚进入伊拉克，获得了一部分当地逊尼派的协助，横扫北部地区。

伊拉克这个国家在未来是否还能联合，还是最终会一分为三——什叶派、逊尼派、库尔德人分别建国，都还说不清楚，但一个明显的趋势是它逐渐解体了。

叙利亚也在解体的过程中，阿拉维派总统控制了南部，逊尼派反对派控制了北部。即便是北部地区，也出现了更加复杂的局势，温和派逐渐失势，极端“圣战”派成了主流。在混乱的时期，永远都是极端派得势，这是世界在处理同类问题时必须考虑的因素。而现在的世界过于想当然地认为，推翻了独裁，民主就会自动建立起来，这是绝对错误的。

在阿拉伯地区始终存在着一个矛盾：是需要稳定和统一，还是需要民主？

由于中东地区在100年前才从奥斯曼帝国独立出来相继建国，其国界是英法等国根据势力范围划分的，带有很强的随意性，这导致许多国家都带有很强的宗教冲突特征。最复杂的是黎巴嫩，这个国家内部有什叶派、逊尼派、基督教马龙派、东正教等多种宗教派别，并受到巴勒斯坦、以色列、叙利亚、伊朗等多国的影响，让黎巴嫩经过短暂的发展后迅速掉进了内战的沼泽。

叙利亚和伊拉克则被逊尼派和什叶派之间的争斗所撕裂。

在这些国家内部，即便实行民主，也由于派别的争斗变得极其脆弱，无法保证稳定。甚至民主架构会直接导致国家的解体。比如，当两派无法在谈判桌上取得共识的情况下，其中一派会要求单独建国，并不惜使用武力。正是在这个背景下，强人政治才成为一种维持稳定和统一的选择。

到底是要稳定，还是要民主？成熟的国家可以说两者都要，但是在中东却成了当地人不得不做的选择题。

如何让阿拉伯国家摆脱这种二元之间的摇摆，同时获得民主、稳定和发展，是政治学面临的一大课题，但至今仍然没有好的途径来解决。

2014年7月初，塞西总统也在经济上走出了实质性的一步。

之前，每一个埃及的穷困家庭都可以去政府指定的地点，用低价购买一定的大米、通心粉、食用油等食品，政府依靠补贴的方式保证穷人能够活得起。然而，这次他们又去购买时却被告知，从这个月起，每个家庭都只能减半购买了。政府已经悄然削减了补助。

不仅是食品补贴，埃及政府在密集的政策中，还宣布油品涨价，汽油和柴油的价格上涨了40%~78%。宣布油品涨价后，公共交通系统的价格也应声上涨，城市交通费从半埃及镑涨到了一埃及镑。不要小看这一埃及镑的价格，它让许多精打细算的上班族承受了压力。

在未来5年间，埃及的电价也将上涨1.5倍。燃气价格也随之上涨。

人们告诉我：穆巴拉克总统时代，食品和燃油的价格是稳定的；革命3年来，虽然社会出现了混乱，但价格仍然保持着连续性；塞西总统一上台，就出现了大规模的涨价行为。愤恨之情溢于言表。

也是在7月初，塞西总统发表了电视讲话。他从政府的角度道出了苦衷：沙特、阿联酋的救助将在下月开始削减规模，直到年底完全停止；之前，埃及的外汇储备和物价稳定多亏了外援的支撑，此后，埃及只能依靠自力更生来解决经济问题。

另外，还债的压力也在上升。按照塞西的说法，每月政府所要偿还的利息都在数亿埃及镑。而政府财政赤字还在扩大。为了应对这一切，政府必须做出决断，削减占财政支出三分之一的食品和燃油补贴。

按照他的构想，这是埃及恢复经济发展的第一步。由于食品燃油补贴中很大一部分被富人拿走，减少补贴后，政府更有资源帮助穷人。

他的做法可以得到经济理论上的支持。政府的补贴的确是低效和浪费的，削减补贴，意味着政府在努力理顺商品价格，也表明塞西政府不是一个碌碌无为的政府，正在想方设法拯救埃及的经济。

但是，对于每一个具体的人来说，感觉却大不一样。

6 月，首都开罗的地铁爆炸事件更增加了社会的紧张程度，已经有人担心塞西总统的执政能否让情况好转。

只是，埃及人已经累了，这次的暴力事件和涨价事件似乎没有激起太多的波澜，大部分人仍然在听天由命地等待着，并没有出现大规模的抗议活动。

反思革命的情绪仍然在继续，每个人得出的结论各不相同。埃及的未来掌握在人民手中，这句话看上去是那么正确，在实践的过程中，却又充满着苦涩、教训。但毕竟，他们还在探索。

第八章 叙利亚：从革命到宗教战争

2014 年 8 月 3 日，埃及阿斯旺。

在去苏丹边境城市瓦迪哈勒法（Wadi halfa）航船的离境处，一位叙利亚人突然出现在我的面前。他看上去 50 岁上下，瞎了一只眼睛，皱纹已经爬满了额头，身体却还健壮。

“请给我 40 埃及镑。”他比画着对我说。

他的要求很突然，但我瞬间从他仅剩的一只眼睛里看到了泪水，以及苦难积累后的突然爆发。

于是我结识了这位叫作萨义德（Said）的叙利亚人，并收集到了他逃难的故事。

萨义德并不算典型的难民，他持有正式的叙利亚护照，于 2012 年年初为了躲避战乱，合法地离开了内战之中的祖国。

他的家乡，就是大名鼎鼎的霍姆斯（Homs）。内战爆发后，霍姆斯被反政府军占领，却又被政府军包围。这里是反政府军在宗教和政治上的首都，其旗帜性作用不下于北方重镇阿勒颇。在争夺了 3 年后，在隆隆的炮火声中，政府军将整个霍姆斯变成了一片废墟，最后反政府军支持不住了，于 2014 年 5 月与政府军达成协议，被允许撤出了霍姆斯。

霍姆斯的陷落也被看作是内战转折的标志之一，意味着政府军再次掌握了主动权。但是，重归于平静的霍姆斯并不能立即迎回那些逃走的居民，因为这里已经变成了一片砖头和瓦砾堆，没有水电，根本无法解决回归者的基本需求。于是，那些逃难的人们仍然漂泊在外，包括我遇到的萨义德。

在交谈中，只要我们谈到霍姆斯，萨义德必然会做一个手势，双掌并排，掌心朝向地面，然后突然分开，意思是家乡已经彻底被夷平了。

在 2012 年离开叙利亚之后，他先到了土耳其，之后去黎巴嫩，并将家人接到了那儿。在折腾中，这个家庭的积蓄已经化为乌有，一个中等之家在异国他乡进入了赤贫状态。为了养活家人，他决定独自南下埃及打工。

他有两个男孩，在一路上，保存在诺基亚手机里的几张孩子和妻子的照片，成了他借以消磨时光的最好物品。他经常拿出来长时间地看着照片，脸上的亲情超乎于语言。

由于交流的障碍，我无法确切地知道他在埃及做了什么，只知道这个年近 50 的汉子在埃及没有挣到钱，甚至已经接近山穷水尽的状态。恰好埃及南面的苏丹有他的几个熟人，于是他决定去苏丹寻找新的机会。

然而在阿斯旺，他突然陷入一系列的偶然事件之中，计划越来越失控了。

首先，埃及到苏丹的船需要航行一天时间，船票为 355 埃及镑，折合人民币约 300 元，这笔钱耗尽了他最后的财力。更倒霉的是，由于开斋节的原因，每周铁定一班的航船突然取消了，要一个星期之后才有。萨义德在阿斯旺待了一个星期，每天吃喝拉撒都要花钱，不管怎么抠，到上船时，他身上只剩下几个硬币而已。

航班日期的到来让他松了一口气。虽然没有钱，但他计划一到苏丹，就借别人的手机联系朋友，到那时，也许就有办法筹措以后的路费了。

就在他登船时，却突然被告知，作为外国人，他必须支付40埃及镑（人民币35元）的离境税，才能登船。他和海关官员争吵了半天，希望他们体谅一位难民的困境，也希望借助阿拉伯人的身份获得免税，但无法通融。

这笔钱成了压垮汉子的最后一根稻草，他根本拿不出来。正在这时，他看见了我，也让我看到了一个男人不轻易表达的无助。

我帮助他付了离境税，让他暂时躲过了危机。在船上，萨义德表现出一位阿拉伯人的优雅，吃得饱（船票包括吃饭）睡得香，仿佛当前的危机和困境都是小菜一碟，对于一个经历过战争摧残的人，只要能够活着，就必须坦然地面对一切。

但这并非是这个逃难者灾难的结束。一天后下船时，萨义德借手机给朋友打电话，却发现不管是住在首都喀土穆（Khartoum）的那位，还是住在更近的栋古拉（Dongola）的那位，都无法接通。

唯一现实的方法，就是坐车按照地址找过去。但他已经身无分文，又如何坐车？

我帮他买了一张15苏丹镑（人民币10元）的手机卡，又给了他150苏丹镑（人民币100元）。按照他的计算，用这笔钱够他买票先到栋古拉，即便找不到朋友，也恰好够再买票去首都。

在分别时，他并没有表达太多的感激，只是紧紧地握住我的手，仿佛让我明白，这点小困难根本压不垮一个真正的男人。

他转身离开后，我以为再也见不到他了。没想到，当天下午我去汽车站时，发现他还在等车。这时，他又满面愁容地告诉我，由于居高不下的通货膨胀，车票已经涨价了，从瓦迪哈勒法去栋古拉是 80 镑，从栋古拉去首都是 90 镑，两趟车加起来需要 170 镑，而我只给了他 150 镑，恰好又形成了一个 20 镑的缺口。

他没好意思再跟我要钱，只是当作困难告诉了我，但我又给了他 20 镑。

直到我上了去首都的小巴车，才想起来我仅仅给了他恰好够车票的钱，而他已经饿了一天，连饭都没吃。

这点遗憾竟然意外地得以弥补，由于我乘坐的开往首都的小巴车和他去栋古拉的小巴车在同一地点停车休息，我最后一次看见了他，连忙邀请他一起吃了顿饭。望着他狼吞虎咽的样子，我感到阵阵心酸，也庆幸我生活在和平的国度。

最后分开前，萨义德告诉我，他要在苏丹先找到朋友，然后挣钱，至少挣够回黎巴嫩的机票钱，和家人团聚。回家，这个对我们而言如此简单的事情，却成了一个男人艰难的奋斗目标。

但他的话让我深深地理解了死在家乡是多么幸福，战乱给人们带去了多少灾难。

和萨义德的相遇也勾起了我的好奇心，并深深地为那场正发生在叙利亚的内战感到悲伤。

我将从中东的难民问题谈起，再回顾最新的叙利亚内战，并追溯历史去讨论这个战乱的国度到底如何陷入乱局，又将在世界的纷争中走向何方。

叙利亚问题也是中东问题的一个缩影，从中可以瞥见这个最复杂的地区是如何在战争中分崩离析的。

从难民问题谈起

在中东国家，最常见的景象之一就是难民。

以我在 2014 年 4 月、5 月间访问的黎巴嫩为例，在黎巴嫩的南部城市泰尔和西顿，随处可见巴解组织前主席阿拉法特的挂像。这里的街道比起该国中部地区（首都贝鲁特也在中部）要残破得多，大片的难民营门口站着全副武装的军人。这些难民营已经存在了几十年，在里面生存的人们已经繁衍了好几代，但黎巴嫩始终没有办法将他们吸纳进当地社会。

对于第一代逃难的人来说，他们根本就没有意识到会成为难民。自古以来，中东一直是兵家必争之地，人们也早就习惯了战争，把它看作生活的一部分。一旦家乡开战，人们把细软带在身上，把门一锁就离开了，跑到别的地方去躲几天或几个月，等战争过去了才回来。

当 1948 年第一次阿以战争爆发后，巴勒斯坦的人们以为这次也和以前一样，没什么大不了的。他们纷纷锁上家门，越过边界，进入埃及、约旦、黎巴嫩、叙利亚等国境内，想等着风头过去再回家。但他们绝对想不到，这次面对的是另一种状况：当战争结束后，以色列拒绝他们入境，而他们的家，却在国境线的那一边。

更加悲惨的是，不仅以色列驱逐难民，就连接收国也不待见他们，长期把他们排斥在本国社会之外。

除了以色列、黎巴嫩政府的问题之外，就连难民本身也有着不小的问题。隐藏在难民营中的巴解组织就曾经是各个接收国的噩梦。在约旦，巴解组织坐地为王、反客为主，差点儿推翻约旦政府取而代之；被驱逐到黎巴嫩后，又导致该国政治结构破裂，酿成了血腥的黎巴嫩内战。

内战时期的黎巴嫩也成了巨大的难民输出国，为了保命，黎巴嫩人四散逃往了各个国家。由于被以色列、叙利亚和大海环绕，黎巴嫩人聪明地选择向大海方向逃难，这些人跑到了欧洲、美洲，分布在全世界。与巴勒斯坦人不同，黎巴嫩难民在海外的打拼都比较成功，融入了当地社会，甚至出现了许多商业奇才。他们在战后纷纷回国探望，也为这个小小的战乱国家带来了投资和财富。

黎巴嫩内战结束后，在海外资本的带动下，该国的中部步入了繁荣，需要大量的低等劳动力。但是黎巴嫩宁肯从海外的印度、印尼、菲律宾和非洲进口廉价劳动力，也不把机会留给近在眼前的巴勒斯坦难民。他们认为，海外劳动力是可控的，干几年可以随时赶走，但是难民一旦获得了身份，就很难再剥夺了。

对于小小的黎巴嫩来说，巴勒斯坦难民潮也不是他们见识的唯一难民潮。在南部问题拖了几十年成了脓疮之后，东部的难民问题再次成了焦点。

黎巴嫩的东部和叙利亚接壤，当 2011 年叙利亚进入内战状态时，战乱区的人们又锁上门，进入背井离乡的过程。这次的叙利亚难民潮规模比以前诸次都要大，出国逃难的人数达到 200 多万，更别提在国内流离失所的人们。与叙利亚接壤的土耳其、约旦、黎巴嫩都不得不大量地接收难民。就连遥远的埃及、北非也有了叙利亚难民，而我遇到的萨义德，已经逃到了苏丹。

在埃及的首都开罗，我看到叙利亚的母亲们带着孩子在街上乞讨，有的人仍然带着矜持和不习惯，即便在乞求施舍时，也想让人明白，这种状态只是暂时的，一旦仗打完了，他们就可以回家了。

除了埃及之外，我还走访了与叙利亚接壤的三个国家：土耳其、黎巴嫩和约旦，发现这三个国家都在为叙利亚难民所累。

在2014年4月中旬土耳其的迪亚巴克尔，我试图打听通往叙利亚的道路，却被告知，土耳其已经强行关闭了与叙利亚的边境。

之所以关闭，除了与叙利亚政府关系交恶之外，更重要的原因是来自难民的重压。土耳其在所有接壤国中，是最积极帮助难民的。战争爆发后，政府就着手建立难民居住区，为他们提供必要的生活设施和便利条件。雄心勃勃的土耳其政府拒绝了外来援助，认为足以扛住几十万人的生活。

然而随着叙利亚内战的长期化，土耳其政府意识到自己想简单了。它以为叙利亚叛军能够在几个月内推翻政府，重建秩序，到时就可以把难民遣返。但战争越打越大，逃难的人越来越多，在土耳其境内滞留的难民已经超过了50万人。

经济吃紧的土耳其政府选择向国际社会求助，并关闭了边境，不再接收新的难民。它的做法也让新逃难的人失去了最好的归属：这些人只能去约旦和黎巴嫩，待遇比在土耳其差很多。

5月的黎巴嫩贝卡谷地则是另一番景象，由于靠近叙利亚边境，已经是风声鹤唳。任何政治失衡都可能给这个不稳定的国家带来血腥之灾。黎巴嫩是最不想接收难民的，却不得不再次背上数十万人的大包袱。

在贝卡谷地，四处都是手持武器的士兵，他们有权拦下任何车辆进行检查，不带护照或者身份证明的人士一律扣留，待查明身份后再决定是放行还是遣返。这种严格的做法是为了避免难民向首都扩散，也保证国内其他地区的稳定。

即便如此，黎巴嫩国内还是迅速分裂成了支持和反对叙利亚政府的两派人马，他们结成联盟，相互指责，却又偷偷地派兵到叙利亚，使得局势更加复杂。在高潮时期，爆炸和枪击事件屡屡发生，黎巴嫩进入了动荡时期。

而约旦则被折磨得更加狼狈。位于沙漠地带的约旦属于资源奇缺国。中东地区的经济依靠两个名词支撑，第一个名词是石油，第二个名词是新月沃地（Fertile Crescent），即土壤比较肥沃的地区，形状像一弯新月一般横跨伊拉克、叙利亚、黎巴嫩和巴勒斯坦。

但是约旦一缺乏石油，二跟新月沃地不沾边儿（或者仅仅有小片的粘连），这两条决定了约旦能够养活的人口是非常有限的。叙利亚人大规模涌入，约旦本土人立即感受到了经济紧张，物价飞涨。在北方游牧的贝都因人首当其冲，游牧地迅速缩小。贝都因人是约旦王室的传统盟友，当他们感到不舒服时，首先向国王和亲国王的政权发难，于是政治危机出现了。

除了经济和政治危机之外，令约旦更加不爽的是另一个问题：战争中，极端主义势力有了颠覆国王和政府的可能性。这些极端势力不仅在叙利亚打仗，还将不稳定输出到了周边国家，让本来就脆弱的约旦更感受到了威胁。

叙利亚内战中出现的极端主义势力分成两种，大都和外来人员相关。一种是支持政府的极端势力，以黎巴嫩的什叶派武装组织真主党为代表；另一种是反对政府的逊尼派势力，以更加可怕的ISIS为代表。

真主党在伊朗的支持下，在黎巴嫩境内明目张胆地招兵买马，把志愿者的大幅照片挂在街道上炫耀。他们的战斗力强大，为叙利亚政府军提供了强有力的支援，也造成了反对派攻势的逆转，政府军重新占据了主动。

而从世界的四面八方赶来的逊尼派极端主义者大都带有基地组织的背景，或者崇拜基地等恐怖组织，他们最初从混乱中的伊拉克进入叙利亚，后来则主要从其他阿拉伯国家和欧洲国家“进口”。每天都有数十甚至上百的人从欧洲国家坐飞机进入土耳其或者黎巴嫩，再越过边界进入叙利亚，开展反政府作战。

当来自欧美和阿拉伯国家的援助源源不断地进入叙利亚反对派手中时，人们根本没有想到，反对派们会怎么使用这些武器，以及有多少武器会落入其他更加可怕的渠道。人们想当然地认为，为了正义而提供的武器，必然是为推翻暴政而服务的，却没有意识到某些想推翻暴政的势力正试图建立另一种更加可怕的暴政。

但突然有一天，这些人竖起了恐怖主义大旗，这就是赫赫有名的ISIS。

这时，世界才仿佛突然惊醒，原来叙利亚的反对派成分如此复杂，而温和派反对派早已经被ISIS排挤和边缘化了。法国等国家开始限制公民的旅行，防止有人偷跑到伊拉克和叙利亚从事恐怖活动。

约旦除了被难民问题困扰之外，与叙利亚接壤的边境地区也有着不少反政府的武装组织。这些组织利用边境的便利，时而在叙利亚，时而在约旦，而约旦本身也成了一条极端组织从其他阿拉伯国家向叙利亚调兵的通道。

一年前，约旦国王突然发现，他的国土四周都充斥着敌人：在南方的埃及，恰逢穆斯林兄弟会执政，穆斯林兄弟会的理想之一就是推翻国王的世俗统治，建立教权统治；在东方的沙漠地带则与乱成一团的伊拉克接壤；北方的叙利亚又输入了一群反对国王的极端势力；而在西方，约旦与以色列也关系紧张，驱逐了以色列大使。

这个政权感受到了什么叫作风雨飘摇。我在约旦的日子发现人们不断交谈的，就是如何从这个四面楚歌的环境中摆脱出来。

当然，令他们欣慰的是，埃及穆斯林兄弟会政权的垮台，让国王暂时放心了一点儿，而叙利亚政府军的重新得势，以及 ISIS 把战火烧向了伊拉克，使得约旦认为，极端组织暂时还不会把他们当作目标。这个沙漠国家的国王又可以躺在床上熟睡几天了。

出于偶然，在 ISIS 进入人们视野之前，我在黎巴嫩首都贝鲁特的旅馆里碰到了一位正准备去伊拉克北部的巴基斯坦人，持有丹麦护照的他用一种激烈的观点抨击着现代秩序。而同房间另一位土耳其的什叶派穆斯林则告诉我，叙利亚的叛军中充满了基地组织成员，这些人的目的与民主无关，他们只是想杀人，而叙利亚北部局势已经彻底失控。

当我碰到他们时，世界的大部分人对正在发生的事情仍然毫无觉察。随后，巴基斯坦人去了伊拉克，在我离开时，土耳其人仍在贝鲁特想办法进入叙利亚。

一个月后，ISIS 震惊了世界，我才想起与我谈话的两位穆斯林青年，猜到了他们的身份。震惊之余，更加理解了叙利亚战争的复杂性。

叙利亚：被制造的国家

何谓叙利亚？

这个问题，在叙利亚人独立之后很久都没有想明白。

在3500年前赫梯人和埃及人争霸的时代，叙利亚是两国的边界，著名的卡迭石战役（Battle of Kadesh）就发生在如今的叙利亚境内。埃及新王国著名的法老拉美西斯二世率领军队在卡迭石这个地方与北方强大的赫梯人作战。双方都宣布己方获胜。之后，他们签订了《埃及赫梯合约》（*Egyptian-Hittite peace treaty*），建立了瓜分天下的同盟关系。

凑巧的是，《埃及赫梯合约》的埃及文本在埃及阿布辛拜勒神庙的墙上被发现了，人们又在土耳其赫梯人遗址出土的泥板上发现了赫梯文本，于是《埃及赫梯合约》成了人类历史上第一次有双方实物佐证的和平条约。

在古罗马时期，叙利亚曾经是一个地理名词，代表着在土耳其小亚细亚半岛以南、埃及以北、伊拉克以西的广大地区，包括现在的以色列、巴勒斯坦、叙利亚、约旦和黎巴嫩。

在中世纪，叙利亚的沿海地区被称为黎凡特（Levant）。这里是十字军东征的主要战场，十字军建立的几个小国都在大叙利亚的范围内。这样的地理概念一直沿用到近代，在奥斯曼帝国统治下，也将这片地区视为一体。

在奥斯曼时期，阿拉伯人也一直处于自由流动状态，没有国界的限制。现今对于阿拉伯人来说戒备森严的边界，在当时都是透明的。

这种状态也造成了叙利亚人在独立后，对国家缺乏足够的认知，反而对整个大阿拉伯充满了感情。

在第一次世界大战后，奥斯曼帝国由于在战争中站错了边，作为战败国被肢解了。在西方军队还没有来得及进入的权力真空地带，一个来自圣地麦加（现在属于沙特阿拉伯）的家族——哈希姆家族成了叙利亚的主要势力。哈希姆也是先知穆罕默德所在的家族，在 20 世纪初，该家族成员成了麦加所在的汉志地区的总督（后来成为国王），他们一直试图建立一个完整的阿拉伯国家，将所有属于阿拉伯人的土地统一在一个政权之下。

一战后，该家族的费萨尔亲王立刻率领人马占领了大马士革，并迅速向北挺进占领霍姆斯、阿勒颇等地，其疆域大概与如今的叙利亚相当。加上其家族控制的麦加地区和伊拉克地区，整个中东除了阿拉伯半岛内地和波斯湾沿岸之外的大部分土地都在一个家族的掌握之下。

但是，一战的战胜国们并不想让阿拉伯人建立统一国家，从而损害它们在中东的利益。英国已经与法国签订了协议，将这片土地瓜分了。它们并不反对阿拉伯人取得一定程度的独立性，建立合法政权，却希望这些政权必须同时也代表英法两国的利益。

在费萨尔亲王占领叙利亚内地的同时，英国人迅速将叙利亚的海岸线（也包括现在的黎巴嫩）占领，同时还占领了大叙利亚的南部，也就是现在的巴勒斯坦、以色列和约旦等地。

其后，英国人将北部海岸的控制权交给了法国人，并协定由法国占领叙利亚和黎巴嫩，而其余地方（伊拉克、约旦、巴勒斯坦）归属英国托管。

这时在叙利亚（包括现在的黎巴嫩）境内，就变成了法国控制沿海，而阿拉伯人控制内地。

为了与英法的势力对抗，阿拉伯人决定抢先立国，在哈希姆家族的主导下，阿拉伯全体大会在大马士革召开，这次会议决定建立两个国家，分别是叙利亚和伊拉克。

叙利亚国包括现在的叙利亚、黎巴嫩、巴勒斯坦（以色列）、以及约旦（当时属于巴勒斯坦），这个国家以费萨尔为国王。

而伊拉克国则以费萨尔的哥哥阿卜杜拉为国王。

阿拉伯人宣布建国的同时，英法却不为所动，仍然按照协定继续瓜分中东。在费萨尔宣布建立叙利亚国不久，法国军队就从沿海开来，向着内地进发，决心消灭任何阿拉伯抵抗势力。

费萨尔此刻面临着艰难的抉择：他是英勇抵抗法国人的入侵，战死沙场获得英雄的美名，还是承认实力的差距，愿赌服输，等待着胜利者安排新的命运？

费萨尔最终选择了放弃抵抗。法国人占领了大马士革，费萨尔撤走了。在法军占领大叙利亚北部的同时，英国人也占领了大叙利亚的南部，也就是现在的约旦、以色列和巴勒斯坦地区。

这次短暂的建国插曲给叙利亚人留下了深刻的印痕，在叙利亚人的心中，他们的国土面积绝非只有法军占领的那么一点，而是包括整个巴勒斯坦和约旦，他们虽然没有实力建立统一国家，但这个梦想让他们不认为现代叙利亚的边界是正常的。

费萨尔亲王由于放弃了抵抗，最后也收获了回报。英国人为了感谢和补偿他的配合，让他当上了伊拉克的国王，作为国王，他有义务保证英国人在伊拉克的特权。费萨尔的哥哥阿卜杜拉原本被阿拉伯人选为伊拉克国王，既然英国人把伊拉克国王许诺给了他弟弟，作为补偿，英国人从自己控制的大叙利亚南部（巴勒斯坦）专门划出一片地方给了他。这片地方位于约旦河以东，所以称为外约旦，这个人造的国家后来改名为约旦哈希姆王国，至今仍然由阿卜杜拉的后代统治。

这些历史留下的印痕，使叙利亚国内之后一直存在着如下几种想法：

第一，他们曾经尊费萨尔为国王，当费萨尔成为伊拉克国王后，叙利亚存在着和伊拉克合并的可能性。

第二，大叙利亚的梦想让叙利亚人又认为约旦、巴勒斯坦和以色列，外加黎巴嫩，都是叙利亚的领土，期待有朝一日可以重新统一中东。

第三，叙利亚和黎巴嫩作为法国人的托管地，本来就是一体的，是法国人强行将两地分开。即便无法收复约旦、巴勒斯坦，叙利亚也要把黎巴嫩拿回来。事后叙利亚理直气壮干预黎巴嫩事务的底气就是这么来的。

第四，叙利亚本来指望着有一个国王来统治，但是有共和传统的法国人强塞给叙利亚一个议会式的共和政府。而叙利亚人还没有学会如何在共和的框架下来管理好政府，这是叙利亚出现政治斗争的前兆，也是为什么独裁者最终上台后，能够维持那么久的原因之一。

在这些不同想法的撕扯下，叙利亚一直以一个面目模糊的形象出现，今天被这个想法所左右，明天又换了一个想法。当然这些想法之所以存在，是因为中东就像一张白纸一样，其国界线是英法新画上去的，对于阿拉伯人来说，还都不习惯国界的概念，也没有形成明确的国家主义。

不自信的政府

虽然叙利亚人被各种不同的想法所左右，没有形成很强的国家主义传统，但至少有一点，他们却是坚定不移的，那就是把法国人赶走。

我无意追寻叙利亚赶走法国人的过程，那经过了艰难的谈判和威胁，直至法国人意识到留下的麻烦比撤走更多，才恋恋不舍地离开。

法国人的离开留下了两个永久性的影响：

第一，黎巴嫩彻底从叙利亚分离了出去。法国人坚持，黎巴嫩与叙利亚不同，是由基督教马龙派来主导政府的。这个国家单独建国后，并不想并入另一个伊斯兰教主导的国家（叙利亚）。黎巴嫩与法国的关系也比叙利亚与法国要铁得多，经济也更加富裕。

第二，法国人试图给叙利亚留下一个稳定的政治结构，培养出宪政传统，如果等到那时宗主国再撤出，也许不会带来太大的破坏性。但叙利亚人已经等不及了，不可能循序渐进地进行。这使得过早独立的叙利亚有了宪政的架构，却没有宪政的精神，谁都想主导政府，但谁都不想遵守约定。

宗主国撤出后，本地政府的无能和混乱，是新独立国家都不得不面对的一个世界性难题，叙利亚也不例外。

当法国人真的离开了，叙利亚人才如梦方醒一般，意识到必须自己来决定命运了。这时，他们突然变得不自信起来，人们想的不是如何自治，而是如何借助另一个外来势力来统治。

他们首先想到了伊拉克的费萨尔国王。这位国王曾经是阿拉伯人的救星，也曾经短暂地被阿拉伯人承认为叙利亚国王。叙利亚如果能够投靠费萨尔，和伊拉克合并，将是不错的选择。由于外约旦（即现在的约旦）也是由哈希姆家族的另一位亲王控制，所以只要首先和伊拉克合并，就可以借助王朝的力量和外约旦合并，之后，再寻找机会将黎巴嫩、巴勒斯坦等各个碎片拼齐，形成统一的阿拉伯国家。

然而，目标有了，如何合并却成了难题。除了伊拉克之外，外约旦国王阿卜杜拉也提出来要先合并叙利亚。而叙利亚政府虽然不够自信，却又觉得本国制度更加先进，资源也更丰富，不应该接受穷国约旦的领导，而应该是叙利亚合并约旦。

在分歧中，合并成了扯皮。这时的阿拉伯人才第一次意识到：西方国家的托管虽然时间不长，却在阿拉伯这个整体上画下了不可磨灭的痕迹，国界线一旦形成，国界内的政治团体就会疯狂生长，任何想重新合并的人都必须面对两个国家之间政治团体的剧烈摩擦。

接着，犹太问题干扰了叙利亚的政局。随着阿拉伯在第一次阿以战争中的溃败，叙利亚国内指责政府无能，军事政变这个怪物开始袭击叙利亚。1949 年，连续三次政变打乱了叙利亚的政治进程。

而更重要的是，在这三次政变之后，叙利亚的政治航程已经悄然转向，前两任政府还在不断地准备着与伊拉克合并，并已经进行到起草统一宪法的阶段，但最后一任政府上台后，断然地向阿拉伯的另一个政治集团——沙特和埃及靠拢，从这时起，叙利亚就从哈希姆家族梦想的大王国中逃脱了。

但摆脱了哈希姆家族并没有让叙利亚变得更加自信，叙利亚进入了另一个传统：依靠埃及，同时在埃及总统纳赛尔的煽动下，向东方社会主义阵营靠拢。

在争夺阿拉伯世界领导权的过程中，纳赛尔领导的埃及始终跑在第一位。当埃及争取到叙利亚之后，立即马不停蹄地策划起双方的合并工作。1958 年 2 月，一个特殊的国家诞生了，这个国家叫作阿拉伯联合共和国，其国土包括两部分：埃及和叙利亚，纳赛尔成了这个联合国家的总统。

但是，这次的合并并不顺利，叙利亚虽然在摇摆中加入了阿拉伯联合共和国，却发现埃及的鞋并不适合叙利亚的脚。两块地域并不搭界，不仅协调困难，如何给各个政治势力分配地位也出了问题。经过短暂的合并后，叙利亚退出了阿拉伯联合共和国，把纳赛尔甩开了。

这时的叙利亚才认识到，不管它是否自信，它已经无法把命运交给别人了。这个最近才被西方制造出来的国家一旦出现，就有了生命，并必将在重重困难中走完整个周期。

这艘失控的航船继续在国内政治斗争和军事政变中颠簸着。之后，叙利亚做了最后一次合并的努力，一个叫作阿拉伯复兴社会党的政党崛起了。这个政党主要出现在伊拉克和叙利亚，这时，伊拉克的哈希姆家族已经被推翻，伊拉克成了共和国，于是，合并的梦想再次在这两个共和国之间出现。而埃及总统纳赛尔也再次跃跃欲试，因为阿拉伯复兴党和埃及的关系很密切，如果伊拉克和叙利亚能够合并，那么埃及就有可能把这两个国家都拿下，再次建立联合共和国。

阿拉伯复兴党打着复兴和社会主义两块招牌。所谓复兴，就是将阿拉伯的土地合并，复兴当年伟大的阿拉伯帝国；所谓社会主义，是指经济上采用社会主义的方法，利用政府控制经济，发展大项目和大工业。

阿拉伯复兴党与中东其他想复兴阿拉伯帝国的政治团体区别在于：其他的政治团体大部分都是宗教性的，比如在所有阿拉伯国家都有分支的穆斯林兄弟会，就主张建立以《古兰经》教法为基础的统治，而阿拉伯复兴党想建立一个世俗性的共和国，采取的是社会主义的经济方式。

随着 1963 年阿拉伯复兴党在伊拉克和叙利亚的政变中上台，双方与埃及又启动了合并过程。但随后，三国在各自地位上的争论让合并再次流产。

合并失败的同时，阿拉伯复兴党在叙利亚国内的革命工作却进行得如火如荼。国有化、国家控制将经济变成了铁板一块，阿拉伯复兴党的高层在不放弃泛阿拉伯理想的同时，不断地指责各个邻国，说它们是机会主义，或者不够革命。

在许多人看来，这个国家是失败了。在与以色列的斗争中，叙利亚屡屡失败。在与阿拉伯国家的联合中，它始终居于次要地位，却又不甘心并入别国。在国内政治中，党派林立，互相争斗，军事政变此起彼伏，但每一次政变后带来的不是稳定，而是更多的争执。在经济上，叙利亚政府采取的社会主义措施更加恶化了国内环境，这些措施强调国有化和国家控制，在政治不透明的前提之下，这些措施把资源不公平地分配给了政治势力，并压抑了民间经济，加上国内政治的不稳定，所以经济没有好转的迹象。

在这种背景下，阿萨德的崛起成了打破叙利亚政策死胡同的机会，也受到叙利亚大部分人的欢迎。

阿萨德：强行塑造的民族主义

哈菲兹·阿萨德出生于叙利亚的阿拉维派家庭。

阿拉维派是什叶派的一个远支。什叶派奉阿里的后人为伊玛目，即宗教领袖，伊玛目只能在阿里家族内部传承。占据什叶派最主流的十二伊玛目派一共承认 12 个伊玛目。

其实到第 11 个伊玛目时，阿里的主支就已经绝嗣了，但为了便于团结什叶派教徒，十二伊玛目派的高层人士宣称，第十一伊玛目有一个未成年的后人，是为第十二伊玛目。只是这个伊玛目不肯见人，隐遁在世界某处，直到安拉需要他出现才重返人间。

但并不是所有的人都承认这所谓的第十二伊玛目，于是，从第十一伊玛目的信仰者中分离出一派，逐渐演化成阿拉维派，并一直保持到今天。

在叙利亚，大部分的居民都是逊尼派，作为少数派的阿拉维派一直处于受压制和歧视的地位。也正因为如此，当法国人从叙利亚撤军时，阿拉维派大多持悲观态度，并不希望法国人离开，而是担心在逊尼派的主导下，阿拉维派会受到压迫，丧失进入主流社会的机会。

这种担心虽有道理，但世界并没有断绝哈菲兹的机会。

在叙利亚，当时在民间主要有两种势力，一种是强调逊尼派统治的穆斯林兄弟会，这一派从埃及发端，并扩张到整个阿拉伯世界，他们主张根据教法统治，而他们的教法自然是逊尼派赞成的教法。

另一种是强调世俗主义和全国团结的阿拉伯复兴党及其他左派政党。这一派不想搞宗教统治，而是想建立一个世俗的共和国。

作为宗教少数派的哈菲兹在穆斯林兄弟会中不可能找到同盟，却在阿拉伯复兴党中找到了同志。

在参与党团活动的同时，他加入空军，并逐渐提升。随着阿拉伯复兴党在叙利亚上台执政，他的升职速度也加快，并逐渐成了执政党领导层之一。

随后的几年，阿萨德与两任党领袖在理念上都发生了冲突，最终通过一次不流血的政变逮捕了党领袖，成了叙利亚的领导人，宣布建立世俗的社会主义政权，并在这个位置上待了30年，直到死亡把他从权力场带走为止。

阿萨德总统的统治是典型的独裁统治，他通过家族和宗派势力把持叙利亚政治，随时打击反对派，并不惜使用武力。他的统治伴随着垄断和大量的腐败，以及任人唯亲。

但是，对于1970年的叙利亚来说，阿萨德的上台却给了整个社会解开僵局的机会。与他的前任不同，阿萨德并没有"左"到不可救药的程度，虽然他也相信国家控制和主导，但是在初期，这个典型的机会主义者采取了许多放松经济控制的措施。

一旦经济中私人领域逐渐放松，哪怕金融、国有企业和进出口仍然控制在国家手中，也仍然可以引起一波经济发展。

同时，阿萨德也效仿当年的纳赛尔，在幼发拉底河上建设了巨大的塔布卡（Tabqa）大坝，这个大坝花费了3.4亿美元，在苏联的支持下建成，装机容量8.24亿瓦，是世界上最大的水坝之一。水坝的后面形成了巨大的湖泊，命名为阿萨德湖。虽然大坝的建设充满争议，但大坝增加了叙利亚的灌溉面积，在建设的过程中，也刺激了叙利亚经济和工业的发展。

更重要的是，当阿萨德一方面加强对社会的控制，另一方面通过大工程建设和放松私营经济的做法让社会经济暂时走出困境时，人们发现，原本摇摆不定又四分五裂的叙利亚似乎在不情愿中承认了独立地位，暂时摆脱了分崩离析的命运。

叙利亚的国家主义成型了，它越来越不想被伊拉克、埃及、约旦等国家主导命运，变得自信起来。此起彼伏的军事政变暂时被遏制住，而叙利亚在阿拉伯世界的地位也在逐渐回升。

叙利亚的地位在阿萨德前任执政时达到低点。那时的领袖一方面为了向苏联示好，实行越来越“左”的经济政策；另一方面，不断地指责邻国不够坚定，不够“左”，令叙利亚在阿拉伯世界成了不受待见的“刺头”。

阿萨德上台后迅速改善与邻国的关系，同时加强与苏联的联系。在与苏联打交道时，他的前任采取的是表演策略，也就是不断地在苏联人面前表演，显示自己很“左”，希望博得对方的注意，可是苏联认为叙利亚在中东并非主要国家，虽然乐得看他表演，却并不真的买账。阿萨德不屑于采取这种做法，也不想继续表演下去，他直截了当让苏联人明白，苏联从他这儿可以获得在中东的军事入驻，把塔尔图斯海军基地授予苏联使用，真正的实惠为他争来了大量的军事援助。

在获得苏联的援助之后，他再回过头来寻求与埃及联手，对付以色列。以前，叙利亚一直是埃及的小跟班，但阿萨德与埃及打交道时，已经摆脱了跟班的角色，试图与它平起平坐，确立叙利亚在阿拉伯世界中的地位。

在阿萨德上台之前的1967年，发生了所谓的“六日战争”，以色列先发制人，迅速地击溃了阿拉伯国家，叙利亚的戈兰高地也被以色列占领。那时的阿萨德已经是军队的领袖人物，目睹了叙利亚的惨败。他上台后对这件事一直耿耿于怀，决定用武力夺回戈兰高地，与埃及的联合行动更增加了这种可能性。

但是，令他没想到的是，这次在背后捅刀子的正是他的好兄弟埃及。

此时，埃及热衷于泛阿拉伯主义的纳赛尔总统已死，由萨达特总统掌权。萨达特是个务实派，他只想对以色列发动有限攻势，并不想彻底打败以色列（当然他也知道做不到），不过他并没有对叙利亚人坦白自己的算盘。

战争爆发后，叙利亚人尽了最大努力去争取胜利，埃及却明显保留了实力。战争越来越不利于叙利亚，最终阿萨德一无所获，戈兰高地也没有收回。

可事后，人们意外发现，虽然战败，但是阿萨德和叙利亚的地位提高了。没有人能保证，如果埃及全力配合就一定能胜利，但埃及的背叛行为不仅给了阿萨德失败的借口，还使他在阿拉伯世界树立起了抵抗者的形象。

其后，叙利亚甚至有能力干涉起邻国的政治。20 世纪 70 年代，它支持巴解组织对付以色列，又在约旦赶走巴解组织的行动中出兵约旦，一副地区大国的风范。20 世纪 80 年代，黎巴嫩内战进行时，叙利亚派出部队参与了政治角逐。

到这时，叙利亚国家在阿萨德的统治下不再被人们视为一个失败、无可救药的国家了。法国人离开后，叙利亚在国际社会上第一次有了存在感。

从宗教矛盾到政治危机

阿萨德总统虽然通过强力捏合了叙利亚，并进行了30年的独裁统治，但是他只能暂时压制国内矛盾，却无法完全化解。

由总统本人带来的最大问题是：他是一个阿拉维派的穆斯林，与多数派逊尼派并不同宗。叙利亚的阿拉维派大都集中在北部的沿海地带，只占总人口的12%，而逊尼派在叙利亚人口中的比例却达到了将近四分之三。

我们不用纠结于一个政治人物的道德品格，只需要观察他所建立的制度，就可以推测他会带来什么样的后果。阿萨德总统将权力更加集中的做法必然导致他破坏掉了原来的权力中心（议会），重新建立起一个以他个人为中心的权力基础。而由于他本人的出身，必然将更多的阿拉维派引入到权力中心。

于是，阿拉维派这个少数派突然间飞黄腾达，占据了诸多的高位。根据后来人们的观察，阿萨德容许逊尼派继续在民政机构中占据优势地位，却在军队系统、警察系统和情报机构安插了不少的阿拉维派核心人员，形成了对整个国家的强力控制。

与此同时，他也进行领袖崇拜，阿萨德的画像充斥着叙利亚的大街小巷，他被当作国父一样崇拜，甚至带上了救世主的色彩。

在这崇拜的背后，是严重的权力腐败。以阿萨德家族为中心，以他的亲戚朋友圈子为辐射，大量的资源被少数人瓜分。

叙利亚建立了许多国有企业，控制了大部分有油水的行业，比如能源、金融、进出口，等等。而管理这些企业的人，都来自总统的亲信和亲戚，利用制度安排，少数人就名正言顺地获得了大量的财富。

阿萨德上台后，放松社会控制、发展私营经济的做法也导致腐败的增加。发展经济和腐败是一个悖论的两个方面。在国家政府仍然掌握大部分资源的情况下做出局部的放松，的确可以让社会经济取得快速发展，但是，这样做的结果也必然带来大量的腐败。

这一切问题如果发生在一个世俗国家，那么就是民主和独裁的问题。但是在一个充满了宗教对立的国家，人们首先不把它当作是经济问题、政治问题，而认为是异端总统带来的灾难。

逊尼派首先对阿萨德发难了。1976 年的逊尼派暴动可以视为 2011 年叙利亚革命的另一个版本。从这一年起，逊尼派在穆斯林兄弟会的带领下，开展了反对阿萨德的游击战争。

在阿拉伯复兴党执政初期，阿萨德还没有上台时，逊尼派就在穆斯林兄弟会的带领下展开了宗教反对活动。穆斯林兄弟会在埃及成立之初，采取的是和平斗争策略，不鼓励使用武力。但是，随着双方的矛盾逐渐激化，暴力就成了唯一的选择。

1964 年，叙利亚政府重兵开往穆斯林兄弟会控制的重镇哈马，对逊尼派的反对者进行镇压，造成了近百人的死亡。这是这个不幸城市经历的第一次大屠杀，在未来的历次争夺中，哈马都将作为焦点城市经受一次次的磨难。1964 年的镇压导致穆斯林兄弟会安静了十几年，叙利亚的世俗政权得以巩固。不过，这次镇压也让叙利亚的穆斯林兄弟会成员意识到使用武力的必要性，许多人脱离了温和派，加入了极端派。

1976 年，阿萨德已经执政，当逊尼派与政府派的战争重开之后，双方的斗争变得更加血腥和无理性，也为2011年的暴力埋下了“种子”。

1976年，恰逢黎巴嫩内战初期，叙利亚开始干涉黎巴嫩事务。而在国内以穆斯林兄弟会为首的逊尼派力量（据认为，得到了伊拉克逊尼派总统萨达姆·侯赛因的暗中支持），以暗杀政府职员和阿拉维派人士为己任，希望通过恐怖主义手段来震慑政府。到了1979年，形势迅速恶化，许多可怕的暴力事件接踵而至。

比如，在阿勒颇的炮兵学校里，学校由于为政府军输送学员，成了被袭击的目标。6月16日，该校的一位上尉教官将学员集合起来，学员们还没有明白怎么回事，枪手突然入场屠杀，据称有83人死亡。从这时起，逊尼派极端组织在全国各地对政府机构、警察、军队和阿拉维派发动袭击，进行暗杀活动。

到了第二年，穆斯林兄弟会发动的罢工和游行也出现了。甚至有针对总统的刺杀行动，阿萨德幸运地避过了刺杀。

这一系列事件导致政府军同样疯狂的报复。一旦一个地方有刺杀发生，政府军立即报复当地人。有时当地人仅仅因为在现场附近，就被不分青红皂白地枪杀。1981年，在逊尼派重镇哈马，古老而野蛮的抽签习俗也被引进了：既然找不到凶手，就在当地14岁以上的居民中进行抽签，不幸抽中死签的人被立即枪杀。这是这座城市遭遇的第二次灾难。

然而对哈马来说一切并未结束，第三次打击接踵而至。到了1982年，政府终于决定对哈马再次采取行动。这次行动导致了多少人死亡，恐怕永远不会有准确数字。根据推测，死亡人数从1万人到4万人不等。在行动中丧生的政府军士兵可能也超过了1000人。哈马老城区被摧毁了大半。

这次行动虽然以政府军杀人收场，但是由于将穆斯林兄弟会以及一些极端组织赶出了叙利亚，再次起到了缓和局势的作用。逊尼派和穆斯林兄弟会的反抗失败，阿萨德总统的统治得以延长了 18 年。

1976—1982 年，逊尼派的暴动产生了一个意想不到的后果。阿萨德执政初期，为了适应社会的要求，对社会和经济放松了控制，经济出现了不错的发展势头。但逊尼派的暴动又提醒他不能放松对社会的控制。随着暴动的扩散，阿萨德变得更加极端、谨慎，又收紧了对社会的控制。

控制的收紧导致经济的下滑，经济的下滑引来了更大的民怨。当这一切成为循环，执政者就得再次放松社会控制，可是，一旦放松了社会控制，就是另一次危机和反抗的时候了。

这个时机在第一个阿萨德死后到来。2000 年，阿萨德将身后的政权留给了他 35 岁的儿子巴沙尔・阿萨德。在巴沙尔之前，他曾经选择过两位继承人，但都因为继承人的反叛或者死亡而告终。

小阿萨德是位医生，年轻时没有想过会当总统，当父亲心仪的继承人先后出局后，他成了幸运儿，同时也是被诅咒者。

这位在英国受过教育的年轻人上台伊始，就表现出了有别于父亲的改革意图。在政治上，他释放了大量的政治犯；在经济上，他试图击碎国家控制的经济，引入更多的外国投资。

在引入外资上，他的父亲已经起步，进入叙利亚的外资大部分来自阿拉伯和伊斯兰国家，并在 20 世纪 90 年代初引起过一波经济发展。这时的小阿萨德重新祭起了开放外资的旗帜，是希望叙利亚的经济发展能走上正轨，减少人们的反对。另外，他比父亲走得更远，试图向私人资本开放银行，减轻国有化对经济的负担。

然而，当一个独裁者去世后，他所建立的围绕个人运转的僵化体制是很难被继承人掌握的。小阿萨德雄心勃勃的计划在父亲建立的可怕系统面前不值一提。

在独裁体制内，对小阿萨德来说，如果想有所成就，首先要做的不是改革，而是先把政权掌握牢靠，把不听话的人替换掉，吃透了政权，才能推动改革。否则，他的一切努力都会在体制所产生的阻力中消耗掉。

然而，不管是小阿萨德本人，还是叙利亚社会，都不会留给他足够的时间。由于外界和他本人的希望过大，动手太早，所以最终所获得的失望也更大。

很快，他的改革措施推行不下去了，所带来的不稳定更让人担忧，惊慌失措的他又走起了回头路，2001 年 8 月，阿萨德政府逮捕了反对人士，宣布温和政策的结束。曾经指望他带来新气象的人们变成了反对派。

当这个政权失去人心，距离混乱也就不远了。到时，没有任何爱好和平的人士能够收拾住混乱之后的局面。

2011 年：从和平到暴力

当武装分子都学会了用视频网站之后，这个网站就成了发布“圣战”视频的最佳场所。在这之前，武装分子必须把视频录到录像带上，再翻山越岭传出来，交给某个新闻机构，甚至偶尔还要弄几个记者去采访。视频网站出来后，他们立即觉察到，这是个省钱省力的好方法，只要视频一发布，就会有无数的人能够看到，再也不用什么新闻机构和记者了。他们对于科技的掌握并不比别人差。

在发布的视频里，这些武装分子丝毫不掩饰暴力倾向和宗教极端色彩。

比如，在一个视频中，逊尼派 ISIS 武装分子在叙利亚北部拦下了几辆货车，将四位货车司机赶了下来，检查他们的证件，并询问他们的宗教派别。

四个人都回答是逊尼派。武装分子随即询问了他们一些礼拜方面的问题，由于在逊尼派和阿拉维派之间对礼拜要求有微小的不同，有时候可以通过提问来确定对方的身份。其中三个司机由于回答错误，不得不承认他们是阿拉维派，他们被当场宣布处以死刑，随后，被拉到了路边。

在执行前，他们没有任何求饶的表示，仿佛知道命运不可更改。在被杀前，他们只是要求向麦加方向跪拜，武装分子则在他们背后开枪。两个人一枪毙命，子弹穿过头颅后打在土地上，溅起一阵灰尘。另一个人没有立即死亡，他试图向前爬去，爬去……

他们都是穷人，被杀的唯一理由，是因为他们是阿拉维派。

在击毙了几位司机后，武装分子炸毁了货车，乘坐越野车扬长而去。事后，他们将惩罚“异教徒”的视频发布在网上。

类似的视频自 2012 年之后，频频出现在网络，但是没有一个视频引起过世界的重视。

此刻，世界还在为叙利亚的民主运动大声叫好，并在讨论如何支持叙利亚的反对派。他们不是不知道，是故意不去看那些反政府武装的复杂成分。人们永远不是按照事物的本来面貌去看待世界，而是按照某些特定的僵硬原则去过滤事实。

然而，叙利亚的内战并非从开始就充满了暴力色彩，许多反政府人士带着良好的愿望，希望实现民主。但是双方的无理性最终导致了越来越残酷的内战，并彻底击碎了叙利亚的社会。

那么，叙利亚的反对运动是如何从和平走向暴力的呢？

2011 年，当从突尼斯爆发的“阿拉伯之春”运动席卷整个阿拉伯世界时，叙利亚人也意识到这是表达政治要求的时机。这时的叙利亚正在经历一场大旱，粮食减产、物价飞涨都造成了人们进一步的不满。

但是，由于长期独裁压制的结果，叙利亚人在上街时就表现出了不自信，他们担心遭到政府的报复，不敢大规模上街。当埃及已经爆发大规模的游行时，在叙利亚只有小规模的游行出现。

直到“阿拉伯之春”运动在其他国家取得成果，3 月，叙利亚人才大规模上街，并形成一次要求民主的运动。

但是，埃及的革命不仅给民众指出了一条推翻独裁的道路，也为独裁者指出了他们如果让步会得到什么下场。叙利亚独裁政局与埃及的穆巴拉克也并不相同，穆巴拉克直到下台也没有下决心、更没有能力用暴力把革命镇压下去。而叙利亚政府在 20 世纪 80 年代前后有丰富的暴力镇压经验，对待游行者更加粗暴。

小阿萨德采取的策略是：第一，用武力镇压反对者，在控制权上绝对不让步；第二，在不丧失社会控制权的情况下，做部分的改革。

关于改革措施，是到2012年才姗姗来迟推出的。2012年2月26日，叙利亚举行了全民公决，修改了宪法。其中最引人注目的条文是：规定了总统的普选，总统任期为7年，且只能连任一届。根据此项规定，一位总统最多掌权14年。虽然时间还是有点儿长，但如果是在和平时期，修宪或许会让人们感到满意，并投入选战之中，但是，随着叙利亚局势的恶化和失控，2012年的修宪已经起不到安抚人心的作用了。

最终，暴力冲突成了叙利亚的主流。

2011年3月20日，在叙利亚南部口岸城市德拉（Daraa），警察向示威者开枪，导致示威者的反击，烧毁了当地的党部。这次事件造成15位平民和7名警察的死亡。之后的几天，全国各地都出现了暴力事件，使死亡人数上升到接近100人。

然而直到这时，示威者仍然试图遵循和平的规矩，其诉求也是以民主为主，要求普选、民主、释放囚犯、惩治腐败等。虽然如果要做到这些，必然意味着阿萨德政权下台，但人们并没有向这方面引申。

到了4月初，随着暴力事件的加剧，实现一次埃及式的和平交权已经变得不可能了。小阿萨德与他的父亲一样，在镇压反对派上从来不在乎人命。

反对派想到，问题的根源不在于叙利亚是否民主，而在于只要阿萨德在台上，就不可能有民主和自由。这时，他们的矛头终于指向推翻现政权。这是叙利亚革命中重要的一步转变，运动也从和平向着蕴含暴力转向。

随着抗议规模越来越大，范围也从少量城市向全国蔓延，到5月底已经达到二十多个。与此同时，叙利亚军队也对抗议活动进行了大规模的镇压，动用了坦克、大炮等武器。据称，该月月底时，已经有近千人死于内乱。

从6月起，冲突规模进一步扩大。叙利亚是一个高度管制的国家，平民虽然反抗，但是缺乏有效的武器与政府军对抗，这时，他们开始考虑如何获得武器。

最初的武器来自对政府军的袭击。在与土耳其接壤的一个小城里，安全部队向一次葬礼开火，引起了人们的反抗，人们杀死了几名士兵，并攻占了当地的警察局，获得了一点儿武器。

与此同时，叙利亚的教派矛盾也显露出来。由于抗议的人大部分都是逊尼派教徒，而安全部队虽然高层由阿拉维派控制，但底层的士兵有许多逊尼派的。在冲突中，当士兵被派到各地执行镇压任务时，有可能抗命甚至哗变，逊尼派聚居的北部地区也就成了军队哗变的高发地带。

军队的大规模哗变让人们越来越看到了推翻独裁政权的希望。这时候，世界媒体突然被叙利亚大规模的政府军哗变所占据，让人们一时间感觉阿萨德政权已经维持不下去了，叙利亚即将实现民主。

也是从这时起，叙利亚的反对派获得了外界的大力支持。

然而人们乐观过了头，事实与期盼相差甚远。事后，人们发现，军队的哗变并不意味着叙利亚政权的崩溃，却意味着叙利亚社会宗派的伤痕再次被揭开。

逊尼派士兵的哗变让反对者有了大量的武器，叙利亚的革命已经彻底升级为暴力冲突和种族冲突。政府军在哗变中损失了大量士兵之后，除了正规军之外，更加依赖于阿拉维派主导的民兵系统沙比哈（Shabbiha）。

沙比哈是在老阿萨德时期创立的一种民兵武装，不穿军装，由总统的亲戚负责指挥。这支准军事武装的任务是帮助阿萨德家族干一些不便由政府和正规军队出面的“脏活儿”，比如走私、暗杀、私下恐吓，等等。

到了小阿萨德上台后，为了表示改革决心，将沙比哈解散了。但是，随着叙利亚形势的恶化，这个组织再次阴魂不散，聚集人马，出现在正规军攻势之外。

到了战争中，人们把许多屠杀都算在叙利亚政府军的头上，但据后来的调查，可能是沙比哈干的。

这样，政府军从全民的军队，变成了以阿拉维派（什叶派）为核心的宗教军队，而沙比哈更成了一股失控力量，不时地实施暴力，破坏了和平的可能性。

争取民主的暴动越来越变成一场宗教战争。叙利亚的内战也注定成为逊尼派和什叶派的缠斗，双方的正义性也在逐渐流失。如果说，在这之前，反对派还带有很强的民主特征的话，那么之后，随着战争规模的扩大，哪怕是温和派和民主派也会发现自己越来越陷入宗派之争，并且越来越被边缘化。政府军和反政府军都越来越被极端势力所左右，并酿成了最后的悲剧。

7月底，几名前叙利亚军官组成了叙利亚自由军（Free Syrian Army，FSA），反对派的武装正式出炉。到此时，和平集会已经彻底让位给了战争，一次内战形成了。

2012 年：无理性战争

叙利亚内战诞生后，世界上的各个国家迅速以各种各样的形式卷入战争。

首先卷入的是伊朗和土耳其。

伊朗和土耳其是叙利亚周边两个最主要的伊斯兰国家，其中伊朗认为自己是什叶派世界的领袖，在霍梅尼革命之后，为了输出革命，任何什叶派存在的地方都会受到他们的关注。

在穆斯林的眼中，并没有国界，只有宗派的概念。世界上任何一处的逊尼派出事，都会引起沙特、土耳其等国家的关注，而伊朗则认为保卫什叶派是他们的责任。这种“责任”曾经让伊朗在黎巴嫩内战期间，出钱出人帮助黎巴嫩什叶派建立了著名的真主党，伊朗也曾经帮助伊拉克什叶派反对过萨达姆。

当阿拉维派领导的叙利亚陷入纷争后，嗅觉灵敏的伊朗比其他国家都先发现，与其说这是一场民主和专制的对决，不如说是阿拉维派和逊尼派的对决。在镇压之初，伊朗就向叙利亚政府提供了监听设备，用于监视游行的反对派，加强社会控制。

而土耳其作为主要的逊尼派国家，则选择了支持反对派。内战刚起，土耳其即抛弃了与叙利亚政府的友好关系，指责其大规模屠杀的罪行，支持敌对势力。

FSA 刚建立之初，只有少数的士兵，在政府军强大的压力下无处可逃，土耳其立即允许 FSA 退入土耳其境内休整，以此为基地向叙利亚境内扩张。之后，各国援助叛军的武器也源源不断地通过这个通道运往反政府军。

除了土耳其和伊朗之外，其他阿拉伯国家也开始站边。以沙特为首的逊尼派国家长期与各种激进组织维持着藕断丝连的关系，并致力于扩张逊尼派、打击什叶派势力，此刻，它们选择加入叛军一方，提供资金支持。

当叙利亚内战残酷的一面显露后，西方国家也加入战团。但它们对于叙利亚内战的态度既明朗，又不明朗。

所谓明朗，是指它们将之看作阿拉伯革命的一部分，在整个阿拉伯革命中，西方都与革命的一方站在一起，打击政府军。

所谓不明朗，是指西方国家由于负担太重，既要支持埃及，又要支持利比亚的反政府军，暂时腾不出手来直接干涉叙利亚。而美国自从奥巴马执政后，一直不愿意直接以武力干涉他国的纷争，避免美国卷入另一场战局。比起以前的总统，奥巴马在处理国际问题时显得更加理性、全面，他的态度也让西方国家的热情下降了不少。

直到 2012 年，大规模屠杀的暴露，以及化学武器的使用，才令世界有了更多的民意参与进来。但即便这样，他们也并没有像在利比亚那样直接参与战争，而是向反对派提供资金、武器和技术支持，并在联合国向叙利亚政府施压和寻求制裁。

在西方国家卷入的同时，俄罗斯由于在叙利亚有军港的使用权，立即决定支持叙利亚政府，俄罗斯和中国在联合国阻滞了对叙利亚的制裁。俄罗斯还向叙利亚政府提供了武器装备。

随着俄制装备供应政府军，而西方装备源源不断地流向反对派，叙利亚的战争也迅速升级成了大屠杀。

当人们怀着高尚的目的不断地输入武器时，最终的结果却是一场无理性战争。

内战爆发后，战争大致可以分为三个时期。

从 2011 年 7 月到次年 5 月为第一阶段。在这个阶段，叙利亚的反对派处于弱势地位，政府军频频出击进入逊尼派为主的地区，并试图在混乱中控制局面。由于小阿萨德继承了老父的强硬传统，政府军的暴力也逐渐升级，除了常规的个人兵械之外，装甲车、坦克、火炮、飞机等武器都已经针对平民区使用，造成许多次大规模死亡事件，也直接导致反对派越来越使用暴力进行反击。

在这个阶段，最著名的死亡事件是政府军对哈马城的围攻。哈马，这个在反对阿拉伯复兴党和阿萨德家族统治中已经遭受了三次打击的城市，仍然是逊尼反对派的中心。

从 3 月起，这座城市的反对派就在街道和广场上聚集，抗议阿萨德的统治。此刻，内战仍然处于初期，政府在动用武器上仍然小心翼翼，以避免受到外界的指责。在策略上，政府也指责反对派制造暴力，导致局势失控。

这时，哈马的局势受到一次颇富争议的“干扰”，美国和法国的大使决定亲自前往哈马观察这里的和平抗议活动，以证实他们早就放在脑袋里的结论：“反对派是和平的。”

果然，两位大使看到了一次完美的和平示威。他们的出现让哈马沸腾了，人们为了让世界更清楚地看到叙利亚人的反抗精神，纷纷走上街头抗议政府，组织了几十万人的非暴力大游行。

两位大使心满意足地离开后，把问题留给了叙利亚政府和反对派。等他们走后，满怀期待的反对派以为事情快有结果了，因为世界大国都在支持他们。示威的人们不仅不肯离开，反而规模越来越大，越来越激进。

哈马城的抗议终于让叙利亚政府失去了耐心，阿萨德向这座城市增兵，寻求镇压。当坦克、机枪和路障更多地出现在城市中时，一场冲突已经难以避免。

从 7 月 31 日到 8 月 4 日，政府军进攻哈马，这次进攻最终造成约 200 人的死亡，并随着媒体的关注，将叙利亚内战暴露在世界面前。联合国迅速做出反应，谴责在叙利亚发生的暴力事件。然而联合国很难通过对叙利亚进一步制裁的决议，在五大常任理事国中，俄罗斯和中国都反对进一步的行动。

这个事件也将双方的立场彻底亮明。叙利亚政府军知道了联合国的底线，不吝动用先进武器对付反对派；而反对派也意识到他们得到了世界主要大国的支持，更加寻求武力解决问题。

在这个阶段，也是反对派中最初出现分裂迹象的时期。2012 年 1 月，一个叫作支援黎凡特人民阵线（The Support Front for the People of Levant）的组织在叙利亚成立，这个组织的阿拉伯名称是努斯拉（Al–Nusra）。与后来的 ISIS 不同，努斯拉在中国显得默默无闻。但它才是著名的基地组织在叙利亚的第一个分支。

这是恐怖组织在叙利亚反对派中落地的第一个迹象。努斯拉成立几个月后，原本只发生在政府军和沙比哈中的屠杀事件也频频出现在反抗力量中，并将支持者从温和的反对派中逐渐吸走。在任何战争中，最终占主流的必定不是温和派，而是极端派。

努斯拉很快成为反抗力量中最具战斗精神的一支部队。他们不断地制造事端，屠杀和平的阿拉维派。与此同时，世界各地的恐怖分子在叙利亚落地，加入努斯拉。他们的行动也给了政府军新的借口，当外界指责政府军的暴力事件时，政府则指责反抗力量也充满了暴虐色彩。

这个时期，也是国际社会试图调停叙利亚冲突的时期。最早的努力来自阿拉伯联盟（Arab League），从2011年年底到2012年1月底，阿拉伯联盟派出观察团进入叙利亚进行调停工作，随后宣布任务失败。

2012年4月和5月，在联合国前秘书长科菲·安南（Kofi Atta Annan）的主持下，国际社会进行了另一次努力，试图组织停火行动。

但停火行动总是失败。每每在关键时期，总会出现一两次令人震惊的大屠杀，破坏掉本来已经取得的成果。战争的双方都指责对方制造了屠杀，并以此为借口发动下一次袭击。

2012年5月25日，在叙利亚中部重镇霍姆斯以北的胡拉镇（Houla），也是逊尼派反对力量的支持区域内传出消息，称政府军组织了一场屠杀事件。这次屠杀一共造成108人的死亡，其中包括49名儿童。

当事件曝光后，FSA随即宣布，鉴于屠杀的存在，FSA不再遵守停火协议。

事后，联合国的调查机构进入该区域调查原因。最初的结论是，屠杀是叙利亚政府军用坦克、机枪、大炮进攻村庄时造成的，责任归咎于政府军。

之后，更加细致的调查发现，许多人是被近距离射杀的，目击者的证词进一步叙述，政府军最初在攻打村庄时，造成了大量的伤亡。在政府军之后来到的是阿拉维派民兵武装沙比哈，这些民兵武装更加残忍地对平民进行屠杀，甚至使得几个家庭遭到灭绝。

但叙利亚政府也宣布对此事进行调查，并得到了相反的结论。他们认为，政府军攻打的确造成了伤亡，但那些近距离射杀，则出现在政府军进攻之前。有证人说，在政府军来之前，大约 700 人的反政府武装曾经到达过此地，将人们集合起来，根据事先拟定的名单，杀死了那些不肯配合反政府武装的家庭。

事后，联合国倾向于认为反对派的证词更加可靠，却不能完全否定另一种可能性。如果现实也可以按照概率来表现，那么，可以说胡拉镇大屠杀 80% 是政府干的，20% 是反政府武装干的。只是，对于死者来说，概率是不存在的。

不管结论如何，屠杀破坏了和平的可能性。那些不愿意停火的人得逞了。

在此期间，国际社会开始大规模向反对派运送武器，反对派出现了突飞猛进的发展，到安南宣布调停失败，阿萨德政府突然发现，它面对的反抗者已经得到了显著增强。于是，战争进入第二阶段。

从 2012 年 6 月到 2013 年 5 月是战争的第二阶段。在这个阶段，实力得到明显增强的反叛力量展开了一系列的攻势。而叙利亚政府在一系列的屠杀指控下，已经到了人人喊打的份上。随着努斯拉等组织的加入，对政府高层的袭击也大幅度加强。政府军步入了防守期。这也是反叛力量最有希望控制局势的时期。

6 月 22 日，叙利亚政府军击落了一架土耳其战机，导致土耳其与叙利亚之间的争执，更多的武器和支持从土耳其方向运来。

7 月 18 日，在首都大马士革发生了一次猛烈的爆炸，叙利亚国防部部长、情报头子等高官被一并炸死。

随后，FSA 逐渐控制了叙利亚和伊拉克、土耳其之间的边境口岸，西方对反政府武装的支援达到了无比顺畅的地步。第二年 3 月，FSA 又占领了与约旦边界的口岸地带。

此阶段，反叛力量对政府军的进攻主要集中在军事基地和机场设施，为的是摧毁政府军的战斗能力，同时针对叙利亚最主要的经济命脉——水坝、油田等进行控制，削弱政府的经济基础。这些战斗都取得了显著的成效。

也正是从这时起，各地的屠杀升级了。人们可以确定，不仅政府派，反政府派同样是屠杀的制造者。反政府派还善于利用平民打掩护，更增加了平民的伤亡。

阿萨德政权在慌不择路的状态下，使用化学武器来对付反叛力量。化学武器并没有带来太大的杀伤力，却带来了巨大的国际影响，对阿萨德政权来说堪称灾难。这个风雨飘摇的政权眼看就要倒塌了。

在这一阶段，许多渴望民主的人对叙利亚叛军寄予了很高的期望，认为战争即将结束，而民主将自动诞生。由于上一个革命标本埃及正经历着革命后的痛苦，民选政府越来越得不到支持，让世界需要另一个标本来掩饰埃及的困境。

但就在这时，政府军的转机出现了。

2013 年：真主党来了

2014 年 5 月，我来到了黎巴嫩首都贝鲁特。

此刻距离黎巴嫩结束内战已经 20 年，贝鲁特的中心地带已经恢复了繁华，一个国际标准的Souks（中心集市）出现在这里，商店的橱窗中展示着从世界各地而来的奢侈品，从欧洲的名车名表，到南美的皮制品和猎装、伊朗和阿富汗的毛毯，应有尽有。

然而，从市中心向南走十几分钟后，就到达了另一个区域，这个区域在内战时期的绿线（基督教与伊斯兰教的分隔线）以西，属于伊斯兰居住区。

从这里越往南走，城市越破烂，带着内战后没有完全恢复的痕迹，最南面似乎进入了贫民窟，处处是小商小贩，街道狭窄崎岖，满地垃圾，破烂的楼房挂满了各种各样的绳索和电线。

在伊斯兰区域，逊尼派居住区与什叶派居住区是分开的，有时一条马路的两侧就有可能属于不同的教派。但对外来人而言，除非经人指点，否则很难辨认双方的区别。

不过在真主党控制区域内，却有两个特征可以辨认，第一个特征是：在区域的边界，有沙袋组成的工事，并有不同于政府军的武装人员守卫，因为真主党是黎巴嫩国内唯一不肯放下武器参加政府军的政党，他们要求保留独立武装。第二个特征是：真主党控制区域内，街道上挂着许多青年战士的大幅照片，照片上的人大都是参加叙利亚战争的志愿者，而党给他们的荣誉，就是将照片挂在他们的家门外，以示表彰。

这些战士跨过边境，以保卫什叶派同胞不受侵犯的名义开始了与北方逊尼派势力的斗争。虽然人数少，但这些外来士兵有着超强的战斗力。叙利亚人在打仗时虽然也杀人，但他们心里毕竟已经有了模糊的国家概念，知道这是内战，在打仗时心存忌惮。而对真主党战士而言，发生在叙利亚的战争则纯粹是教派战争，为了保卫什叶派而打仗，他们显得更加坚决，也不在乎暴力。

2013 年 5 月之后，叙利亚战争进入到第三阶段。

当政府军节节败退，被人们认为就要被推翻时，政府军的海外支持者决定不惜一切代价支持阿萨德。

伊朗在此之前已经向阿萨德提供了大量资金、能源和物资，帮助他支撑战时经济，并有小规模的伊朗武装人员渗透进入叙利亚帮助政府军打仗。在 2013 年最危险的时刻，伊朗又派出了 4000 名军事人员前往支援。在当年年底最高峰时期，有近万名伊朗武装人士活跃在叙利亚。虽然伊朗政府永远不会承认这一切，但伊朗高官数次在私下表示决不允许叙利亚这个什叶派重镇陷落。

除了伊朗之外，如同世界各地的逊尼派军事人员进入叙利亚帮助反对派打仗一样，各地的什叶派军事人员也来帮助政府军。而其中最著名的，就是黎巴嫩的真主党。

在黎巴嫩内战时期，什叶派依靠伊朗的帮助和训练建立了真主党，作为回报，真主党也成了伊朗的工具，帮助它实现一定的军事目标。

当真主党加入战团后，叙利亚的西部边境大为好转，也预示着叙利亚反对派尽快吃掉政府军策略的破产。

在伊朗、真主党赤膊上阵支持政府军的同时，俄罗斯对叙利亚的支持也大幅加强，俄制武器源源不断地支援着政府军。

在联合国，阿萨德使用化学武器的问题也在发酵，并酝酿成一场干涉危机。但在俄罗斯的指导下，阿萨德机智地躲过了干涉，他答应销毁和转移一切在叙利亚境内的化学武器，干涉的借口没有了，阿萨德赢得了时机。

在政府军力量增强的同时，反叛者的力量却在减弱。

反叛力量的减弱包括两方面：

第一，世界舆论已经厌烦了叙利亚战争。当革命刚起，或者屠杀事件刚曝光时，支持反叛力量的国家，特别是它们的人民都乐观地以为，只要帮助弱者呐喊几句，或者捐一点儿钱和武器，叙利亚政权就会像埃及穆巴拉克政权那样轰然倒塌，顶多像利比亚卡扎菲政权那样，经过可笑的抵抗后，连领导者尸体都受到侮辱。但当叙利亚内战向长期演化时，人们疲劳了，关注点转移了，来自世界的支持也少了。

第二，反叛者力量的减弱与他们的内讧有关。逐渐碎片化的力量、不一致的目标，以及另一股势力的侵蚀，让反叛者无力维持更大规模的进攻。他们进攻的势头一旦被打断，就立刻被迫转入防守，并被政府军分割包围了。

反叛力量领导人的腐败也是个大问题，许多外界捐助的资金并没有落实到战争中，反而被领导人送出国，购买房产或者存入银行，万一战事不利，他们可以出国，利用这些资金过退休生活。领导人的算盘削弱了战斗力，也让普通士兵感到无助。

政府军则与真主党联手，从南方、东方与黎巴嫩交界地带以及反叛力量最核心的北方都发起袭击，并逐渐收复地盘。

于是，叙利亚局势以迅雷不及掩耳的速度发生变化，在人们还没有准备好，以为反叛力量正掌控局势时，事情却已经转了 180 度的弯。

2014 年上半年，我在黎巴嫩、土耳其和约旦这三个叙利亚的邻国分别询问叙利亚的局势时，在土耳其得到的答案显得很乐观，认为叙利亚政府不可能得胜，因为与土耳其相连的北部地区都在反对派的控制之下。

但在黎巴嫩和约旦，答案却显示：南方已经彻底被政府军控制（与约旦相连的某些边境地带除外），大马士革已经恢复了安全，只有北方的安全得不到保证。

世界真正意识到反抗力量的虚弱，是伴随着2014年5月7日的一个事件突然到来的。这一天，叙利亚政府与反叛力量宣布，在联合国、沙特、伊朗的斡旋下，政府军与反叛力量达成了一项协议：叛军放弃了他们已经守了两年之久的中部重镇霍姆斯（也是我的朋友、逃亡苏丹的萨义德的家乡），该城将由政府军占领，叛军的1200名武装人员只允许携带一支枪，以及一个装个人物品的包裹，其余物资都必须留在城内等待政府军接管。

霍姆斯是叛军盘踞的第二大重镇，仅次于北方的阿勒颇。但意义还不仅于此，因为人们普遍认为阿勒颇只是经济中心，而反叛力量的政治中心和精神家园应该是霍姆斯。

虽然叛军一直强调这次协议只是重组军队，但人们都知道，这次协议说明叛军真的已经虚弱到无法保卫政治"首都"了。在这里，叛军的士兵分成了二十几个派别，他们互相指责对方的理念，共和主义者指责宗教主义者，温和主义者指责强硬主义者，他们都试图在外国的援助中多占一些份额。到最后，战斗力的极度疲弱，令霍姆斯在失去2万居民的生命（叛军宣称）以及绝大多数居民逃难后，终于缴械。

叛军从霍姆斯的撤出震惊了世界。大多数人都还沉浸在对阿萨德的谴责以及对叛军进攻的鼓舞上，却突然得知叛军最重要的阵地之一已经沦陷了，并且是以一种耻辱的方式沦陷的。

人们这才意识到阿萨德政权已经挺过了最危险的阶段，试图将他推翻的企图遇到了巨大的阻碍。到这时为止，反对派只剩下北方以及南方靠近约旦的一小片地区掌握在手中了。

在大多数人的意识中，一个暴君必将被推翻，有无数的证据证明这个政府参与了大屠杀，到最后，却没有能力将他赶下台。这就是战争的无理性。

霍姆斯的城下之盟让反叛力量的支持者们突然意识到，如果要想让叙利亚的革命火种不熄灭，那么又到了必须做点什么的时候了。这时候恰逢叙利亚政府情绪高涨的时刻，在 5 月底，叙利亚甚至组织了一次总统大选，小阿萨德再次不出意外地以高票当选。

世界又开始讨论更多的军事援助，但不包括直接出兵。政治家们互相指责，责怪同僚们对革命力量的支持不足，才造成了今日的局面，而现在，是将更多的武器运往叙利亚的时候了。

但就在大部分国家正讨论如何加强武器和资金支持时，突然有另外的消息传来，更让世界陷入了一片茫然，它们彻底被震惊了！

叙利亚的叛军中，一支叫作 ISIS 的武装力量突然出现在邻国伊拉克境内，ISIS 攻城略地、大肆屠杀，人们这才意识到，他们曾经支持的势力已经不再单纯。任何对反叛力量的支援，最终都可能落入最极端的恐怖分子之手。

2014 年：混乱之中的 ISIS 崛起

在阿拉伯世界，ISIS 已经是基地组织之后的第四代宗教极端组织。

在第一代组织穆斯林兄弟会时，还拥有一个较为和平的宗旨，但之后，一代比一代更崇尚武力。第二代哈马斯已经赞成可以用武力推翻以色列、驱赶犹太人，对犹太人可以使用任何武力，这一代已经组织起职业化的武装集团了。第三代基地组织则认为可以用武力对待任何伊斯兰的敌人，不管是军人还是平民。他们对军事武装的训练也更加系统和高端化。

然而，基地组织仍然坚持他们的行动是针对外教的“圣战”，不得伤害本教的平民。而从基地组织孵化出的第四代，也就是ISIS，就连这一点儿底线也抛弃掉了。

另外，基地组织也没有考虑在现有国家之外建立一个新的教法国家，而ISIS则更坚决地走建立新国家、新政权来推行教法的道路，比基地组织在发展伊斯兰主义上更进了一大步。

关于ISIS，人们还常常把它与基地组织在叙利亚的另一个分支努斯拉相混淆。甚至连ISIS的人也有意将努斯拉合并，并宣布两者实际上是一家。但是，努斯拉随即否认了两者的合并。

但两者之间的确有很深的渊源。2012年，努斯拉作为基地组织的一个分支在叙利亚成立时，基地组织在伊拉克的分支，也是ISIS的前身（当时叫作“伊拉克和沙姆伊斯兰国”）的确提供过许多帮助。努斯拉随即在叙利亚境内壮大，并成长为一个带有很强本土色彩的极端组织，它的首要目标是推翻国内的阿萨德政权。

随后，“伊拉克和沙姆伊斯兰国”这个组织也乘着叙利亚内战引起的真空，进入了叙利亚。到这时，在叙利亚国内，这两个组织是并存的。不过，伊拉克的组织试图将与其有渊源关系的努斯拉收入帐下，并将两者合并后的名称定为ISIS，意即伊拉克与叙利亚的伊斯兰国家。但他们的要求遭到对方的拒绝。两者随即开始了明争暗斗，斗争的结果是努斯拉被大大削弱，许多前努斯拉成员加入了ISIS。ISIS与努斯拉的争斗也成了ISIS与基地组织决裂的原因之一。

而叙利亚人则认为，努斯拉已经变成了本土组织，ISIS还是外来户。努斯拉的领导人不愿意接受外来领导，并认为ISIS的领导人并不热衷于推翻叙利亚政府，而是热衷于建立一个新的逊尼派教法国家，分裂叙利亚。两者的分歧使之分道扬镳了。

进入叙利亚的ISIS最初受到叙利亚反对派的欢迎，但随后，其他的反政府武装也发现它的目标与叙利亚人并不一致。

除了前面谈到的ISIS热衷于建立新的教法国家之外，人们还发现它对任何其他派别都过于心狠手辣，令人不安。在ISIS之前，叙利亚反对派虽然经常袭击阿拉维派教徒，但对于保持中立的德鲁兹派持不干扰态度；到了ISIS时期，德鲁兹派也被认定为异教徒，遭到了迫害。

这个组织的坚定性让反对派意识到这是一个怪兽，他们决定驱逐ISIS。2013年年初，ISIS被迫离开叙利亚的北方重镇阿勒颇，进入独自发展的道路。

由于南方被政府军控制，北方是其他反对派的势力范围，ISIS选择向东移动，以幼发拉底河为中心发展势力。

占据幼发拉底河也显示了ISIS领导人的洞察力。第一，他们看到这里存在权力真空，政府军的控制没有形成，而本土的反政府武装战斗力都不如ISIS。第二，幼发拉底河是孕育中东文明的两大河流之一，河的东岸就是著名的美索不达米亚地区，具有重要的战略意义，河上有一系列重要的水坝，而顺着河流又可以直达巴格达。

在短时间内，ISIS 在叙利亚北部的幼发拉底河沿岸站稳了脚跟。也正是这时，它开始对逊尼派中的温和派进行迫害，残酷的举措连基地组织都感到大为吃惊，在经过一段时间的争吵后，基地组织宣布与 ISIS 断绝所有关系。老一代的恐怖组织终于被新一代组织的残酷震惊了。

夺取叙利亚北部的塔布卡（Tabqa）大坝（也是全国最大的水坝，其上游就是阿萨德湖）以及北部城市拉卡（Raqqa）后，ISIS 已经有了足够的经济实力和政治资本建立政权。塔布卡大坝保证它控制了大片的土地和电力，而在拉卡建立的极权式政权要求男人和女人都必须生活在严格的教法之下，商店在祈祷时间不得开张。违反的人将遭到处决。

ISIS 和基地组织等极端派总以为他们的教法统治恢复的是先知穆罕默德创立伊斯兰教时期的法律，但历史证明伊斯兰教创立后的几百年，是最宽容和善待妇女的时期。

随后，ISIS 占领了叙利亚北部的油田，并移动到叙伊边界地区，正式成为跨国组织。到这时，叙利亚的政治版图已经发生了巨变。

在之前，叙利亚的南部和东部沿海由政府军控制，北部则由各种反叛武装占领，在北部山地还有一部分库尔德人武装。在 ISIS 出现后，除了南部政府军控制区域不变外，北部的大部分都成了 ISIS 的地盘，而其余的武装都被挤在西北部围绕着阿勒颇的局促区域内，以及一些零星的地带。

也是从这时起，ISIS 和叙利亚解放军等反叛武装有了冲突，这样的冲突更加压缩了叙利亚温和反对派的势力范围，让它腹背受敌，叙利亚政府军有了乘机反攻的机会。

ISIS 似乎并不热衷于进攻政府军，它只是按照自己的目标在做计划。按照计划，要建立逊尼派的教法国家，必须占领足够的水源地，在叙利亚和伊拉克，拥有着两条举世闻名的河流：底格里斯河和幼发拉底河，两河之间的地区就是最伟大的古代文明之一巴比伦文明的发源地。如果要取得足够的资源，必须以这两条河为基础来经营。

所以，政府军与其他反对派在别处激战时，ISIS 却对叙利亚境内幼发拉底河沿岸的城市展开了进攻，并将幼发拉底河上的塔布卡大坝占据，同时将附近的石油产地抢了过来。之后，ISIS 顺河而下，进入了伊拉克境内，直捣伊拉克首都巴格达北方的重镇拉马迪（Ramadi）和费卢杰（Fallujah），试图控制巴格达以上的幼发拉底河流域。

费卢杰距离巴格达的直线距离只有 60 公里，可以直接威胁巴格达。对这里的袭击本应该让世界意识到一股危险的新生势力正在出现。

然而，整个世界都在睡觉。

在西方国家中，奥巴马领导的美国政府刚刚从伊拉克撤军不久。在撤军前，奥巴马极力让人们相信，伊拉克已经足够安全，政府足够强大，能够控制局势。因此，对于伊拉克出现的任何危险，奥巴马政府都有极强的动机，采取鸵鸟政策，不去理睬。

叙利亚部分的 ISIS 也没有引起美国的重视，美国政府虽然知道叙利亚的反政府武装成分复杂，但出于前期所采取的反对叙利亚政府的姿态，不可能不支持反政府武装，也无力将温和派和极端派完全区分开来。

而欧洲一些国家和阿拉伯国家则还没有从叙利亚的内战中苏醒过

来，它们仍然沉浸在对叙利亚政府的谴责之中，对于反对叙利亚政府的 ISIS 则是睁一只眼闭一只眼，不管他们做出什么极端行为，都装作不知道。

至于阿拉伯国家中的沙特、科威特等逊尼派国家，则暗地里对 ISIS 等武装采取了纵容态度，在它们看来，所有能够打击叙利亚政府，并削弱伊拉克什叶派政府的势力，都不是什么坏事，没有必要去反对。沙特的富豪私下里给了 ISIS 很大支持，就连沙特政府都无法控制这些富豪。

在国外对 ISIS 置若罔闻时，伊拉克政府却陷入致命的争执中。伊拉克政府在 2014 年有一次选战，逊尼派和什叶派为了议会席位而争吵。由于什叶派的总理努里·马利基（Nouri al-Maliki）无法团结逊尼派，越来越不得人心，人们正在讨论如何将他换掉。

政治僵局导致伊拉克政府无心处理国内最紧急的情况，而军队也人心涣散，缺乏战斗力。

所以，当 ISIS 已经积聚力量，准备震惊世界时，全世界都忽略了它的存在。

但有些身处于伊斯兰圈的人早已看到了威胁。我在贝鲁特遇到的土耳其马麦德在 2014 年 5 月初不断地提醒我，基地组织已经控制了北方。在他说完这话不到一个月，ISIS 就拉开了疯狂进攻的序幕。

在 2014 年年初，ISIS 已经占据了幼发拉底河流域，其先头区域距离巴格达只有几十公里。这时他们仍然无力进攻巴格达这个超级堡垒，也无意进攻，而是按照他们的建国计划，转战到了底格里斯河流域，想把两河流域都收入囊中，完成对这片肥沃区域的彻底控制。两河流域的土地比起巴格达的虚名对他们更有利。

6月初，ISIS占领了底格里斯河上伊拉克北部重镇摩苏尔（Mosul）。摩苏尔是伊拉克第二大城市，这次胜利让世界突然醒来，并发现了这个“不出名”的组织。

更令世界感到惊讶的是伊拉克军队的一触即溃以及ISIS的残忍。ISIS不放过任何参加了政府军的士兵，不管他们是什么派别的。这种残忍的作战方式产生的震慑作用让伊拉克士兵还没有开战就想逃走了事。

伊拉克政局的混乱、总理的专横都起到了削弱士气的作用。在摩苏尔，ISIS发现了大量的美金，高达数亿美元，这成了他们招募战士的资金。

在占领摩苏尔后，ISIS迅速南下，在几天内相继攻克了萨达姆的老家提克里特（Tikrit），并向中部的油田和炼油厂进发。随后的几天之内，他们从底格里斯河方向已经接近了巴格达。

在不到一个月的时间内，人们突然意识到，ISIS已经建立了一个横跨叙利亚和伊拉克北部的巨大区域性政权，此时距离他们的建国梦已经很近了！

在ISIS进攻的同时，伊拉克北方的库尔德人也乘机牟利，占领了伊拉克中部的超级油田基尔库克。这个油田让库尔德人终于有了梦寐以求的经济基础，距离他们建国更近了一步，伊拉克已经走到了解体的边缘。

6月29日，ISIS终于宣布在叙利亚和伊拉克的土地上建立一个“伊斯兰国”，这个“国家”的首领是哈里发，第一任哈里发由组织头子巴格达迪担任。

哈里发，这个在现代社会看起来有些古怪的头衔却代表着几代伊斯兰极端主义者的梦想。

在伊斯兰社会，扩张最强烈的时期是穆罕默德死后的四大哈里发时期，而之后建立的倭马亚王朝和阿拔斯王朝更成了阿拉伯文化史的巅峰时期。自从最后一个哈里发被蒙古人杀害后，阿拉伯人就成了被统治民族。虽然此后埃及的马穆鲁克王朝和土耳其的奥斯曼帝国都保留了哈里发这个头衔，但前者只不过需要一个宗教上的傀儡，而后者则干脆由土耳其苏丹兼任。

最后一个自称哈里发的人是第一次世界大战之后的汉志国王侯赛因·本·阿里，但是，侯赛因的举动没有得到大家的支持，反而引起了人们的反感。

从此以后，哈里发这个头衔在伊斯兰世界沉寂了将近 100 年。但是，重新建立哈里发的统治，恢复伊斯兰盛世，仍然是许多逊尼派极端主义者的梦想。

当穆斯林兄弟会建国时，就把恢复伊斯兰教法统治当作目标之一，而要恢复教法统治，就必须有一个哈里发作为精神领袖来统领整个伊斯兰世界。此后，从这个理想出发演绎出了许许多多的极端派别，但他们唯在建立教法国家、恢复哈里发统治这一点上，带有共同的理想。

巴格达迪此刻所做的，就是将他们的理想变成现实。当外界将此举解释成恐怖主义者的狂妄和脑残时，他们却将这看作是恢复伊斯兰世界、对抗外来“侵略”的关键性步骤。在他们看来，这么做是神圣的。

合纵的迷局，未了的冲突

世界上有两种政治学，一种叫政治哲学，另一种叫政治科学。

所谓政治哲学，指的是研究世界理想应该是怎样的学问。世界应该民主自由，无代表不纳税，甚至包括共产主义、世界大同、按需分配等理念，都属于政治哲学的范畴。这是一个宏观的、理想化的领域，代表了人们的奋斗目标。

所谓政治科学，却是研究在具体的社会中，当出现了一个事件后，根据该社会的民族、社会、政治情况，推测会引起什么样的连锁反应的学问。这是一个微观的、更加贴合实际的方向。

两者相比较，看上去政治哲学更加高瞻远瞩，或者是行动的指导。政治哲学虽然是方向，但是离不开政治科学去落实。如果仅仅有政治哲学，而没有政治科学的指导，就可能带来灾难。

放到叙利亚问题上，两门学问的应用也是不同的。比如，从政治哲学看来，叙利亚的独裁制非常糟糕，应该建立民主和自由的制度，这些都是对的。但是，他们以此为指导采取的种种步骤却是灾难性的，叙利亚政府没有被推翻，但是叙利亚濒临解体，处处充满了暴力，极端分子从中渔翁得利。而更有甚者，以此为借口，连民主自由等基本信条都开始受到质疑。

而如果从政治科学的角度看，那么，在叙利亚内战爆发之际，就应该部分预测到现在的局面。叙利亚缺乏合格的反对派，中东的宗教冲突过于复杂，而宗教因素又让民主和自由更加难产，这些都是造成局势失控的原因。

政治科学研究具体的案例，希望能够找到一定的规律，寻找更好的步骤来进行政治变革。虽然无法完全避免暴力，但是可以通过一定的预防来减少暴力和失控。

可遗憾的是，目前世界上，在一个国家内部，已经越来越建立起了政治科学，但在国际问题上，却大都停留在只有政治哲学没有政治科学的阶段。

当政治哲学的信奉者看叙利亚问题时，往往将它看成孤立的事件，以为将独裁者推翻，就会自动形成民主秩序。他们却没有看到它周围的复杂形势，伊朗、沙特代表的两大势力的争执，伊斯兰极端组织的存在，邻国的不稳定，以及教派的冲突。

这并不是说叙利亚的独裁制就应该永远存在，民主应该远离这个地区，而是说，在革命发生之初，如果人们能够更谨慎一点，根据现实而不是理论采取行动，是否有可能摸索出另一条道路？

当然，现在的政治科学也很不完善，许多结局出乎意料之外，但只有我们善于去观察、总结，才有可能在下一次危机中避免犯同样的错误。

遗憾的是，我们现在看到的，却是人们一次次掉入同样的陷阱，并没有花心思绕开。或者当人们反思具体的操作时，往往容易上升到哲学层面，将最具普遍性的价值观也一并怀疑甚至抛弃了。

当 ISIS 危机发生后，世界围绕着叙利亚、伊拉克问题，又有了另一轮合纵连横的迷局。

根据中国人的观念，敌人的敌人就是朋友。但这句话在中东并不适用。

比如，伊朗是美国的敌人，被描绘成世界上少数邪恶政权之一，伊朗把 ISIS 作为敌人，

那么美国是否可以把 ISIS 作为朋友呢？

从某个侧面上的确可以，因为美国试图利用 ISIS 把叙利亚政府干掉。

但结果是可悲的，ISIS 不仅没有干掉叙利亚政府，还削弱了其他抵抗者的实力。另外，ISIS 对美国盟友伊拉克的进攻，更让事情复杂化了。

到底是朋友还是敌人？到底应该用什么样的逻辑去理解？成了两道世界性的难题。

当 ISIS 危机发生后，伊朗宣布支持伊拉克，并派出飞机和军事人员协助伊拉克政府清剿叛军。俄罗斯也加入了帮助伊拉克政府的阵营。美国虽然表示支持伊拉克政府，但小心翼翼的总统奥巴马仍然在小步慢行，表示只支援，不出兵。他仍然担心美国再次陷入伊拉克泥沼。

于是，美国和宿敌伊朗被迫站在了一条战线上。

不过，奥巴马的谨慎比起他的前任来已经好太多。作为总统，他在国内问题上或许无所作为，但在国际问题上，他树立的新思维却避免美国犯许多激进的错误。比如对待伊拉克，他已经意识到，如果伊拉克政府不能靠自己的力量打败 ISIS，那么就算美国出兵暂时压住了 ISIS，但长期来看，伊拉克政府还是没有办法自立。

与其直接出兵，不如让伊拉克政府慢慢摸索着对付反叛者，在磨合中掌握真正的实力。要知道，温室里长不出强健的花草，更何况是一个国家的政府呢？

在 ISIS 问题上感到尴尬的还有沙特，沙特一直是极端组织的同情者，但是，随着 ISIS 宣布建国，该组织将矛头直指伊斯兰圣地麦加。在 ISIS 看来，不控制麦加的哈里发是名不副实的，他们希望通过长期行动把汉志（包含麦加）也拿过来。突然醒悟的沙特连忙增兵沙伊边界，防止 ISIS 过境活动。

更令人尴尬的还有另一个问题：如何对待叙利亚政府？

当 ISIS 在伊拉克境内大肆攻城略地时，叙利亚政府做出了姿态，派飞机轰炸了 ISIS 的一些据点，以示对伊拉克政府的支持。

然而，就在这时，美国国内仍然顺着惯性在讨论继续向叙利亚叛军提供武器攻打政府军。甚至有极端人士认为，美国在叙利亚的敌人除了叙利亚政府之外，又多了一个 ISIS，因此应该毫不犹豫地把大把的武器送给不管什么人，只要他不是这两派就行。但武器带不来和平，只会让另一些极端分子出现，并让某些人发财而已。

每一次变局都会让中东的各种势力进行重组，只是，每一次重组之后，又会陷入另一种不稳定状态。从目前来看，外来势力并没有起到足够积极的作用，反而促进了中东的碎片化。

叙利亚与伊拉克问题仍然在继续。从目前的情况看，在不久的将来，伊拉克的库尔德人在获得油田后会争取事实上独立（即便在名义上仍然保留在伊拉克联邦之内）。库尔德人大部分都是逊尼派教徒，虽然内部也会出现政治争斗，但是没有宗教冲突，这个社会更加容易团结，也更稳定。伊拉克乱局继续，就是他们独立的良机。

库尔德人独立，将获得许多国家的支持和默许。伊拉克这个第一次世界大战后才出现的国家，曾经试图统一中东，最终连自己的疆域都无法保证。

至于剩余的伊拉克土地，还仍将在逊尼派与什叶派的斗争中继续颠簸。

另外，伊拉克库尔德人的独立也会增加其他国家的变数。我在土耳其旅行的过程中发现，在库尔德人的土地上，民族主义已经非常强烈。土耳其总理埃尔多安对库尔德人采取的怀柔政策让他们的独立倾向复活了。

不过，土耳其政府却可能会支持伊拉克境内的库尔德人独立，因为两者的经贸关系非常密切。现在，人们普遍认为，在中东地区存在着一条隐秘的石油通道，这条通道的一头在伊拉克库尔德控制区的产油区，经过与土耳其的连接部分进入地中海，再利用油船送到以色列，以打破阿拉伯国家对以色列的石油封锁。三者的关系运行得非常顺畅。所以，土耳其、以色列，以及未来的西方国家，都可能默许一个库尔德政治实体出现。

叙利亚的形势仍不明朗，反对派虽然被压缩到北方的狭小空间，但政府军也很难拿下阿勒颇。另外，即便 ISIS 能够被伊拉克赶出境内，但是他们在叙利亚的地盘显得更加稳固。因为世界会帮助伊拉克政府，对叙利亚政府提供的帮助却少得多。

除非发生诸如刺杀之类的意外，否则，要想赶走叙利亚总统小阿萨德也是困难的。他仍然拥有广大的南部地区。

叙利亚的战局甚至影响了以色列和巴勒斯坦。人们之前认为，阿拉维派的叙利亚政府与巴勒斯坦的哈马斯组织（属于逊尼派）关系并不好，不会为巴勒斯坦人提供武器。但越来越多的迹象表明，叙利亚政府成了哈马斯的主要武器来源之一。原来，叙利亚政府为了避免武器落入叛军之手，不惜将其卖给哈马斯。在武器交易中，真主党成了双方的中间人，大量武器被真主党从叙利亚运入黎巴嫩，再通过海路倒卖进哈马斯控制的加沙地带。

一切迹象显示，叙利亚距离解开僵局还很遥远，暴力还在继续。叙利亚的 200 多万难民仍然徘徊在国境线以外，翘首等待着家乡的消息。萨义德仍然在苏丹游荡，为了那一张回家的机票而奋斗，他的妻子孩子在黎巴嫩等待着霍姆斯重建的消息，中东的和平却迟迟没有到来……

后　　记

由于回国后长期无法使用 Gmail 邮箱，我 4 月底检视久违的邮箱时才发现了一封特殊的邮件。

邮件是 2 个月前发出的，发件方使用了一个陌生的名字，当我打开阅读，才意识到，写信人就是土耳其的马麦德。从信件中我知道了他的真名不叫马麦德，而是另一个在土耳其常见的名字。

信的内容是这样的：在开头，他先回顾了我们交往的经过，但没有提到巴基斯坦马麦德。之后，他话锋一转，告诉我他已经回到了土耳其，先到了伊斯坦布尔，后来回到了科尼亚（Konya），最后决定再去伊斯坦布尔找找工作。

他告诉了我在黎巴嫩后来的生活，以及思想上的转变。他承认当初想去叙利亚，是想去帮助叙利亚总统阿萨德保卫什叶派政权。

但是，他始终没有去成叙利亚。当我们离开后，他又在真主党控制区混了一段时间，和那儿的人都混熟了。我相信，只要他坚持，他迟早会被送到战火纷飞中去的。但在这时，青年人的想法出现了变化。

随着战争的拉长，越境去打仗的年轻人也出现了伤亡，他常去的街区，一位年轻人再也没有回来。他看见了死者父母的痛哭，街坊们的安慰，随后他离开了真主党控制区。但他仍然不想回土耳其，为了能长期留在黎巴嫩，他申请了一所学校去读书。

在读书的半年里，他对不远千里到陌生的地方去打仗这个想法越来越产生怀疑，于是最终决定放弃学业，回土耳其去。

也许正因为他放弃了，才会写信告诉我真实的情况。

我连忙给他回了信，但可能由于间隔时间已经太长，没有收到他的回信。在这个电子时代，境内与境外仍然被分割成天壤。但至少我知道，他已经摆脱执着，回归到和平之中。

巴基斯坦马麦德却再也没有消息。每一次听说 ISIS 新的军事行动或者民事暴行，我都会祈祷这位巴基斯坦人不要参与其中。但理智又告诉我，巴基斯坦人的想法只是一种思潮的代表，即便没有他，还会有更多的人投入这战争的机器。我只能观察他们，了解事情的来龙去脉，却提不出任何可能的路径来化解仇恨和冲突。这是我为什么相信，中东的冲突在未来还会延续下去。

我之所以选择写作作为终生职业，是为了叙述真实的世界，当读者知道地球上正在发生的事情的来龙去脉，便不会再根据他们想象的抽象原则来构造世界。

当我把中东封入一本书中，我的使命已经结束了。

感谢张娟、李岷，如果不是你们的帮助，我根本不会动身开始这段旅程。

感谢秦旭东、张赋宇和王力，本书的后面三章曾经在微信公众号“三剑客”连载，你们提供了丰厚的稿酬，使我的旅程没有后顾之忧。

感谢文学锋、王路夫妇，你们帮助我这一年不再动荡，安心写作。

感谢秦旭东（再次）、黄一琨，没有你们的帮助，这本书就不会面世。

感谢李楠、魏丹，一本书从写作到出版，编辑发行所做的工作量并不亚于作者。

本书的部分草稿写作于埃及卢克索的努比亚绿洲酒店（Nubian Oasis Hotel），修改于埃塞俄比亚默克莱（Mekele）的无名旅馆。本书的初稿构思于大理才村“走青春”客栈。本书的终稿完成于广州锋子居。

再版后记

董曦阳告诉我《穿越百年中东》的再版已进入流程，叮嘱我写一个新的后记。接到任务后我陷入了重重的回忆之中。

严格来说，《穿越百年中东》是第一本给我带来一定知名度的书，在它之前，我出版了小说《告别香巴拉》、历史游记类作品“亚洲三部曲”，但作为新人都显得不温不火，关注度不大。对于立志以写作度过一生的我来说，纯粹依靠版税还无法养活自己。

但接下来出版的《穿越百年中东》却给了我一个惊喜，上市后，很快获得了我的伯乐之一俞敏洪的关注，他的无私推荐带来了第一批认真阅读我的书的读者，也让人们意识到，有一个新人至少是在真诚地写作，没有随波逐流、人云亦云，更没有纸上谈兵，而是以实地考察加深度阅读的方式在写作。

事实上，我的每一本书都争取做到认真考察、大量阅读。我的写作主要分成两个条线，一个是写现代中国在全球的定位，去走访世界上的其他国家，考察它们的政治、经济、历史、文化，以及与中国的联系，思考中国的改革开放可以借鉴什么、利用什么，又要注意避免什么。在写作这个条线的每一本书时，我都要求亲自走访，走访也一定不能像普通旅行者那样走马观花，而是要和当地人有深入接触，然后才能动笔。

另一个条线是写作中国历史，表面上看这些主题只需要阅读历史文献就可以了，但我也尽量做到不管写什么题材，都要实地考察。比如写《中央帝国的军事密码》这样的通史性作品，就要考察全国的战略要地和关隘，这花了我大半年时间，几乎每天都要去往不同的地方，有时一天要走好几处，这还只是集中考察的时间，不算那些零星的积累；而写《汴京之围》这样的事件性作品，我也必须去发生地开封看过，更要对作为历史胜负手或者关键节点的北京、山西、燕山、太行山、大运河等都有深度的考察和清晰的认知。

写作尚未出版的小说《花剌子模千年之恋》（或者《似曾相识于花剌子模》，由于尚未出版，我还无法在艰难的抉择中确定最终的书名）时，我也要求自己首先将小说中的发生地中亚、伊朗、高加索等地都拜访过，才动笔写作，虽然是虚构作品，但考察的难度和广度已超过了纪实作品。

可以说，我的写作风格（走访加深度阅读）在创作小说《告别香巴拉》时（为此我专门穿越了西藏的部分无人区）就已确定，但真正受到激励，并坚持下来，却是在《穿越百年中东》。它第一次让我确信自己可以写出受人关注的作品，并且有人认同我这样的写作态度。它至今依然是我最喜欢、写得最真诚的作品之一。

充满回忆的岁月

《穿越百年中东》让我充满了回忆，除了书本身的影响力，还有我最留恋的时光。那是属于学习和漫游的时代，也是属于爱情和生活的时代。

在我去往中东时，我心里打算的是写一本类似“亚洲三部曲”的书，也就是为每一个地区写通史。比如我的书籍《印度，漂浮的次大陆》，就对从岩画时期到现代的印度历史进行了梳理，这样写是因为我看到，国内当时最缺乏的书，是那种对一个地区进行深度解读的，我希望好奇的读者能够利用我写的这一本书，了解整个地区的历史脉络和发展逻辑。

我考察中东，也希望写一部类似的通史性作品。但到了现场之后，却意识到现代中东才更加吸引我，于是集中去了解现代中东问题的由来，并整理出几个关注点，最终形成了本书。

只有到了中东，才意识到那些原本只出现在新闻里的情节，在当地却是人们的日常。当书中的马麦德带着我在夜晚去往真主党的控制区，当另一个马麦德不动声色地消失于北方的黎叙边境，当叙利亚的难民们想方设法逃往土耳其、黎巴嫩、埃及以及任何能够收留他们的地方，当现代贫民窟和历史建筑聚在一起，形成了绵延数千年的图景，才知道中东地区是多么复杂。

当时的我也许正处于人生漫游和学习时代的高峰，能够不知疲倦地去寻找任何问题的答案，甚至忽略了身边的风险。直到后来在阿富汗和西非遇险，我才慢慢地学到怎样保护自己，避免成为复杂冲突的牺牲品。

当我于 2014 年年底从中东和非洲回来，本书的写作已经开始：这本书一部分是在埃及和非洲之角创作的，剩下的一部分在广州朋友文学锋的家中完成。由于我有同时创作两本书的习惯，《穿越百年中东》是和《中央帝国的财政密码》一同写完的。

两本书稿一本交给了中信出版社，另一本交给了鹭江出版社下属的时代飞鹭出版公司。交稿后，我就开启了全国的漫游，为下一本书《中央帝国的军事密码》做准备。出版社要求我修改时，我就在路上停下来休息两天，在无名的小旅馆里完成修改工作。

这两本内容完全不同的书稿，命运也殊途同归，交给中信出版社的《穿越百年中东》，经过了大半年就出版了，而交给鹭江出版社的《中央帝国的财政密码》却拖延良久，花了两年多才出版。但事后来看，这个时间差对我非常有利，《穿越百年中东》给我带来了最初的声誉，发酵了一段时间后，《中央帝国的财政密码》正好上市。如果两本书同时上市，反而如同左右手互博，出现失焦。

在《穿越百年中东》上市时，我恰好刚定居大理，和一位女孩确立了关系，并搬入她开的小饭店的顶层居住，至今，我们依然在一起。

我记得十本样书就是发往饭店的，书籍的设计和制作都非常精美，但很快就不知道都送给了谁，反正家中一本都没有了。梦舞君也很喜欢这部书，认为这是我写的最有希望的一部，前面几部她认为太小众了。为了收藏，她又偷偷地买了三五本，想自己留下，但被我发现后又拿出去送人了，因为总有人在找我要书，而我又总是手头没有（舍不得买）。她发现没有了，只好又买个三五本回来，我一面责备她不要乱花钱，买自家的书是一种愚蠢的行为，一面又把她买的书送人。如此三四次。

从此以后，我签合同时都会要求出版方比正常合同多送十本书给我，以免自己一本都剩不下。

那时我还在她的饭店里兼职洗碗工和点菜员，为了吸引客人，本来不善言辞的我学会了向客人们展示我的作品，换取他们多等一会儿。客人们有时也会惊叹：一个作家竟然只能靠点菜为生！在大理，确实是什么事儿都会发生啊！

如今，我和梦舞君回忆最多的依然是这段时光。那时的我们谈论着理想和未来，又陷在生活之中，充满了乐趣，也不乏焦虑。现在我们的生活依然充满了乐趣，但我们已经过了那个就算是有忧虑、却依然乐观的人生阶段，我们安然和宽容地对待周围的人和事，却对历史进程总是向上的看法抱有深深的怀疑。

摒弃站边思维，意识到世界的复杂性

《穿越百年中东》给我的另一个惊喜是，虽然写作已接近十年，但它的生命力似乎超越了大部分的游记作品，至今看不出太多过时的地方。

当我去往中东时，恰逢阿拉伯革命爆发三年，叙利亚正处于鏖战中，令人谈之色变的伊斯兰国（ISIS）组织刚刚兴起（我恰好成了见证人），阿富汗战争处于一摊烂泥中，塔利班还在等待机会。

在本书出版后，历史继续演进，埃及的塞西总统已经变成了另一个穆巴拉克，他的统治持续到现在，而且还将持续下去。叙利亚的局势在政府军控制区逐渐趋于稳定，但依然有一些区域是游离于政府军之外的。巴以冲突又进入了另一次恶性循环，以死亡数万人为代价。伊朗经过了一次众心所向的开放，但这一次被美国强行又推回隔离的轨道上。沙特在一个政治强人的带领下，决定走改革开放的道路。而美军撤出了阿富汗，导致塔利班的再次上台。

在这十年里，我也去过了更多的地方，但在不同的地方依然会遭遇到本书中许多熟悉的角色。比如，在西非撒哈拉的深处，我就遇到了《穿越百年中东》中提到的那个新势力：ISIS。只是这时候的ISIS已经不再新了，它经过了一段摧枯拉朽的崛起期，后来被从叙利亚和伊拉克赶走，于是分散到了更加广阔的地方，一部分去了阿富汗，另一部分则选择了西非的撒哈拉深处藏身。这两个地方，我都游历过，并深刻地体会到ISIS的到来带来的巨大不稳定。

可是，不管后续如何发展，《穿越百年中东》却抓住了最根本的东西，这些本质性的要点决定了后来历史的走向，从这个意义上，《穿越百年中东》在十年后再版，依然有着强烈的现实意义。

以书中花费大量的篇幅谈到的巴以问题为例，由于最新一轮的哈马斯和以色列的冲突，巴以问题再次上升为全球关注的焦点。中国人有站边的倾向，总是试图假定一方是完全正义、而另一方是完全错误的。但事实上，世界上大部分的事物并非如此泾渭分明。

我曾经提出两个问题给支持巴以两方的人们。

对于那些支持巴勒斯坦和哈马斯的人，我试图让他们思考：在中东，许多国家和势力可以承受一次次的失败，但只有以色列是无法承担哪怕一次彻底失败的。因为一旦他们战败，犹太人在敌对的环境下就无法生存下去。就像是两千年前罗马对犹太国家，或者萨拉丁时期对基督教十字军国家的清理那样，他们将失去在中东的立足点。正是因为无法承担失败的代价，即便是整个世界都在质疑它，以色列也必须用一切手段将巴勒斯坦的抵抗力量清除，避免未来的危险……

对于那些支持以色列的人，我请他们想象，如果他本人就是一个生于加沙的孩子，他的一生会怎样？他孩童时期的理想也许和我们中国孩子一样，是成为科学家、医生、企业家，他希望用自己的努力让家人过上好的生活。但他的理想在 18 岁之前就破灭了，因为他享受不到合理的教育，也没有正常的生活，由于没有必要的教育，注定了他不可能成为理想中的样子。而他承受的一切，来自以色列为了防范哈马斯而采取的过于严苛的措施。留给孩子的道路，也许只有成为下一代反抗者……

对于巴以双方来说，他们都是困局中的一个角色，完全没有别的选择。不管是弱势的巴勒斯坦人，还是显得强势的以色列，都是不得已而为之，充当着害人者和受害者的双重角色。所谓悲剧，并非是人们做出了错误选择，而是即便再重新选择千百次，还是只有这一条不归路可以走。

我的任务不是给这样的困局找一条出路，而是详细地追溯困局的形成。

在我的另一本书《失落的世界》中，我提到，一个国家之所以能够顺利发展，是因为这个国家在世界秩序中找到了属于自己的位置（我用了生态位一词），并在这个生态位上，谋求与世界的联合、开放。不管是改革开放的中国，还是日本、韩国等从落后走向现代的国家，都是在遵循现有秩序的情况下找到了自己的生态位。

但是，并非所有的国家都能够找到生态位，在世界近两百个国家中，拥有舒服的生态位的国家不会超过 50 个。那些丧失了生态位的国家往往会陷入困局之中，这是世界上许多国家间悲剧的深层原因。

更可惜的是，有的国家本来已经找到了生态位，却由于各种原因自己放弃了，就像是革命中的伊朗那样。伊朗本来已经有了不错的社会进步和经济发展，却由于过于心急，做出错误的选择，导致陷入历史的困局中。这些国家的教训更值得我们警惕，因为一旦迈出那一步，将再也没有回头路。

除了《穿越百年中东》之外，后来我又写了《穿越非洲两百年》，以及未出版的《穿越劫后中亚》，还有总结性的《失落的世界》，都谈到了在世界各国的交往中存在的各种陷阱和教训，这正是中国现阶段最需要警惕的。